U0505901

市场和政府
MARKETS
AND
GOVERNMENTS

运输经济理论与应用
Transport Economic Theory and Applications

〔荷〕伊瑞克·维尔赫夫
ERIK VERHOEF

王雅璨　胡雅梅 ——

编

著

社会科学文献出版社
SOCIAL SCIENCES ACADEMIC PRESS (CHINA)

本书受到中国国家自然科学基金（NSFC）与欧洲城市化联合研究计划（JPIUE）中欧合作研究项目"城市公共管理与服务革新：新型的城市移动管理与政策"（项目号 71961137005）的资助

本书编写组

编　　著　〔荷〕伊瑞克·维尔赫夫（Erik Verhoef）

　　　　　王雅璨　胡雅梅

参编人员　曹志刚　陈佩虹　焦敬娟　李红昌　周辉宇

序 言

　　我国正处于工业化中后期和新型城镇化发展阶段，国民经济和社会发展对运输发展水平和质量不断提出新要求。按照国家相关部门制定的综合交通运输体系发展规划，未来高速铁路、高速公路、民航、水运、管道等运输方式将进一步得到发展，网络覆盖加密拓展，综合衔接一体高效，运输服务提质升级，智能技术广泛应用，绿色安全水平提升。大城市和城市群日益成为我国经济社会发展的重要引擎，畅通都市圈公路网，打造轨道上的都市圈，提升都市圈物流运行效率，发展共享汽车、共享单车、无人驾驶等创新模式，积极发展共享交通、智慧物流等新型交通方式，日益成为我国城镇化发展过程中不可或缺的交通要素。

　　运输经济学是应用经济学的一个重要分支，也是北京交通大学的优势学科。北京交通大学经济学团队的研究重点经历了从研究运输中的经济问题、经济中的运输问题、运输中的经济学问题到经济学中的运输问题的几次重要转变，逐渐形成以运输产品 - 资源 - 网络经济（PRN）框架、运输网络形态分层（TNSF）框架和时空经济框架等为特色的运输经济理论基础框架体系，并开始对一般经济学发展起到重要的反哺和推动作用。我国综合交通运输体系和城市交通快速发展，新现象、新问题、新政策不断涌现，成为审视经济学理论和发展运输经济学的极好契机。

　　和其他行业包括一些网络型行业相比，运输业更具有时空经济、网络经济、自然垄断和公益性特点，这使其在供求关系、投资建设、运营组织及政府作用等方面的重要性和复杂性更加明显，需要进行更有针对性的经济学分析和解释，从而得出符合经济现象内在逻辑的经济解释。例如，我国铁路领域事权和支出责任不匹配，有责政府和有责企业体制机制没有完全建立，导致铁路负债成为影响国民经济和金融系统健康发展的潜在风险点；铁路行政性垄断和市场垄断叠加，使得我国铁路改革方略和路径更加复杂化；我国跨行政区轨道交通发展缺乏跨域治理机制，综合规划与交通专项规划存在一定脱节，制约了大都市区的健康有序发展；政府针对共享交通的受雇运输属性认识不足，监管政策和支持政策相对不足，既不利于克服市场失灵，也不利于激发社会资本的创新创业动力。

运输问题的重要性和复杂性使得运输业成为一个能够应用几乎所有经济学基本理论与方法的极好研究对象，是严格检验与完善这些基本理论与方法的极好领域，也是研究运输经济问题并形成高质量论文著述的极好领域。目前，北京交通大学主持编著的《西方运输经济学》（第一版）自2002年出版以来已被多所院校选用。2004年，该教材被评为北京市精品教材，以其为主要教材的北京交通大学运输经济学系列课程同时被评为国家级精品课程，并于2005年获国家级教学成果二等奖。2006年，该教材被教育部推荐进入"十一五"国家级教材规划，2008年修订后再版。与此同时，约翰·R.迈耶、肯尼思·巴顿、约翰·J.科伊尔等国外学者的相关运输经济和运输管理著作被翻译成中文出版，欧洲经济委员会的ATP协议等也被翻译整理出版，对我国运输经济发展发挥了重要的推动作用。但总体上来说，国内运输经济学研究著作数量仍然偏少，国外运输经济著作的翻译工作也有待推进。

目前，国内大多教材的主要特色是系统地总结运输经济的供给、需求、成本、市场结构、市场失灵、政府监管、交通运输政策等，对特定专题的前沿研究进行介绍与探讨的尚不多见。在这种情况下，由北京交通大学经济管理学院研究团队与荷兰运输经济学家伊瑞克·维尔赫夫联合编著的《市场和政府：运输经济理论与应用》一书推出，无疑填补了此项空白。这本教材与北京交通大学现有的运输经济学教材形成了互补关系，有利于从专题角度深入分析交通领域的市场失灵、市场势力、拥堵收费、可转让许可证、交通出行行为等相关问题。引进国外最前沿的运输经济理论和方法，并与我国运输经济案例分析相结合，有利于掌握运输经济前沿新知，从而结合我国丰富多彩的运输经济现象提炼科学问题，推进运输经济教学和科研工作的发展。

《市场和政府：运输经济理论与应用》一书具有三个特色：一是专题性，本书直接从运输市场失灵及应对运输市场失灵的经济手段和非经济手段入手，探究解决交通拥堵的政策措施，具有较强的运输经济理论和交通管理政策专业性；二是理论性，本书把时间价值、市场势力、行为经济等理论和方法应用到运输经济问题的分析之中，深入运用了理论和模型分析方法；三是案例性，本书案例包括国际城市拥堵收费的接受度、各国拥堵收费的实施内容及效果、中国铁路垄断势力计量及影响因素、出行时间节约价值的英国研究、塞内加尔出行时间节约价值的估算、北京地铁15号线京包铁路至机场南线段线路敷设方式的成本—效益分析、实时信息与路径选择、短期激励与长期行为改变、交通政策与公平性、前景理论与接孩子行为、信息卡片提升开车安全、环境信息促进可持续出行等，增加了教材的趣味性和可读性。

北京交通大学经济学科起源于20世纪初清政府设立的铁路管理传习所。这所中国最早以经济管理为特色的高等院校一直在努力传承历史，整理国外文献，发展运输经济，提升国际化水平，推进教学科研发展，培养高水平学生，产出高质量学术成果。《市场和政府：运输经济理论与应用》一书的出版发行，相信会对实现上述目标有所裨益。本书适用于运输理论研究者、政策制定者、交通管理者以及高校相关专业的师生，可以作为理论研究参考书或教学教材使用。

荣朝和

2019年4月

于北京交通大学

目 录 contents

第 2 章　道路定价：从理论到实践　044

第3章 基于其他目标的道路拥堵收费方法 074

第4章 运输市场势力　100

第 5 章 出行时间节约价值的估算 155

第 6 章 成本—效益分析 182

导　论

　　运输经济问题对于关注市场福利经济分析、市场失灵和政府干预的经济学家来说，一直是一个重要的灵感来源，例如，1844年杜拍特在发展消费者剩余概念和确定纯公共物品的最优定价时运用了过桥的实例；1920年庇古在解释外部效应概念及相应低效率，以及推导最优的矫正性外部性定价原则（即"庇古税"）时运用了拥堵道路的案例；1960年科斯阐明了造成外部性的行为主体和受害者之间进行讨价还价可以导致一个有效率的结果，无须任何政府干预，他举的一个例子就是火车驶过时产生的火花可能导致附近农民的农作物起火；1970年阿克洛夫发表了一篇具有开创性的文章，研究信息不对称条件下的市场失灵，他考虑的就是一个既有高质量车又有低质量车的二手车交易市场（所谓的"柠檬市场"）。

　　运输经济问题经常被用来说明市场失灵及政府干预的一般经济原理，这并非巧合。运输几乎是所有经济体的基本要素。如果没有服务商之间的贸易，社会的福利不可能达到当前的水平，而如果没有运输，则大多数产品和生产要素的贸易根本不可能发生。同时，运输市场又经常是扭曲的，这就使得关于运输市场失灵的经济学研究变成一个热点话题，人们对它的兴趣与探讨经常超出运输市场自身的边界。运转失灵的运输市场可能对一个经济体中的几乎所有其他市场产生剧烈的影响。此外，人们在举例说明一般性的经济洞见时乐于使用运输领域的实例，还因为这些例子往往很有趣。大多数人每天都亲自参与到运输市场中来，因此很容易理解所举的例子。

　　鉴于运输经济理论非常重要，同时各国在应用运输经济理论时也取得了长足的进展，荷兰的阿姆斯特丹自由大学空间经济系和中国北京交通大学经管学院经济系的教师合作，联合编著了《市场和政府：运输经济理论与应用》一书。本书在荷兰著名交通运输经济学家伊瑞克·维尔赫夫的英文课程资料基础上扩展与编著而成，北京交通大学经管学院的王雅璨负责编著第一章与第七章，曹志刚负责编著第二章，周辉宇负责编著第三章，周辉宇与李红昌负责编著第四章，焦敬娟负责编著第五章，陈佩虹负责编著第六章，胡雅梅负责统校与定稿。在此过程中，亨瑞·德赫鲁特、伊瑞克·派尔斯、皮耶特·里特维德、汉克·范亨特对本书英文初稿提出富有启发的建议，耿可心、王昱、宋诗羽、贾思琦、苏端、詹紫琳、孟欣童、王琦珀、仲维晴在校对文稿、整理案例分析资料方面提供了帮助，对他们的贡献表示感谢。当然，本书由作者负责。

事实上，大多数读者可能或多或少地经历过本书讨论的这些问题，即交通拥堵、铁路运输和航空的市场失灵带来的问题。经济学对上述问题给出了许多解释，然而，并不是所有读者在开始学习经济学时都意识到了这些问题。本书的目的是介绍标准的微观经济学和福利经济学工具如何分析市场失灵，以及如何从这些分析中得出政策结论。因此，本书旨在将经济理论用于分析具体的现实生活问题，并洞察市场和政府间的一般关系，特别是通过分析外部效应、自然垄断和寡头垄断来理解市场失灵。本书将讨论：为什么在某些情况下自由市场不会导致经济上有效的结果；哪些因素造成了市场失灵以及这些因素如何影响个人和企业的经济行为；政府面对此类市场失灵时该如何应对；如何用经济方法判断各种可能的干预措施的效率。本书将关注现实中随着市场失灵管制而产生的一系列问题，它们可能会妨碍标准化的现有政策工具在解决市场失灵上的适用性。本书探讨这些话题，是因为笔者对其充满了直接的内在的兴趣，并致力于借此表明如何用经济方法分析类似的复杂问题，而这些方法对于解决运输领域以外的问题也是大有用处的。

本书共分七章。第一章解释了从经济学视角来看为什么需要，以及如何将拥堵道路看作一个具体的常见的市场失灵现象，这种现象是由外部成本引起的。本章将讨论这类市场的自由市场均衡结果，并将其与经济最优均衡结果进行比较。进而，还将讨论如何通过定价政策来实现这种最优结果。最后，本章分析了一个看起来存在矛盾的重要问题——为什么经济有效（福利最大化）的政策在民主社会中往往难以实施。

第二章进一步探讨了一些实际的交通问题，它们可能会使得人们无法完全地直接将理论模型的洞见运用到实际的政策制定中去。本章探讨为什么在面对交通拥堵时，仅用道路定价这种"经济"手段通常不足以达到完全最优，主要借助需求导向的定价政策和供给导向的道路容量政策之间的相互作用来进行阐释。本章还将讨论所谓"次优"定价的种种经济细节，这种定价往往更符合实际，但严格来说并不完美。

第三章将考虑网络运营商追求的其他不同目标如何影响其使用的定价规则，以及由此产生的市场结果。首先，本章关注以下问题：道路私有化是不是一个经济上有吸引力的方法，可以用来应对道路拥堵问题。本章将说明为什么私有化并不总是应对低效率的"神奇疗法"，这有时与人们的信条背道而驰。其次，本章说明公共机构也可能追求与整体社会期望不相符的目标。特别的，本章讨论税收竞争的主题，当不同政府代表不同人群而税基重叠时，有可能会出现这种竞争。由于运输显然涉及移动的行为人，因此，税收竞争变得重要的可能性是远远超出想象的。

第四章考察交通运输中除外部性以外的其他类型的市场失灵，这类市场失灵是市场势力造成的。本章将讨论自然垄断（铁路领域）和寡头垄断（航空领域）的实际案例。笔者既重视识别那些造成市场势力的根本经济原因，也重视推演经济政策的含义。鉴于此，这些市场中的实际政策被加以评估，如简要讨论荷兰在铁路政策方面的经验和各国在航空市场放松管制方面的经验。

第五章进行实证研究，讨论对没有可观测市场价格的物品进行经济赋值的实证方法，以出行时间为例。

第六章探讨政府为评估潜在投资项目的可行性而采用的一项重要技术——成本—效益分析法。这个方法尽管看起来简单，但是在执行过程中存在很多陷阱，经济学家在实际运用中应注意这一点。

第七章探讨行为经济学的发展与其在交通出行领域的应用，分析人们出行行为中可能存在的偏差，探讨如何将行为经济学理论运用到交通政策的制定中。

第 1 章 | 作为外部效应的交通拥堵

本章提要

本章首先解释道路拥堵可以被看作由"外部成本"引发的市场失灵问题；其次比较道路使用的自由市场均衡结果和经济最优均衡结果之间的差异；再次讨论如何通过拥堵定价政策来实现经济最优均衡，进而比较价格政策与非价格政策的效率；最后解释为什么经济最优政策在民主社会中往往难以实施。

学习目标

1. 理解交通拥堵可以被看作由"外部成本"引发的市场失灵问题。

2. 掌握如何用需求函数来反映道路出行的行程需求，特别是如何计算道路出行的广义价格；如何用反需求函数反映道路出行的边际效益、总效益、消费者剩余和社会剩余。

3. 掌握如何用供给函数反映道路的出行成本，尤其是道路拥堵如何造成边际外部成本，进而影响出行平均成本与边际成本。

4. 重点掌握拥堵道路上的自由市场均衡如何偏离经济效率的要求、拥堵收费如何纠正这种偏离以及其他非价格政策如何导致社会剩余的损失。

5. 理解能带来经济最优的拥堵收费政策在民主社会中往往难以实施的原因。

1.1　引言

"我从这个观点开始谈起：城市交通中的定价实践是如此缺乏理性、过时、易导致资源浪费，任何其他主要领域都无法与之相比。两个缺陷格外明显，即缺乏足够的削峰差异化定价、某些出行模式的价格相较于其他模式而言被明显低估。"这并不是当代交通政策评论家的最新言论，相反，这段文字写于 1963 年，出自后来获得诺贝尔经济学奖的威廉·维克瑞。他继续评论道："在几乎所有其他面临高峰负荷问题的领域中，至少在实践上有一些尝试，试图区别高峰服务和非高峰服务并收取不同费率。存在竞争时，这种定价模式会经由竞争实现：度假酒店有淡季价格；剧院周末价格高而工作日下午场收费低；夜间打电话更便宜……但是，在交通运输领域，这种差异化定价（正如它的存在一样）往往是违反常情的。"

许多经济学家认同维克瑞关于交通拥堵的观点和他为解决拥堵问题而提出的矫正价格提议。本章将解释从经济学视角来看为什么可以将拥堵道路看作常见的外部成本引发的市场失灵现象。我们将讨论这类市场上的自由市场均衡结果，并将其与经济最优均衡结果进行比较，进而讨论如何通过定价政策实现最优化，并比较此类价格政策与非价格政策的效率。我们以一个多少存在一些矛盾的重要问题来结束本章：为什么经济最优（福利最大化）的政策在民主社会中往往难以实施。下面，我们从荷兰交通拥堵的相关事实和数据开始学习。

1.2　荷兰的道路交通拥堵：事实和数据

道路交通拥堵无论是在荷兰还是在世界其他地方都是当代交通政策探讨的重要话题。在用经济学方法深入分析交通拥堵之前，让我们先看一些荷兰的背景数据以了解目前交通拥堵问题的严重性。

1.2.1　历年发展状况

众所周知，当前全球交通拥堵问题日益加剧。图 1.1 展示了荷兰交通拥堵的发展趋势及未来情况预测。荷兰公路"车辆—小时损失"（实际车速低于最高限速带来的时间损失）的相对增长远远超过车辆行驶里程的相对增长，而车辆行驶里程的增长又超过了公路容量（以道路—公里衡量）的增长。

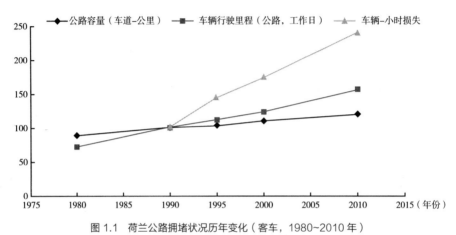

图 1.1　荷兰公路拥堵状况历年变化（客车，1980~2010 年）

注：各指标以 1990 年数据为 100 进行标准化。
资料来源：AVV，2013。

数据清楚地表明，荷兰公路的拥堵程度在过去几十年里急速加剧，尽管近期由于经济危机和公路容量扩张的共同作用有所下降（在图 1.1 中尚没有反映），但预计未来将继续恶化。

当然，单从趋势并不能看出拥堵损失的整体规模。例如，车辆—小时损失的总额在 2000 年达到 4700 万小时。这听起来很严重，但实际上若将这一数字除以荷兰总人口，并且假设平均每辆车只乘一人，我们发现每人每年平均损失 3 小时。这意味着荷兰公民平均每天损失的时间不到半分钟。换言之，若认真遵循牙医的嘱咐，荷兰人刷牙的时间将是道路拥堵带来的时间损失的数倍，但似乎并没有人关心刷牙所用的时间。那么，我们为什么应该（或者不应该）关心交通拥堵呢？

我们有很好的经济理由解释为什么应该担心交通拥堵造成的时间损失（而不必太操心刷牙时间）。首先，最重要的原因是我们在后续章节中将讨论的围绕交通拥堵而发生的市场失灵，这是我们关注拥堵时间损失的基本经济动机。其次，在道路出行的高峰时段，大部分道路使用者（包括货运和商务旅客）对时间损失和出行时间不确定性的预期都相对较高。因此，拥堵的总体经济成本可能是巨大的，有资料估计其规模为每年 18 亿~24 亿欧元（KIM，2016）。况且，图 1.1 并不包括公路以外的其他道路的拥堵数据，所以拥堵问题的整体规模事实上比其体现得要更庞大。然而，更重要的是，与刷牙不同，交通拥堵是典型的几乎不言自明的高度集中事件。因此，对于受到拥堵影响的道路使用者来说，其时间损失可能远远超过每天不到一分钟的平均值，他们司空见惯的是一天损失一个小时或者更多（往返行程），隐含的拥堵成本是巨大的。

1.2.2　空间的集中

交通拥堵集中程度可以分别用时间和空间的集中来描述。荷兰运输当局基于"拥堵严重程度"（荷兰公路网上的车辆排队长度乘以持续时间）计算出排名前 50 的拥堵地区。其中，兰斯塔德地区（荷兰的四大城市地区）出现明显的集中。空间集中模式给我们的一个启示是，拥堵缓解政策最好根据不同的地区进行差异化运用，这将使燃油税、年度牌照费等政策工具不再那么有吸引力。

1.2.3　时间的集中

当然，交通拥堵也会在时间上集中。图 1.2 给出的数据展示了一周中公路每天不同时段的总出行时间损失（以小时度量）。我们在图形上很容易识别早晚高峰期，发现这个一般性模式不足为怪，但是，早晚高峰拥堵程度的差异应当引起注意。

这一时间模式意味着，理想的拥堵缓解政策除了需要在空间上具有差异外，还要随着时间而变化。这是道路容量扩张的隐患之一：道路投资（通常金额巨大）只

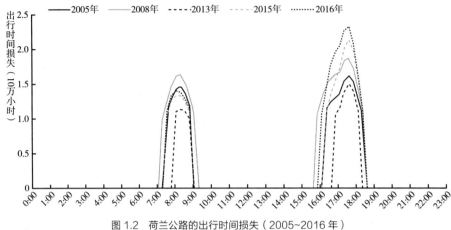

图 1.2　荷兰公路的出行时间损失（2005~2016 年）

会在相对较短的时期内产生效益，因为额外的容量在大部分时间里可能是闲置的。

在大多数现代社会中，交通拥堵是交通部门面临的最大挑战之一。虽然在像荷兰这样的国家中，普通公民经历的交通拥堵并不那么令人担忧，但是交通拥堵在时间和空间上的集中使其成为一个紧迫的问题。同时，时空的集中特性也对缓解拥堵的政策工具提出了很高的要求，因为政策工具最好能根据不同的地点和时间加以差异化运用。

1.3　中国的道路交通拥堵：事实和数据

本节介绍中国道路交通的背景数据，以便更全面地把握当前交通拥堵问题的现状。

1.3.1　历年发展状况

中国的交通拥堵问题看起来正在加剧。图 1.3 显示了中国过去 30 年中私家车拥有量的变化趋势。数据清楚地表明，在 20 世纪 80 ~ 90 年代，全国平均每公里道路上的私家车数量一直稳步增加，但是进入 20 世纪特别是 2005 年之后，私家车数量猛涨，虽然近几年私家车拥有量的增长速度有所放缓（在图 1.3 中没有体现），但

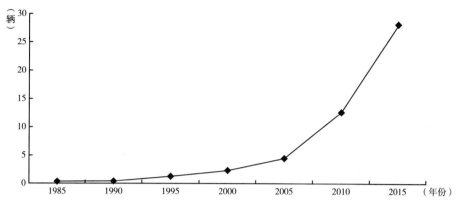

图 1.3　中国每公里道路上私家车数量变化（1985~2015 年）

资料来源：国家统计局数据中心。访问时间：2018 年 3 月。

预计未来几年这一增长趋势还将持续下去。

图 1.4 展示了高德地图监测的全国拥堵排名前 45 的重点城市的高峰拥堵情况。图中，延时指数是指"交通拥堵期市民驾车出行花费的时间与交通通畅期市民驾车出行花费的时间的比值"。该指数越高，表示出行延时占出行时间的比例越大，交通也就越拥堵。

根据大数据持续监测的 45 个主要城市 4 年路网行程延时指数的趋势来看，2018 年整体呈拥堵缓解态势。2015 年全国拥堵呈现逐步加剧趋势，2016 年拥堵整体处于最高位，2017 年拥堵较 2016 年略有缓解，但拥堵程度高于 2015 年，而

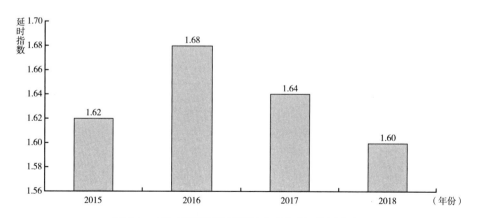

图 1.4　中国主要城市拥堵情况变化（2015~2018 年）

资料来源：高德地图《2018 年度中国主要城市交通分析报告》。

2018 年路网高峰行程延时指数为 1.60，是四年来最低水平，相比 2016 年拥堵缓解 4.8%，指数降幅较明显。近几年，城市交通拥堵逐年缓解，可能与政府对交通治理的重视、城市智能交通系统中新技术的不断应用、基础道路网络的建设和完善、公共交通（尤其是地铁路网）的不断完善等因素有关。

图 1.5 以北京市为例，给出 2007~2017 年的交通拥堵状况。图中采用的"交通拥堵指数"是综合反映道路网畅通或拥堵的概念性指数，取值范围为 0~10，分为 5 级，数值越高表明交通拥堵状况越严重。其中，0~2、2~4、4~6、6~8、8~10 分别对应"畅通""基本畅通""轻度拥堵""中度拥堵""严重拥堵"5 个级别。日交通指数是全路网早、晚高峰期间交通拥堵指数的平均值。2011 年以前，北京的全路网工作日平均日交通指数在波动中有所下降，从 2007 年的 7.31（中度拥堵）降低至 2011 年的 4.8（轻度拥堵），为近十年的最小值。随后，日交通指数呈现缓慢上升趋势，工作日拥堵问题加剧。至 2015 年，该指数已达到 5.7，有上升至中度拥堵的趋势。

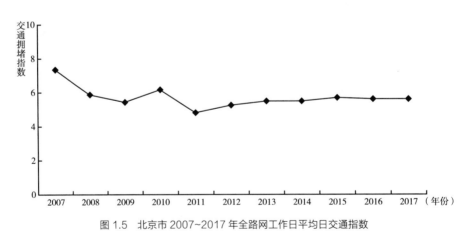

图 1.5　北京市 2007~2017 年全路网工作日平均日交通指数

资料来源：2008~2018 年《北京交通发展年报》。

正如荷兰研究交通拥堵的时间损失时发现其带来的经济成本是真实存在的一样，中国的交通拥堵也带来了真实的经济损失。根据高德地图数据，2017 年全国拥堵排名前 45 的城市的拥堵成本排行榜显示，中国香港是 2017 年拥堵成本最高的城市，年拥堵成本达到 15890 元，几乎为排名第 10 的重庆（8212 元）的两倍。排在第二位和第三位的北京、广州分别是 11747 元和 10501 元，年拥堵成本都超过 1 万元。从人均拥堵成本上看，北京、重庆、上海占据前三位，对应的年人均拥堵成本分别为 4013.31 元、2856.59 元和 2753.74 元。[1]

1.3.2 空间的集中

根据高德地图《2018 年度主要城市交通分析报告》，如图 1.6 所示，2018 年全国 361 个城市中，61% 的城市通勤高峰处于缓行状态（路网高峰行程延时指数为 1.5~1.8），13% 的城市处于拥堵状态（路网高峰行程延时指数为 1.8~2.5），26% 的城市不存在通勤拥堵的情况（路网高峰行程延时指数小于 1.5）。与 2017 年相比，全国 62% 的城市拥堵情况有所缓解，27% 的城市基本持平，只有 11% 的城市拥堵情况呈恶化趋势。从分布来看，西南地区高峰期拥堵较为严重，市民高峰期出行平均要多花费 1 小时甚至更多时间。北京、上海以及哈尔滨、长春、呼和浩特、济南、合

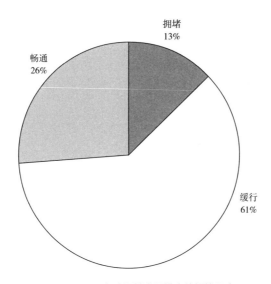

图 1.6　2018 年中国城市通勤高峰拥堵程度

资料来源：高德地图《2018 年度中国主要城市交通分析报告》。

―――――――――――

[1]　百度地图：《2017 年 Q4& 年度中国城市研究报告》。

肥、广州等东部地区的省会城市，也是高峰交通拥堵的重灾区。其中，北京工作日路网高峰行程延时指数是 2.032，在 50 个城中排名第 1，也是唯一指数大于 2 的城市。

1.3.3 时间的集中

中国的交通拥堵也表现出时间上的集中性。图 1.7 展示了 2015~2017 年中国主要城市 24 小时的拥堵趋势。数据表明，2015~2017 年，主要城市的早高峰拥堵情况逐年恶化；相比 2015 年，2017 年早高峰延时指数涨幅达 3.3%。2017 年各主要城市的晚高峰拥堵略有缓解，延时指数相比 2016 年下降 1.4% 。

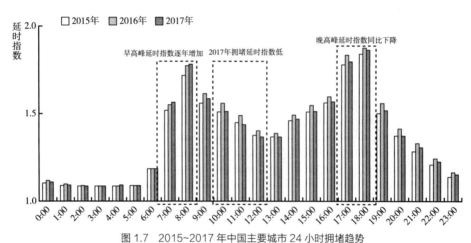

图 1.7 2015~2017 年中国主要城市 24 小时拥堵趋势

资料来源：高德地图《2017 年度中国主要城市交通分析报告》。

1.4 交通拥堵分析的经济市场方法

很久以前，在交通拥堵还未达到今日的严重程度时，这一问题就已经引起了经济学家的注意。早在 1920 年，庇古就将微观经济理论用于分析交通拥堵，为建立交通拥堵分析的标准经济学模型奠定了基础。由于庇古的方法和结论亦适用于分析一般性的"外部成本"，他的研究也在运输经济学领域之外引起了广泛关注。总之，庇古指出当存在外部成本的时候，自由市场不能得到有经济效率的结果，政府应当施行矫正税以恢复效率。此矫正税应该反映外部成本的边际经济价值，如今，这类税收在经济学中被普遍称为"庇古税"。为了理解这个结果的重要性，有必要回顾一下外部效应：当一个人合法的消费行为或生产行为对他人（至少一个人）的福利施加了无法定价的影响时，这种合法行为的副作用被称为外部效应（因此，犯罪和暴力通常不被认为是外部成本）。因此，庇古的分析除了与拥堵政策直接相关外，还与环境污染、噪声、气味等问题相关。

这里我们主要关注的是庇古的分析对交通拥堵的经济管制意味着什么。我们将从对交通拥堵的最简单情形进行经济分析开始，一步步得出庇古的结论。这意味着，我们将仅考虑一条连接单一起点和单一终点的道路，道路使用者接近同质，他们仅在道路使用费的支付意愿上存在差别。每个使用者乘坐一辆车，"使用者""车辆""行程"这些术语在文中互换使用。我们没有考虑通常情况下交通拥堵的复杂动态模型，只考虑"静态"拥堵状况。这意味着交通速度和道路使用密度为定值，不随时间变化，也不随道路里程变化。我们之后会进一步考虑一个给定时间段内的高峰期。

在这些假设条件下，我们建立了一个分析交通拥堵的经济市场模型。为了让主要观点尽可能清晰，在展示一般原理的同时，还将使用一个完全虚拟但颇具说服力的例子，这个例子会以不同的形式出现，贯穿本书的第1章至第3章。

1.4.1 需求方

道路使用的价格：广义价格概念

正如对大多数经济产品所做的那样，我们有理由假设：对一条道路上行程的需求量会随着价格的下降而增加。从这个角度来说，建立道路使用模型的经济方法与其他任何市场的建模方法相同。然而，两者对价格的定义略有不同。通常情况下，人们只考虑产品的货币价格，即商店报出的用货币单位（如欧元）表示的售价。而对于道路上的行程来说，对价格做出如上的解释多少有些不自然：行程不是在商店中买到的，而是消费者通过购买（或租用）车辆、支付维修和保险费用、购买燃油、投入完成旅途的宝贵时间而自己"生产"出来的。其中一部分成本在短期内是给定的，或者说，它们与是否要开始某段特定的行程这类决策无关；另一部分成本则是可变的，它们可以通过终止行程被节省下来。我们将这些可变的成本定义为路上行程的广义价格（表示为 p）。这个广义价格既包括货币费用（如燃油费），又包括完成行程所需的时间。"广义"这个形容词是用来提醒我们，道路使用中关于价格的解释与其他市场相比或多或少是有些特殊的。

时间价值

广义价格里的不同组成部分是不能简单相加的。例如，燃油费用欧元来衡量，而出行时间用分钟（或小时）来衡量。因此，为了使货币和时间具有可比性，需要确定所谓的时间价值。

"时间就是金钱"这句名言在经济上对应着时间价值。对于大多数的道路使用者来说，拥堵造成的时间损失具有确定的价值，否则，拥堵就不会成为一个问题。时间价值反映了一个典型的道路使用者在行程中为避免时间损失而愿意付出的货币平均值。有时，通过研究现实中个体对时间和货币的权衡行为（"显示性偏好"研究），可以得到时间价值的实证估计值。此外，我们也可以通过分析假想的行为来估计时间价值，例如，通过问卷形式使被试者面对同样的权衡（"陈述性偏好"研究）。在第 5 章，我们将对此进行更加详细的探讨。如表 1.1 所示，时间价值的实证估计结果可能在不同类型的道路使用者之间存在很大差异。

指标	旅行目的			家庭月净收入				平均
	通勤	商务	其他	≤ 1875	1875–3125	3125–4325	>4325	
时间价值	9.25	26.25	7.50	8.75	9.25	8.25	10.50	9.00

表 1.1　2010 年荷兰道路使用者（驾车者）的时间价值估值　　　　　单位：欧元 / 小时

资料来源：KIM，2013。

有了对时间价值的适当估值，我们就可以将时间价值与出行时间相乘，进而将出行时间转化为等值货币，然后就可以把这个结果与其他成本（如燃油费）相加，最终得出以货币计量的一段行程的广义价格。

描述行程需求

在我们考察的高峰时段内，单一道路使用的需求函数可以简单地用广义价格 p（例如，以欧元表示）和行程的需求量 N 的关系来给出。按照经济学惯例，我们在图形和数学表达中使用它的反函数。所以，现在将坐标轴交换，用 x 轴表示 N，y 轴表示 p，得到反需求函数，在下文中表示为 D。

图 1.8 展示了一个反需求函数的例子，我们将在本章和下一章的例子中一直使用这个反需求函数。它有一个非常简单的线性形式：

$$D=d_0-d_1 \cdot N \tag{1.1}$$

该式中的参数 d_0 和 d_1 分别是反需求函数的截距和斜率。在本例中，$d_0=100$，$d_1=1$。

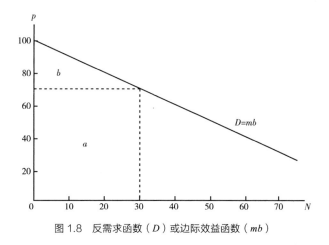

图 1.8　反需求函数（D）或边际效益函数（mb）

无疑，反需求函数准确传达了与"普通"需求函数（N 是 p 的函数）同样的信息。例如，与式 1.1 中的反需求函数对应的普通需求函数为：

$$N=\frac{d_0}{d_1}-\frac{1}{d_1} \cdot p \tag{1.2}$$

在本例中可表示为：$N=100-p$。

反需求函数和边际效益

反需求函数表明了对每个可能数量的边际支付意愿：消费最后一单位商品的消费者愿意为这一单位商品支付的最高金额。就是说，如果一条"普通的"向下倾斜的需求曲线告诉我们，在价格为 70 欧元的时候消费者的需求量为 30（正如本例中所示），那么反需求函数同样告诉我们，消费者对第 30 单位商品的最大支付意愿恰好是 70 欧元。为什么应该是这种情况呢？这是因为，即使价格只是稍稍上涨也会使这第 30 单位的商品无法售出。因此我们得出结论：购买第 30 单位商品的消费者显然不准备支付比 70 欧元更高的价格。但是，她（他）准备支付 70 欧元，不然第 30 单位的商品不会以 70 欧元的价格出售。当然，通常情况下，当价格降到 70 欧元以下时，她（他）也会愿意买下这一单位的商品。

反需求曲线的这个解释为需求分析和福利测算提供了重要联系。在应用经济学研究中，通用的测算消费效益的方法就基于此类观点：消费某一单位商品带来的效益（用货币表示），等于为得到这一单位商品而愿意给出的最大支付值。在刚刚给出的例子中，消费第 30 单位商品所得到的效益必定等于 70 欧元（如果用货币来表示）。如果效益实际较低，消费者根本不会为这一单位商品付出 70 欧元；如果效益实际较高，当价格超过 70 欧元时，消费者也会购买它。由此可知，反需求函数表述了消费的边际效益：在每个数量上，它表示消费者消费最后一单位商品所能获得的效益。

从边际效益到总效益、消费者剩余和社会剩余

反需求函数也可以用来说明消费的总效益。某一均衡消费水平下的消费总效益由反需求函数（需求曲线）以下、两条坐标轴以内以及自均衡消费数量向上所引的垂线以左的区域构成。这个区域是均衡状态下售出的每一单位商品的消费效益简单相加的结果。在图 1.8 中，这个区域由正方形 a 和三角形 b 的和来表示，此处均衡价格是 70 欧元，消费数量是 30 单位。

反需求函数和消费总效益（B）的数学关系可表示如下：

$$B (N) = \int_0^N D (n) \, dn \tag{1.3}$$

式 1.3 左边说明总效益 B 是消费总量 N 的函数，右边表示需求函数从消费水平 0 到消费水平 N 的积分。$\int$ 符号是积分运算符，它告诉我们要计算积分运算符后函数曲线下方区域的面积，该面积以积分运算符上下方所示数字为上下限。

求一个函数的积分实际上是对函数微分的反过程。因此，如果我们想求出与式 1.1 中函数 D 相一致的函数 B，我们可以这样问自己：哪个函数的导数为式 1.1？对于线性函数来说，这是个很简单的问题，我们发现：[1]

$$B = d_0 \cdot N - \frac{1}{2} \cdot d_1 \cdot N^2 \tag{1.4}$$

有两种方法可以检验式 1.4。第一种方法是计算它关于 N 的导数，事实上可以发现我们会重新得到式 1.1；第二种方法是几何方法，我们可以检验图 1.8 中从 0 到任何一个 N 之间，D 以下的区域都可以由面积为 $N \cdot d_0$ 的矩形减去面积为 $\frac{1}{2} \cdot N \cdot [d_0 - (d_0 - d_1 \cdot N)]$ 的三角形表示，这样立即得到式 1.4。

在图 1.8 中，总效益的两个组成部分 a 和 b 都各有其含义。矩形 a 表示总费用：价格乘以数量（道路例子中的价格是广义价格，包含出行时间的价值）。三角形 b 表示的是总效益 B 和总"广义费用"之间的差额，这就是消费者剩余（CS）。消费者剩余是指消费者为其消费的全部商品中的每单位商品意愿支付的价格与实际支付的价格之差的总和。因此，图 1.8 表明：

$$消费者剩余（CS）= 总效益（B）- 总广义费（N \cdot p） \tag{1.5}$$

消费者剩余 CS 与社会剩余 S 密切相关，而社会剩余在应用经济学研究中是反

---

〔1〕 这个导数忽视了积分的一个方面：在式 1.4 后面加任意一个常数，积分的数学运算结果都是正确的（注意，当对式 1.4 这个函数再次微分时，常数会消失，所以不论常数的大小如何，我们都会得到式 1.1 这个结果）。在当前例子中，常数可以被看作与零道路使用水平相联系的总效益，因此，该常数很自然地取 0。

映福利的重要指标。社会剩余被定义为从消费中得到的总效益减去总成本：

$$社会剩余（S）= 总效益（B）- 总成本（C） \tag{1.6}$$

因此，当消费者的总广义费用等于社会总成本时，社会剩余和消费者剩余是相等的。在我们的分析中，二者是相等的，除非政府对行程征税。征税将增加消费者的费用，但不会增加社会总成本。这只是一个转移：税收每增加一元钱的确会降低消费者剩余，但是也会以同样的幅度增加政府剩余（GS）。因此，税收对于我们计算社会剩余没有影响，换个角度说，社会剩余应当涵盖经济体中全部的剩余，因此它等于消费者剩余与政府剩余之和：

$$社会剩余（S）= 消费者剩余（CS）+ 政府剩余（GS） \tag{1.7}$$

虽然这两种定义对社会剩余进行了不同的解释，但是在特定情形下，它们的计算结果应该是相等的[1]。

小结

正如对所有市场做的分析那样，我们可以使用需求函数分析道路上行程的需求。重要的是，现在"价格"中包含必需的出行时间等非货币成分。用出行时间乘以时间价值，我们得到了相应的货币等值来表示这一出行时间，并将其加入其他货币成本（如燃料费等），从而得出道路使用的广义价格。道路使用的反需求函数反映了在该道路上出行的边际效益，反需求函数下方的区域表示使用该道路可获得的总效益。总效益和总"广义费用"之间的差额表示与道路使用相关的消费者剩余。与之相关的一个指标是社会剩余，它被定义为总效益和总成本之间的差值；或者，等价地看，它等于消费者剩余与政府剩余之和。在我们的分析中，不征税时消费者剩余等于社会剩余，否则二者就不相等，因为征税只不过是一种转移，税金不构成实际的社会成本。

---

[1] 如果我们将社会剩余的第二种定义改写为 $S-CS=GS$，并代入 S 与 CS 的定义，我们会得到：$N \cdot p-C=GS$。后一个等式的左边给出的是支付的总税收额。

1.4.2 供给方

前面关于广义价格的讨论有助于我们对道路行程市场的供给方进行阐述。供给关系告诉我们，行程次数由道路的广义价格决定。当道路不拥堵时，同质的道路使用者开着相同的车，这时广义价格将是常数：每个行程需要相同的出行时间、燃料等。但是当拥堵出现时，情况就会变得不同。随着越来越多的车辆驶入道路，司机会出于对安全的考虑降低行驶速度，因此出行时间将会增加[1]。由于所有道路使用者以相同的速度行使，因此每段行程的平均成本 ac 将会提高。在没有通行费的情况下，平均成本 ac 等于广义价格 p。但是，有必要将 ac 与 p 分开定义，因为在后面分析中我们会引入通行费，届时 ac 与 p 将不再相等。

行程次数与平均成本之间的关系类型取决于更多的实证研究。比较典型的情况是，当道路使用得少时，平均成本曲线几乎是水平的，当道路上几乎没有车时，额外增加一辆车很难或者根本不会影响行驶速度；然而，如果道路上车辆变多，平均成本曲线将变得越来越陡峭，当道路密度达到最大容量时，平均成本曲线将几乎变成垂直的。为了简化文中的例子，我们忽略上述非线性情况，因为它不会影响定性分析的结果。在例子中，我们假定平均成本函数用以下线性形式表示：

$$ac=c_0+c_1 \cdot N \qquad (1.8)$$

其中，c_0 和 c_1 分别表示平均成本函数中的截距和斜率。在本例中，$c_0=10$，$c_1=1$。下文中图 1.9 给出此函数的图形。

社会总成本 C 很容易由平均成本推导出来：每次行程的成本 ac 与行程次数相乘即社会总成本。本例中，社会总成本可表示为：

$$C=c_0 \cdot N+c_1 \cdot N^2 \qquad (1.9)$$

一个需关注的成本函数是边际成本：额外增加一名道路使用者带来的总成本增

---

[1] 随着完成一段行程所需的时间变长，燃油成本当然也会提高，但是我们忽略这种影响，在之后的分析中集中关注出行时间的影响。同样的，我们也将忽略行程中可能存在的其他外部成本，如环境污染和噪声。

加额。边际成本可由 C 对 N 求导得到：

$$mc = c_0 + 2 \cdot c_1 \cdot N \qquad (1.10)$$

下文中图 1.10 给出了该函数的图形。

无论成本函数的具体形式如何，上述三类成本之间的关系如下：

$$C(N) = N \cdot ac(N) = \int_0^N mc(n) \, dn \qquad (1.11)$$

N 个道路使用者的总成本当然等于平均成本乘以使用者数目，也等于边际成本从 0 到 N 的积分。作为练习，读者可以查看式 1.8~1.10。正如总效益可由边际效益函数下方的区域表示一样，总成本也可以由边际成本函数下方的区域表示。

对比式 1.8 中的平均成本 ac 和式 1.10 中的边际成本 mc，可以得到一个重要结论。当行程次数大于 0 时，边际成本大于平均成本：二者相差 $c_1 \cdot N$。这个现象可以有多种解释。

技术上的解释是：如果边际成本大于平均成本，那么平均成本就必然会提高（根据式 1.8）。以在考试中得到的成绩为例，提升平均成绩的唯一方法就是下次考试得到的分数（"边际分数"）要高于当前的平均分数。同样的准则适用于分析平均成本和边际成本的关系。

更加直观的经济解释如下。当又一名道路使用者进入一条拥堵的道路时，将会出现两种成本。第一种成本涉及这个新加入者自己要承担的成本，它简单地等于道路上现行的平均成本；第二种成本则是所有其他道路使用者的出行时间都会因之增加带来的成本，这部分边际成本与平均成本不同。在线性平均成本函数下，每新增一个使用者，现有任何一个使用者的平均成本都会增加 c_1（对式 1.8 中的 ac 求关于 N 的微分就可以看到这点）。这意味着在总量上，现有使用者的总成本将会上升 $c_1 \cdot N$（这恰恰就是平均成本和边际成本的差额）。因为这些成本并没有由创造出这些成本的那个使用者（新加入的使用者）自己承担，所以这部分成本构成了行程的边际外部成本（mec）：

$$mec = mc - ac = N \cdot ac' \quad (\text{'} \text{ 表示求导}) \qquad (1.12A)$$

在我们的例子中有：

$$mec = mc - ac = N \cdot c_1 \qquad (1.12\text{B})$$

下文中的图 1.10 隐含地给出了 mec 曲线，由平均成本和边际成本之间的垂直距离表示。我们将在下面看到这对于道路使用的效率意味着什么。

小结

随着越来越多的道路使用者驶入道路，行驶速度会下降，出行时间会增加，道路上行程的平均成本因而会上升。行程的边际成本因此会超过其平均成本，二者的差额以新增道路使用者对其他使用者造成的时间损失来表示，这就是边际外部成本。

1.4.3　均衡与最优

自由市场均衡

在分析完道路使用模型的需求方和供给方之后，就可以确定该市场的均衡。图 1.9 给出了上文例子中的相关函数。

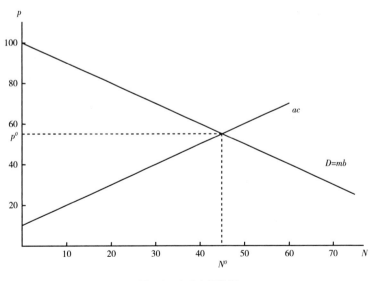

图 1.9　自由市场均衡

在没有政府干预的情况下，自由市场均衡出现在反需求函数 D 和平均成本函数 ac 的交点，此时 N^0=45。当低于均衡数量 N^0 时（N^0=45 的左侧），一些使用者愿意支付的价格高于平均成本曲线 ac 给出的广义价格，因此对他们来说，使用道路是有利可图的；在 N^0=45 的右侧，情况则恰恰相反。在 N^0 处，广义价格和（每一）行程的平均成本等于最后进入的使用者的支付意愿。如图 1.9 所示，此时的价格 p^0=55。

有效的均衡

为了评估自由市场结果是否有效，我们首先需要确定衡量效率的恰当指标。这个指标就是社会剩余 S，也就是社会总效益减去总成本。这样，帕累托有效结果就是社会剩余最大时的特定道路使用量。如果社会剩余没有达到最大（也仅在此时），道路使用量的变化显然可以使社会总成本和总效益发生变化，进而使得获益者的收益在理论上可以弥补受损者的损失。

按照对自由市场效率的标准解释，图 1.9 所示的均衡结果是否在经济上是有效的？答案是否定的。与标准市场模型最主要的区别在于，图 1.9 所示的均衡并不是 mb 和 mc 的交点，而是 mb 和 ac 的交点。我们之前已经知道，边际成本大于平均成本，它们之间的差值正好等于边际外部成本。自由市场均衡结果中的 mec 水平

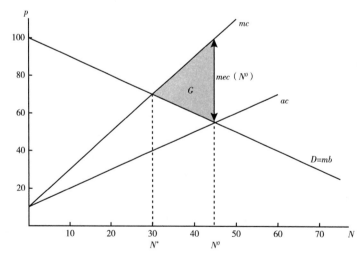

图 1.10　最优均衡和自由市场均衡的比较

$[mec(N^0)]$ 如图 1.10 所示，此时，在均衡时，减少行程次数会导致成本的减少量（由 mc 曲线显示）大于放弃的总效益量（由 mb 曲线显示）。也就是说，如果行程次数减少，社会剩余 $S=B-C$ 就会增加。

道路使用的有效或最优水平是指改变行程次数不会带来社会剩余的增加，这就是令 $mb=mc$ 的那点。在上述例子中，最优的行程数是 $N^*=30$。此时再减少行程次数，意味着放弃的效益量（根据 mb 曲线）比节约的总成本量（根据 mc 曲线）要多；相反，如果从 N^* 向右移动，则增加的额外成本将超过增加的额外收益。

当行程次数从 N^0 减少到 N^* 时，社会剩余的增加量如阴影三角形 G 所示。这个三角形是由总成本的减少量（N^* 和 N^0 之间 mc 曲线下方梯形的面积）与总收益的减少量（N^* 和 N^0 之间 mb 曲线下方梯形的面积）之间的差额构成的。

表 1.2 总结了我们例子中两个均衡的一些关键特征。可以看出三角形 G 的面积为 337.5，也就是两个均衡中的社会剩余之差。这一数值可通过计算三角形 G 的面积加以核实：$1/2 \times 15 \times 45 = 337.5$（宽度乘以高度的 $1/2$ 倍）。核查表 1.2 给出的各类结果是一个有用的练习。

表 1.2　自由市场均衡和最优均衡的关键特征

均衡类型	N	ac	mc	mec	mb	B	C	$S=B-C$
自由市场均衡	45	55	100	45	55	3487.5	2475	1012.5
最优均衡	30	40	70	30	70	2550	1200	1350

小结

拥堵道路上的自由市场均衡不是有效率的。在自由市场中，在边际效益等于平均成本时市场达到均衡。然而，经济效率要求边际效益等于边际成本。由于边际外部成本的存在，平均成本和边际成本之间有一个楔子。因此，可以通过将道路使用量减少到边际效益等于边际成本的水平来增加社会剩余，这样就可以达到最优道路使用水平。

1.4.4 总结

我们对交通拥堵进行了经济学分析。从经济学角度来看，我们可以把道路看作一个市场，有需求方、供给方，以及一个能引导两者实现均衡的机制。但是，我们已经看到，这个市场存在扭曲现象，这种现象阻碍了自由市场达到有效率的结果。

正如对任何市场做分析那样，我们可以使用需求函数分析道路上行程的需求。重要的是，现在"价格"中包含如必需出行时间等非货币成分。通过用出行时间乘以时间价值，我们将这一出行时间转化成货币等值，并将其加入其他货币成本（如燃料费等），从而得出道路使用的广义价格。

道路使用的反需求函数反映了在道路出行时获得的边际效益，而反需求函数下方的区域则衡量了使用该道路所能享有的总效益。总效益与总"广义费用"之间的差额就是消费者剩余。与它相关的一个指标是社会剩余，即社会总效益和总成本之间的差额，或者说是消费者剩余与政府剩余之和。在我们的分析中，不征税时，消费者剩余等于社会剩余，否则，两者就存在差别：支付税金仅是一种转移，税金并不构成实际的社会成本。

就供给方而言，随着越来越多的用户进入道路，行驶速度会下降，出行时间会增加，道路出行的平均成本随之增加。因此，行程的边际成本超过平均成本。这种差异是由新增使用者给其他使用者带来的时间损失造成的。这类成本被称为边际外部成本。

结果，自由市场均衡是没有效率的。在自由市场中，边际效益等于平均成本。然而，经济效率要求边际效益等于边际成本。在平均成本和边际成本之间存在着一个楔子，它是边际外部成本造成的。因此，通过减少道路使用，使边际效益和边际成本相等，可以提高社会剩余。这一道路使用水平被称为最优道路使用水平。

1.5 政策含义

在认识到自由市场均衡的低效率并找到有效率的行程次数之后，接下来我们需要找到合适的方法实现最优化。从图 1.10 来看，当行程次数处于 N^0 和 N^* 之间时，监管者如何说服道路使用者不再使用该道路？显然，礼貌地要求他们如此做是不可能有用的——毕竟，在 N^0 处使用道路带来的效益超过广义价格，所以这些使用者认为继续使用这条路是有利可图的[1]。在这一节中，我们将从经济学角度来处理这个问题。在 1.5.1 小节中，我们讨论庇古的方法，使用收费的方式来达到经济效率。在 1.5.2 小节中，我们通过比较最优定价和非价格政策的效应来解释为什么很多经济学家仍然认为最优定价是缓解拥堵的有效对策。

1.5.1 最优拥堵收费

庇古缓解交通拥堵问题的对策如今看起来很简单，但在当时是具有开创性的。他认为，通过收取等于均衡状态下边际外部成本的费用，可以使超过最优道路使用水平的道路使用者不再使用道路，因为对他们来说使用该道路已不再具有吸引力。

在本例中，N^* 处的 mec 等于 30（见表 1.2）。图 1.11 显示，当拥堵收费 r^*=30 时，N^* 右侧的使用者将不再想使用道路（与 N^* 左侧的用户相反）。此时，对道路使用者而言，拥堵收费被加入道路使用的广义价格 p 之中：均衡广义价格 p^* 等于 $ac+r^*$（例子中为 40+30=70），N^* 变成收费情况下的均衡次数，这和 N^0 为不收拥堵费时的均衡次数是一个道理。这种缓解拥堵的经济学方法叫作道路定价（这也是我们使用 r^* 来表示最优收费的原因）。实施这项政策确实带来了社会剩余的合意增长，其增长

---

〔1〕 虽然直接要求的方式可能会显得有些愚蠢，但是现实中确实采取了这样的方法，期望居民自愿减少汽车使用。荷兰曾经举行过名为"离开车一天你也可以过得很好"的活动，但是政府很快发现这个活动并不能有效地缓解拥堵。

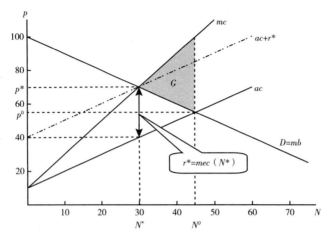

图 1.11　通过最优拥堵收费实现有效均衡

量同样由阴影三角形 G 表示。

　　这种所谓的通过收费方式达到的最优有以下特点值得强调。第一，收费确保了在最优状态下边际效益必定等于边际成本。为此，所收费用要等于均衡时的边际外部成本。这就意味着每个道路使用者支付的拥堵费等于其对所有其他道路使用者造成的损失，而这部分损失在自由市场均衡中却没有得到补偿。因此，实施最优拥堵收费通常被归为外部成本内部化：通过税收，消费者为自己造成他人损失的行为埋单[1]。

　　第二，自由市场达到均衡时 mec 等于 45，这并不意味着最优拥堵收费等于 45。最优收费等于最优均衡状态下的边际外部成本（因此，在上述例子中最优拥堵收费为 30）。这说明，对于自由市场均衡中的边际外部成本进行实证估值，并不能让我们得出最优的收费水平。

　　第三，虽然外部成本导致市场失灵，但并不意味着我们应该将其完全消除。我们应该最优化这个外部成本，这通常意味着最优状态不是没有拥堵，而是处于较低的拥堵水平。实际上，最优选择不是把交通拥堵降为零，而是把它降低到最有效率

---

〔1〕　需要说明的是：在任何均衡状态下，所有道路使用者的 mec 都是相等的。例如，在上述例子中当 $N=10$ 时，$mec=10$，我们不能错误地将之解释为：当 $N=30$ 时，对这个特定的使用者来说 mec 依旧是 10。只有当 $N=10$ 时该使用者的 mec 才等于 10。

的水平。完全消除拥堵将意味着一些道路使用者有可能被高价排挤出市场，即使他们的出行效益超过边际社会成本。

第四，需求的强度会随着时间与地点的变化而变化，这种需求变化会引起 mec 发生变化，从而，最优拥堵收费也应随之变化。图 1.12 展示了这种变化。在非高峰期，反需求函数 $D_{非高峰}$ 适用，反映了在每个广义价格水平下道路使用需求量的减少。因此，此时的最优拥堵收费（由较短的双箭头表示）将明显低于高峰期的最优拥堵收费（最初的较长的双箭头）。与扩大道路容量等其他措施相比，（电子化）拥堵收费的一个重要优势就是它可以有针对性地反映实际的交通状况。

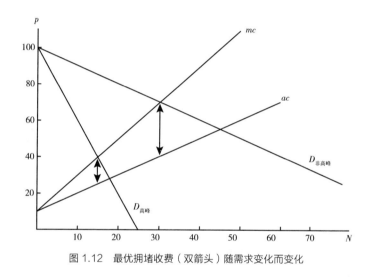

图 1.12　最优拥堵收费（双箭头）随需求变化而变化

第五，最优收费由于两个原因实现了经济效率。第一个原因是它达到道路使用的最优水平，在这个例子中 $N^*=30$；第二个原因更加微妙，但是至少同样重要，就是它实现了道路使用者的最优"自我选择"：使用道路获得的效益低于 70 的人认为使用道路没有吸引力。其他替代性政策也可以把道路使用量限制在 30 次的水平，但不会根据每个使用者的边际效益进行选择，因此，通常得到的社会剩余小于 G。通过简单地统计路上汽车数量的方式，虽然表面看来，道路使用情况可能已经达到最优状态，但是，根据反需求函数，这 30 次行程中的某些行程可能

会位于 N^* 的右侧。下一节将通过考查非价格政策缓解拥堵的效果来进一步说明这个问题。

综上所述，我们可以通过设定一个最优拥堵收费来达到模型中最优的道路使用水平，这个最优拥堵收费等于均衡的边际外部成本。

$$r^* = N^* \cdot ac' \quad (N^*) \tag{1.13a}$$

在本例中：

$$r^* = N^* \cdot c_1 \tag{1.13b}$$

1.5.2 非价格政策的效率："政府失灵"的例子

尽管最优收费方法会提高社会福利，同时，缓解交通拥堵的要求也越来越迫切，但是经济学家还是未能使政策制定者和广大公众信服于拥堵收费的魅力。真正把拥堵收费用于运输的例子少之又少。这与公众对拥堵收费的认可度较低密切相关：民主社会的大多数选民仅仅是不喜欢新增税收这个概念（见下文第 1.6 节）。结果是各种替代方法出台以应对拥堵，其中之一是扩大道路容量。我们将在第 2 章回到这个话题，现在暂时假定道路容量是固定的。其他政策工具试图通过非价格措施来减少道路使用量。在本小节中，我们将从经济学视角出发分析此类非价格措施，最终目的是：（1）表明如何使用经济学方法分析非价格工具；（2）进一步证实上一节的结论，即最优拥堵收费产生的结果是有效率的，因为它既确保了最优水平，又确保了道路使用者的最优构成。我们将看到，这是拥堵定价的一个重要特征，它使得定价的效率与非价格手段的效率区分开来。

为了说明问题，我们考虑一项类似希腊雅典目前正在实施的政策的效果。根据车牌号进行限行管制：在奇数天（一个月的第一天、第三天等），只允许车牌号最后一位数是单数的车上路行驶；偶数车牌尾号的车只能在偶数天上路行驶。乍一看，这可能是应对拥堵的好方法，因为这样一来，道路的使用量大幅度减少，同时又没有收取令人讨厌的拥堵费。但是，这种方法存在一些严重的缺陷。

其中一个缺陷就是，随着政策实行期限的增加，汽车拥有量不断增加。许多家庭有两辆车：一辆车的车牌尾号是奇数，另一辆是偶数。这显然是一个相当低效的结果：政策导致资本成本更高（拥有更多车辆），却没能有效地减少交通拥堵，这可能会造成福利损失而不是增加。我们的分析暂且忽略这个缺陷，集中研究在没有这个特定缺点时非价格政策导致的效率问题，也就是假定汽车拥有量是固定的。

在我们的例子中，道路的最优使用水平是自由市场均衡水平的 2/3（N^*=30；N^0=45）。为了避免夸大政策的无效率，我们将道路使用者划分为人数相等的三组（而不是像雅典那样的两组），例如，根据车牌号的最后两位数字分为三组（00~33 为 A 组，34~66 为 B 组，67~99 为 C 组）。每天，只允许两个小组使用道路，剩下一组被禁止上路。现在我们问的问题是：这个政策和最优收费（几乎）一样有效吗？

为了回答这个问题，我们首先确定在这个政策下新的反需求函数是什么。如果各组人数相同且构成相似，则每组都面临一条截距相同的反需求函数，其斜率是图 1.8（及之后各图）所示的初始反需求函数的斜率的 3 倍：在每个价格水平上，每组的行程需求量是初始总需求量的 1/3。因此，当只允许两组使用道路，剩下的

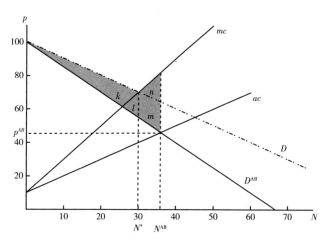

图 1.13　非价格政策的效率

一组不允许上路时，反需求函数的斜率将是图 1.8 所示的初始反需求函数的 1.5 倍（因此它比单组面对的反需求函数平缓两倍）：被排除在外的那组无法对行程产生需求。在只允许 A、B 两组使用道路且禁止 C 组使用时，反需求函数 D^{AB} 如图 1.13 所示。三组都允许使用道路的初始反需求函数用虚线 D 表示[1]。

因为在尾号限行政策下不征收任何拥堵费，所以我们可以在 D^{AB} 和 ac 的交点找到"AB 出行日"的均衡，得到 N^{AB}=36。第一个意外就是发现均衡水平超过了目标水平 N^*=30（30 是初始均衡值，图中也有显示），虽然 1/3 的潜在道路使用者显然被完全排除在外，而目标是精准缩减 1/3 的行程次数。原因在于，由于没有拥堵收费且排除了 C 组使用者，使得当 N=30 时的广义价格是如此之低，以至一些额外的 A、B 组使用者认为上路出行很有吸引力。

然而，这个与最优行程次数略有偏离的新行程数并不是政策无效率的根源。借助图 1.13，我们可以阐述两个导致政策无效率的主要因素。

（1）这项政策也阻止了 C 组中那些可以在行程中获得较高效益的使用者，他们本可以在最优拥堵收费政策下实现出行，由此带来的社会剩余损失由阴影区域 $K+l$ 表示。它显示了与最优拥堵收费下等量使用者的总效益相比（根据 D 确定），尾号限行政策下前 N^* 个使用者的总效益损失（根据 D^{AB} 而定）。

（2）即使忽略 C 组使用者被禁止上路这一事实，剩下的 A、B 组使用者对道路的使用也没有达到最优。他们也会给彼此施加外部性。就算只单独考虑 A 和 B 两组，最优值应当位于 D^{AB} 和 mc 的交点处，而不是实际发生的 D^{AB} 和 ac 的交点处。处于 N^* 与 N^{AB} 之间的 A、B 组使用者的额外福利损失由阴影区域 $m+n$ 表示。

表 1.3 列出了自由市场均衡、最优均衡以及尾号限行政策的均衡结果。和以前一样，作为一种练习，读者可以自行检查一下表中的各个结果。

---

〔1〕 由于三组是完全同质的，所以允许任意两组使用道路带来的效果是一样的。我们这里以只允许 A、B 两组使用道路且禁止 C 组使用为例探讨。

表1.3	自由市场均衡、最优均衡和限号政策均衡的关键特征							
均衡类型	N	ac	mc	mec	mb	B	C	$S=B-C$
自由市场	45	55	100	45	55	3487.5	2475	1012.5
最优	30	40	70	30	70	2550	1200	1350
尾号限行	36	46	82	36	46	2628	1656	972

在这个例子中，上文提到的两种无效率根源显然非常重要，以致尾号限行政策甚至导致比自由市场均衡还要低的社会福利。换言之，非定价政策可能不如定价政策有效，甚至可能比不采用任何政策时的效果更差。这就是一个毋庸置疑的政府失灵的例子：政府没有做到把自由市场导向最优，甚至并没有提高效率，相反，它降低了效率。

与之前解释为什么最优拥堵收费政策是如此有效相一致，我们可以确定为什么非定价政策的效率通常低于定价政策。其主要原因在于，非定价政策不能根据使用者的效益对其进行辨别。即使非定价政策能够很好地复制最优消费水平（我们例子中的行程次数），最优的消费者构成也很难实现。非定价政策通常都会受到这种无效率的困扰。虽然这里给出的例子是针对交通拥堵的，但是在运用非价格政策调控其他类型的外部性时通常也会出现类似问题，无论其是否发生在道路运输部门。

1.5.3 小结

本节论证了最优定价（最优拥堵收费）作为一种应对外部成本的手段是有效率的，适用于交通拥堵的情况。征收等同于最优均衡时边际外部成本的拥堵费，能避免发生自由市场均衡中的过度消费现象。在最优定价情况下，道路使用者面对的广义价格等于出行的边际成本，而不是自由市场中的平均成本。这意味着每个道路使用者支付的拥堵费与他或她给所有其他道路使用者造成的损失完全相等。因此，进行最优拥堵收费通常被称为外部成本内部化。

外部成本造成市场失灵的事实并不意味着它就应该被完全消除，而应该对其进行最优化。这通常意味着最优均衡的边际外部成本低于自由市场均衡的边际外部成本，但不是零水平。实际上，最优的情形通常不是消除所有交通拥堵，而是减少拥堵。随着需求发生变化，现实中的最优拥堵收费会因时间和地点的变化而变化。

最优拥堵收费基于两方面原因实现经济效率。第一个原因是它实现了道路使用的最优水平；第二个原因更加微妙，它通过使用者的自我选择实现了道路使用者的最优构成。非价格政策即使可以在第一方面取得成功，通常也会在第二方面失败，由此，应当严肃地考虑政府失灵的风险。因此，非价格政策措施可以增加的社会剩余通常小于可实现的最大社会剩余增加额，甚至可能发生减损社会剩余的情况。这就是用道路定价工具治理外部性在经济学家中广受欢迎的原因。

1.6 拥堵收费的社会接受度

在经济层面上，我们有理由相信使用定价工具可以治理外部成本。然而，无论是一般而言的外部性定价，还是特定的交通拥堵定价，其实际运用都非常少，哪怕大众普遍认为电子收费是可行的，同时价格也可以承受。相反的，由于社会接受度非常有限，大多数实施拥堵收费的政策提案在推行过程中似乎都失败了。比如，荷兰在过去十多年时间里，已经提出了不下 4 个不同的大规模实施道路交通收费的提案，包括高峰通行许可证、区域通行费、警戒线收费和按行驶距离收费等。对于经济学家来说，理解这些提议为什么失败是很重要的。这是否表明，能够实现巨大福利收益（故而本来应该可以说服众多怀疑者）的道路拥堵收费理论存在问题？还是经济学家根本无法充分解释外部成本内部化能够带来的社会效益？

1.6.1 理论解释

上述问题并没有一个简单的答案，评价文献中提出的所有可能的答案也会过于复杂。但是，我们有必要讨论下面这个解释，实际上，图 1.11 已经暗示了相关信息。

假设我们在道路使用者之间进行民主投票，询问他们对道路定价提案是支持还是反对。那么自利的选民会怎么选择呢？为了回答这个问题，我们需要将道路使用者分成两组。

（1）第一组是在横轴上处于 0 到 N^* 之间的那些道路使用者。他们不管道路是否收费都会出行。对于这些人来说，实施拥堵收费后，行程的广义价格将从 P^0（=55）增加到 P^*（=70）。因此，这些人会对拥堵收费投反对票。

（2）第二组道路使用者处于 N^* 和 N^0 之间，他们改变自己的行为，不得不选择一些替代方案，如放弃出行、在非高峰期出行、使用公共交通工具等。显然，在实施拥堵收费之前，他们也可以做出同样的选择，但那时他们不愿意选择那些替代方式出行。他们更喜欢按最初的价格 P^0 来使用道路，所以这些人也因拥堵收费而境况变坏，因此他们也会对拥堵收费投反对票。

这样就产生了一个令人费解的结果。如果每个人的境况都因拥堵收费而变坏，那么总社会剩余增加又是如何实现的呢？

答案很简单：到目前为止，我们忘记了政府这个唯一的不参与民主投票的"行为人"。政府是通过税费收入最初从拥堵收费政策受益的唯一主体，其他所有人都蒙受损失。一个让除了政府之外其他所有人的境况都变得更糟糕的政策很难在一个民主社会取得成功。按照道路定价的社会可行性极其有限这种解释，解决问题的思路应该是：找到拥堵收费的恰当使用方式，以使道路使用者感觉自己最初的福利损失可以得到补偿（甚至获益更多）。

这项政策带来的福利收益至少应当在理论上创造一个重新分配收入的机会，使得每个人最终都会因为这个政策而变得更好。直接补偿当然不是一个非常有用的方法，因为如果直接返还拥堵费，不会引起明显的行为改变。比较合理的间接补偿可以是减少每年的车辆税。在第 2 章中，我们还会考虑将税费收入用于为扩大道路容量提供融资。

从这个简单的分析可得到一个重要的教训，那就是，旨在使社会福利最大化的有效政策在民主制度中可能显得有些自相矛盾而极难实施。个人的投票行为通常不会取决于拟议政策的总体福利效应有多大，而更多地取决于这些福利效应将如何进行分配。然而，旨在通过征税来内部化外部成本的政策在分配结果上不具有吸引力，因为政府肯定会成为主要的赢家之一，这降低了这种政策在民主上的可行性。

1.6.2 实证证据

荷兰的一项实证研究曾经调查过上述理论分析与实际的相关性。这项针对兰斯塔德地区（荷兰四大城市地区）早高峰道路使用者的问卷调查，最终收回了大约1300份问卷。本节简要介绍两个相关问题的答案。

图1.14给出了受访者对问题"你对道路定价有什么看法？"的各种回答。大约一半受访者认为实施道路定价是一个坏主意，大约1/4的人选择"中立"，认为这只是一个"还凑和的好主意"，约有17%的人表示他们不愿意为道路使用付费，但认为这可能是一个好主意，不到10%的人认为这是一个好主意。这表明社会对道路定价的接受程度相当低。与此同时，这个实证结果的悲观程度比理论预期要小，理

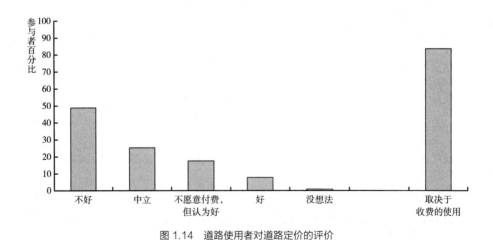

图1.14 道路使用者对道路定价的评价

资料来源：荷兰针对兰斯塔德地区早高峰道路使用者的调查问卷。

论预期没有人会认为这是个好主意。对这种差异的一个重要解释是，即使在税金收入再分配之前，时间价值较高的人也可能从道路定价政策中受益（参见表 1.1）。我们在本章所建立的模型并没有考虑时间价值的差异性。

一个假说是，拥堵费收入的使用对于受访者全面评估道路定价是非常重要的，它看起来得到了数据的支持。将近 85% 的受访者表示，他们的评估意见部分取决于此。

图 1.15 展示了对下一个逻辑相关问题的回答：应该如何使用这些拥堵费收入？研究人员提供了多种使用方式，要求受访者用 5 级量表进行打分。结果非常清晰：最受欢迎的是那些与汽车司机自身利益最密切的用途，其后是有利于其他运输目的的用途，最不受欢迎的是分配给运输领域之外的公共基金。因此，公众对道路定价的接受程度看起来确实取决于拥堵费收入的使用情况，特别是汽车司机觉得自己是该收入的主要获益者。

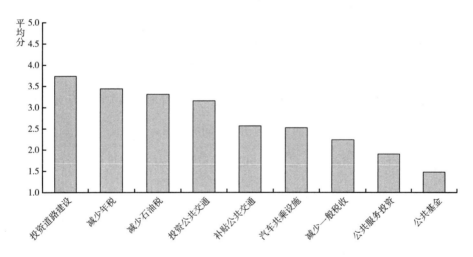

图 1.15　道路使用者对拥堵费收入使用的建议

资料来源：荷兰针对兰斯塔德地区早高峰道路使用者的调查问卷。

1.6.3　小结

追求实现社会福利最大化的有效政策可能在某种程度上自相矛盾，在民主国家中很难实施起来。个人的投票行为通常不取决于拟议政策的总体福利效果，而取决于这些福利效果的分配。通过税收实现外部成本内部化的政策带来了不招人喜欢的分配结果，即政府肯定是最初的赢家之一，这降低了这种政策的民主可行性。

这个一般性机制对拥堵收费格外意义重大。在本章介绍的模型中，甚至出现了在税收重新分配之前，除了政府之外的每个人都由于政策实施而境况变差的情况。所以，由此推测，小心地设计一个恰当的税收分配方案可能会有利于提高道路定价的社会接受度。荷兰的实证结果与这些理论观点是相吻合的。

本章总结

1. 道路交通流量的集中度在时空上具有异质性，这就要求用于缓解交通拥堵的政策工具要针对不同的时间与地点进行区别应用。

2. 道路的广义价格是指道路使用过程中与出行决策相关的全部可变成本，包括货币成本和时间成本两部分。

3. 时间价值是指道路使用者在出行过程中为了避免时间损失而愿意支付的平均货币值。由此，时间成本是时间价值与出行时间的乘积。

4. 某一行程的需求函数体现了某一时段内道路使用的广义价格与行程需求量的关系。行程的反需求函数反映道路使用者在路上行驶的边际效益，反需求函数的下方区域代表道路使用者在路上行驶的总效益。

5. 道路使用者的消费者剩余等于总效益与总广义费用的差额。社会剩余等于社会总效益与总成本的差额，也等于消费者剩余与政府剩余之和。在不征税时，消费者剩余等于社会剩余。

6. 当更多的道路使用者上路时，由于行驶速度下降和出行时间增加，出行的平均成本会上升。这时，出行的边际成本高于平均成本，二者的差额为拥堵产生的边际外部成本。

7. 在自由市场均衡中，交通出行的边际效益等于平均成本。然而，实现效率要求边际效益等于边际成本。由于拥堵带来边际外部成本，交通出行的边际成本要大于平均成本。因此，减少出行次数可以增加社会剩余，从而实现经济最优。

8. 为了实现有效的均衡，庇古提出可以征收一个与边际外部成本相等的最优拥堵费，即"庇古税"，以减少道路使用，实现外部成本内部化，从而达到最优均衡。但是由于公众往往不接受税收政策，政府通常采用非价格政策来缓解拥堵，如尾号限行。然而，事实证明，非价格政策可能导致社会剩余的减少，从而引起政府失灵。

9. 个人的投票行为通常不会取决于税收政策的整体福利效果，而更多取决于这些福利的分配。因此，一个详细且合理的税费收入分配方案有利于提高拥堵收费政策的社会接受度。

本章术语

highway capacity　道路容量

optimal pricing　最优定价

generalized prices　广义价格

road pricing　道路定价，道路收费

generalized expenses　广义费用

second-best　次优

marginal benefit　边际效益

social surplus　社会剩余

marginal external costs　边际外部成本

marginal costs　边际成本

value of time　时间价值

toll-supported optimum　通过收费方式达到的最优

经典资料：道路定价的发展与历史争论[1]

经济学家关于道路收费问题的建模与分析已经发展了几十年。亚当·斯密早在1937年就在《国富论》中专门说明过收费公路的问题。他赞成对所有"公共工程"进行管理，以便在不给社会总收入带来任何负担的情况下，为支付这些工程的开支提供特定的收入。同时，他反对让中央政府接管收费公路的提议，理由是国家将依赖通行费收入增长，过度增加通行费，阻碍商业发展，将价格推高并转嫁给最终消费者，而且政府更有可能忽视维护这些工程。朱尔斯·杜拍特于1952年从工程学家的视角构建了正式的拥堵费定价模型，他指出，对一座桥梁进行收费，有可能会将出行量转移到另一座不那么吸引人的桥梁上。然而，杜拍特没有意识到短期和长期边际成本之间的区别，他认为通行费更多是一种支付长期成本的手段，而不是缓解拥堵的管理手段。

值得注意的是，经济学家用英语完成的工作直到庇古（1920）之后才真正开始。庇古作为20世纪研究拥堵收费的领军人物，建议在公路上收费以缓解拥堵，得到许多人的称赞。但是，他也受到了其他学者的批评，例如，奈特（1924）批评庇古的理由是：如果道路是私有的，那么在两条道路的例子中，不征税也是一个有效率的结果。

在20世纪50年代中期，人们对公路定价做了进一步探讨。克拉克（1923）倡导用户收费，以应对公路损坏、铁路不公平竞争以及支付公路费用的问题。彼得森（1932）认为，道路的定价应该像其他商品一样。布坎南（1952）介绍了收费的许多利弊，他强调收费在提高道路使用率方面的潜在作用。

20世纪50年代末60年代初，道路定价的实行是由经济模型和实际建议共同

---

[1] Lindsey, R. (2006), "Do Economists Reach a Conclusion on Road Pricing? The Intellectual History of an Idea", *Econ Journal Watch* 3 (2): 292-379.

推动的。在这一过程中，经济学家处于领先地位。例如，维克瑞从1948年直至1996年去世，写了大约40篇文章来论述道路收费问题。他的两个主要观点是：第一，价格应设定为短期边际成本（SRMC），而不是长期边际成本（LRMC）或平均成本（AC）；第二，应通过响应性定价来满足随机需求波动，从而调整价格，使其与SRMC尽可能接近。和维克瑞一样，沃尔特斯支持SRMC定价，他于1961年提出了拥堵收费的基本模型，成为拥堵收费研究的里程碑。

20世纪末，人们对于研究道路定价的兴趣大幅增长。当时的情况是，对道路定价的政治态度有所改变，收费技术得到了提高，大大地降低了交易成本，同时，其他交通政策手段在缓解交通拥堵上效果有限。由此，一些收费计划陆续开始实施。城际收费公路如今在西欧、墨西哥、日本、中国及其他国家和地区已经很普遍。目前，许多项目正在开发中或者已经提出，包括使用全球卫星导航系统（GNSS）在英国和美国俄勒冈州实现全区收费。但是，只有少数城市实施了道路收费，而旨在控制交通拥堵的方案数量则更少。

简而言之，经济学家确实认同应该通过定价来解决道路拥堵问题。然而，除此之外，还有很多分歧，包括如何设置通行费、如何支付共同成本、如何处理超额收入、是否应该及如何补偿收费的"损失者"，以及是否应对道路实施私有化。经济学家一致认为，道路收费应该用于减少和管理交通拥堵。大多数经济学家接受以短期边际成本作为一般道路定价的基础。然而，大多数经济学家也从最严格的意义上考虑了SRMC定价方案可能存在的偏差，开始着手开发次优定价的各种实用模型。

经济故事：北京市尾号限行

2008年奥运会期间，北京市开始实行机动车单双号限行制度，以缓解城市交通拥堵压力。这是中国首次提出和应用尾号限行制度。2008年9月，北京市政府发布公告，宣布2008年10月11日至2009年4月10日对机动车试行为期半年的尾号限行措施。将机动车车牌尾号0~10分成5组，工作日每天限行两个号，法定节假日和公休日不限行，限行范围为五环路以内道路，限行时间为6时至21时。至今，北京市尾号限行制度先后进行过9次延期，已连续实施10年。根据2008~2016年《北京交通发展年报》测算，北京市交通拥堵指数有所下降，日平均拥堵状况从中度拥堵降至轻度拥堵。然而，在此期间，部分居民通过购买第二辆车应对尾号限行制度，机动车保有量持续上涨，这对该制度的缓解效果造成了一定影响。

一些学者对于是否存在违法闯号情况进行了相关研究。王等（2014）使用北京市家庭调查数据和出行日记数据分析了限行政策对个人出行模式选择的短期影响，对汽车司机遵守限行政策的情况进行了研究，发现居民的违法闯号行为是普遍且持续存在的。47.8%的受限制私家车司机有过在限制时段和区域非法闯号开车前往目的地的行为。研究还发现，平均而言，需要在高峰时段出行或驾车上班、目的地距离市中心或地铁站较远的车主，更有可能违反规定。

还有一些学者研究了尾号限行政策对居民出行模式的影响。由于尾号限行会使司机出行不便，人们自发地采取一系列行为进行规避。林等（2011）通过对圣保罗、波哥大、北京、天津四个城市的限行政策进行研究，发现当限制仅在工作日的某些时段有效时，居民总体出行时间可能会发生变化，即一些居民会选择提前出发或延后出发。杨等（2016）利用北京市2009~2014年的数据，研究了北京尾号限行政策的中短期效应。研究发现，这一政策显著改善了限制时间内的交通状况，而且不受限时段内的交通状况没有恶化。随着限行政策的实施，夜间交通状况改善的效果更为明显。他们猜测有两个可能的原因：一是购车摇号政策的颁布；二是违反限号政策的监督和处罚变得更为严厉了（两者都是从2011年开始实施的）。另外，当汽车驾驶受到限制后，公共汽车和出租车的乘客量会大幅增加，但地铁的载客量变化不大。

此外，尾号限行政策的实施对环境的影响也很受关注。孙等（2014）的研究发现，严格的尾号限行政策明显改善了道路行驶状况，但对可吸入颗粒物的浓度影响不大。这意味着尾号限行可能无法给交通状况和环境同时带来积极影响。为了显著减少尾气排放、改善空气质量，除了实施尾号限行政策之外，还需要多方面的努力，例如，鼓励采用清洁型车辆，使用其他可替代的清洁型运输方式。林等（2011）的研究发现，尾号限行政策可能只会降低空气污染物的极端浓度，并且认为只有延长限制时间或扩展限制区域才能减轻空气污染程度。

案例分析：国际城市拥堵收费的接受度[1]

虽然拥堵收费政策在大部分实践中显示了其有效性，但是也有部分城市因为较低的社会接受度而暂缓实施拥堵收费政策。不少研究者开始探究各地拥堵收费政策的接受度。表 1.4 展示了 2005 年以来部分国家对于拥堵收费的接受度。

沙勒（2010）发现纽约的拥堵收费政策之所以没有得到通过是因为政治接受度过低。2005 年，爱丁堡政府推出分时段征收交通拥堵费政策，但是在公众投票环节中，74.4% 的公民反对实施该政策。2008 年，曼彻斯特政府也因为同样的原因而停止进一步实施交通拥堵收费政策。此外，汉修和李（2013）列举了英国（伦敦、爱丁堡、曼彻斯特）、斯德哥尔摩和米兰的公众投票情况，总结了爱丁堡和曼彻斯特接受度较低是因为拥堵收费效果的不确定性和关于拥堵收费的信息不足。海新和伊萨克森（2015）对比了瑞典的两个城市斯德哥尔摩

〔1〕 Schaller, B. (2010), "New York City's Congestion Pricing Experience and Implications for Road Pricing Acceptance in the United States", *Transport Policy* 17(4): 0-273; Hensher, D. A., & Li, Z. (2013), "Referendum Voting in Road Pricing Reform: a Review of the Evidence", *Transport Policy* 25(1): 186-197; Hysing, E., & Isaksson, K. (2015), "Building acceptance for congestion charges – the swedish experiences compared", *Journal of Transport Geography* 49: 52-60.

和哥德堡的接受度，发现更大范围的公投和宣传是斯德哥尔摩公众接受度更高的重要原因。

表1.4　国际城市拥堵收费的接受度					
城市	拥堵收费政策的类型		政策的接受度		
	实施年份	收费方式	调查年份	调查群体	接受度
纽约	未实施	警戒线收费	2008	城市居民	67% 支持
爱丁堡	未实施	警戒线收费	2005	全民投票	74.4% 反对
曼彻斯特	未实施	警戒线收费	2008	地方公民	79% 反对
哥德堡	2013 年	警戒线收费	2014	城市居民	57% 反对
斯德哥尔摩	2007 年	警戒线收费	2005	全民投票	68% 支持
奥斯陆	1990 年	道路收费	2011	民意调查	54% 反对
米兰	2012 年	警戒线收费	2011	全民投票	80% 支持

资料来源：CURACAO网站。访问时间：2017 年 6 月。

复习题

1. 画图说明拥堵道路上的自由市场均衡不同于经济最优均衡。图中应包含自由市场均衡、最优均衡、最优拥堵收费水平以及该情况下能获得的福利收益。

2. 基于问题（1）中的图，你是否能解释为什么拥堵收费经常会受到民众的强烈抵制？请提出一种可以减轻民众抵制的解决方法，注意该解决方法应当与你的解释相符。

3. 请解释为什么你在问题（1）的图形中指出的代表福利收益的区域，的确可以被看作福利收益？请合理运用边际效益、总效益、边际成本和总成本等术语进行说明。

4. 相较于非价格工具，为什么经济学家总是更青睐价格工具？请结合道路定价的替代选择——尾号限行政策进行解释。

拓展阅读文献

［1］Börjesson, M., Eliasson, J., Hugosson, M.B., & Brundell-Freij, K.(2012), "The Stockholm Congestion Charges-5 years on. Effects, Acceptability and Lessons Learnt", *Transport Policy* 20: 1-12.

［2］Lindsey, R. (2006), "Do Economists Reach a Conclusion on Road Pricing? The Intellectual History of an Idea", *Econ Journal Watch* 3(2): 292-379.

［3］Lindsey, C.R. & E.T. Verhoef (2001), "Traffic Congestion and Congestion Pricing", In: D.A. Hensher & K.J. Button (eds.) (2000), *Handbook of Transport Systems and Traffic Control, Handbooks in Transport* 3, Elsevier / Pergamon, Amsterdam:77-105.

［4］Pigou, A.C. (1920), "Chapter VIII: Divergences Between Marginal Trade Net Product and Marginal Individual Net Product", *The Economics of Welfare (First Edition)*, Macmillan, London: 189–196.

第 2 章 ｜ 道路定价：从理论到实践

本章提要

    本章主要研究道路拥堵问题在理论上的最优解决方案与在实践中的各种次优解决方案。首先考虑拥堵定价与容量选择可以同时完美决策的理论情形。"自我融资"定理表明，在一定技术假设下，从最优拥堵定价中获得的收益将恰好可以覆盖提供最优容量所需的成本。不过，由于现实中的种种约束，最优方案通常无法实施。其次考虑现实中的次优定价，包括无法区分所有车辆的次优拥堵收费和无法对所有道路收费的付费通道收费。最后简要讨论了停车收费、燃油税、警戒线收费和年牌照费等次优收费方案的利弊。

学习目标

1. 重点掌握"自我融资"定理，了解该定理成立的条件。

2. 掌握最优定价与次优定价的区别。

3. 掌握次优拥堵收费，理解其利弊。

4. 掌握付费通道收费，理解其利弊。

5. 了解停车收费、燃油税、警戒线收费和年牌照费等次优收费方案的利弊。

在第 1 章中，我们在尽可能简单的前提下阐述了拥堵的外部性及其管制的主要经济学原理。这种简单前提下的分析很有洞见，但我们也因此付出了代价，很可能被批评所使用的模型不够现实。现实中的交通拥堵现象当然要比简化模型中的复杂得多。现实中的交通拥堵不是静态的，而是一种动态现象，它通常影响整个道路网络，不同道路之间以错综复杂的方式相互起作用；道路使用者可能在许多方面各不相同（如时间价值不同或车辆类型不同），因此不是同质的；等等。此外，在宣称最优收费政策是在每个时刻和每个地点都收取与其边际外部成本相当的费用时，我们默认有一种极其先进的收费技术可供使用，但现实中可能并非如此。

在本章中，我们将调整上一章关于交通拥堵的经济分析，考虑现实中交通拥堵的复杂性。由于分析重点仍然放在经济原理的确定上，我们继续坚持原有的分析策略：在考查某一种特定类型的复杂性时使用尽可能简单的模型。特别的，我们将对第 1 章中的基本模型进行两种独立扩展，分别研究两个有意思的主题。这里应该从两个层面理解"有意思"。这些话题的确与交通拥堵的经济分析密切相关，但至少同样重要的是，它们也将对如何调控一般性的外部性问题产生直接、可比的启发，即对交通运输部门之外的经济问题也适用。

我们要考虑的一个问题是关于拥堵定价和公路容量选择之间的相互作用。重要的结论是两者密切相关，制定政策时不能抛开任何一方独立地做决策。换句话说，尽管粗略了解经济学关于边际外部成本定价的知识可能会使读者相信定价本身就足以实现总体最优的结果，但通常来讲并不是必然这样。有时候，可能需要补充性的非价格政策才能达到"真实的"总体最优。

我们将考虑的一个现实复杂性问题是所谓的"次优"定价工具。庇古税的收税规则，即税收等于边际外部成本，只有在某种理想情况下才有效，其中之一就是假定所有与正在考虑的市场有相互作用的其他市场都存在最优价格。实际上，情况并非一定如此。我们将考察一个次优拥堵定价的热门话题——付费车道，来研究上述事实可能带来的影响。在付费通道情况下，不能对一条公路上的所有车道设置最优拥堵定价，非收费车道将与收费车道并存。我们将会看到，这样的现实复杂性可能会从根本上影响上一章基于基本模型得出的结论。

2.1　拥堵定价和容量选择：自我融资的公路

第一章中的交通拥堵基本经济模型似乎忽略了一种明显的可以解决交通拥堵的替代方案即拓宽道路，用经济术语来说就是容量扩张。对于大多数国家来说，这一直是交通日益严重拥堵的传统解决之道。因此，将这一选择考虑得更详细一些，并将其与拥堵定价的"经济"解决方案进行比较是有意义的。道路容量扩张不能提供一种更为社会所接受且与拥堵定价同样有效的方法来解决拥堵吗？

容量扩张的现实经验并不总是正面的。首先，容量扩张减轻拥堵的效果通常比预期要差，而且作用时间往往相对较短。特别的，道路使用者将以各种方式适应新建容量。在短期内，一个重要影响是所谓"返回峰值"现象：以往较首选时间提前或错后出行以避免最严重交通拥堵的道路使用者，通常因为容量扩张之后拥堵缓解而重新调整他们的出发时间，因此拥堵的最终缓解程度可能远小于没有这种重新调整现象时的情况。从长远来看，出行时间的减少降低了一些人选择相距不远的房子或工作地点的必要性。车－公里的需求函数将向外移动，这也常常导致总体拥堵的增加。基于此类调整，估计新建公路平均 50% 的通行能力在 5 年内将被新增的交通出行填满，长期来看这个比例将高达 80%（诺兰，2001）。其次，一个经济上的考虑是容量扩张可能非常昂贵，特别是在土地稀缺的拥堵地区。最后，正如我们在第一章中讨论的那样，拥堵带来外部成本。在决定社会是否需要进一步以高成本扩容之前，先将这种外部性适当地内部化看起来更为明智。

关于交通拥堵的公开辩论往往表明，一个人要么赞成将容量扩张作为解决拥堵的手段，要么就是拥堵收费的支持者。经济学家通常被列入后者，尤其是当交通拥堵涉及外部成本，而这些外部成本应该被内部化以确保市场运转更有效时。然而，这种观点的极端之处在于没有恰当地处理运输经济学的实际情况。相反，要实现一个总体有效的结果，收费和容量都应该被设定成最优水平。

所以从经济的角度来看，相关问题不在于选择拥堵收费还是选择道路扩容，而是应该如何同时优化收费和容量。本节将讨论后一个问题，该问题曾由莫林和赫维茨于 1962 年首次分析过。

2.1.1 在成本函数中引入容量

为将容量选择加入基本交通拥堵模型中，让我们先重新考虑方程 (1.5) 中引入的平均成本函数：

$$ac=c_0+c_1 \cdot N \tag{2.1}$$

在例子中 $c_0=10$，$c_1=1$。

参数 c_0 代表道路空闲没有任何拥堵时的平均成本，这意味着 c_0 事实上可以被解释为道路的长度；参数 c_1 描述了平均成本随更多道路使用者进入道路而增长的程度，可以被解释为道路容量。在具体例子中，如果路上有 20 个用户，ac 由于拥堵而变成 $10+1 \times 20=30$。那么合理的假设是，如果道路容量增加一倍，那么将"需要"40 个用户，而不是 20 个用户，来达到同样 30 的平均成本水平。这就等于说，对于一个双倍容量的道路，参数 c_1 会变成原来的一半，在我们的例子中是 0.5。如果扩容到 3 倍容量，c_1 将为原始值的 1/3，以此类推。

为了将道路容量直接引入我们的模型，我们用一个公式来代替参数 c_1。该公式体现了 c_1 如何（成反比地）取决于道路容量 cap：

$$ac=c_0+\frac{k}{cap} \cdot N \tag{2.2}$$

此处，k 是一个新参数。在数值例子中，$c_0=10$，$k=1$（在基本模型中 $cap=1$）。式（2.2）中的新公式表示，通过增加 cap，在图 1.10 中 ac 和 mc 函数可以"向外旋转"（"折点"是纵轴的截距），从而变得更平。通过选择容量，政府现在可以"选择"在道路上适用的 ac 和 mc 函数。正如上面所解释的，式（2.2）意味着随着通行次数和道路容量成比例变化（例如，当两者都增加 1 倍或 3 倍），平均成本水平不会改变。这种假设被称为道路技术规模报酬不变。

如果扩张容量不用花钱，政府会发现把容量设置为无限大是最优的选择，无论有多少次出行，平均成本都是 c_0。因为不存在拥堵导致的外部性，最优收费水平将永远是零，独立于行程次数。然而在现实中，容量扩张并非没有成本。为了在我们的分析中包含相关的权衡，我们再引入一个成本概念 c_{cap}，它代表道路容量的固定成本。道路容量越大，这个成本就越高。容量成本函数反映如下：

$$C_{cap}=c_{cap} \cdot cap \tag{2.3}$$

在例子中 $c_{cap}=400$。

如果容量 cap 以"车道数"来度量，那么式（2.3）意味着每条车道的成本不变且等于 c_{cap}（道路建设成本是一次性支付的，但是我们的模型适用于日常重复发生的交通峰值，c_{cap} 应该被看成提供 1 单位的道路容量如一条车道的每日利息与折旧成本）。1 单位容量的成本 c_{cap} 是常数这个假设，被称为道路容量建设规模报酬不变。在现实中，车道数量是一个离散变量，只能取整数值（如 1、2、3 等）。然而为了便于说明，我们将 cap 作为连续变量处理（它也可以被设定为一个非整数值，比如 3.8）。

由于道路容量固定成本的存在（一旦选定了该容量），我们必须重新定义福利的度量 S 以反映这些容量成本：

$$S=B-C-C_{cap} \tag{2.4}$$

2.1.2 寻找最优容量

在我们的例子中，要找到最优容量，最简单的方法就是尝试不同的容量值，看看相应的社会剩余是多少。然而社会剩余水平高低不仅取决于容量大小，还取决于是否采用最优交通拥堵定价。正如上面所解释的，cap 的每一个值都对应模型中不同的 ac 和 mc 函数；但对于每一组函数，都可以进行第 1.5.1 节的分析。因此，每一个容量水平在最优定价下的社会剩余都将高于没有拥堵收费的情况。

图 2.1 显示了在我们的例子中有和没有拥堵收费时社会剩余如何随所选择的容量而变化。在图的左边，我们发现了第 1 章中描述的情况（就像我们在第 1 章中假设的那样，$k=1$ 和 $cap=1$ 对应 $c_1=1$）。[1] 两条曲线表明这个容量的效率很低，并且拥堵严重得毫无必要。在 $cap=1$ 上，容量扩充一下，会通过减少通行时间而增加额外的道路使用者效益，该额外效益超过了额外的容量成本，社会剩余由此增加。然而，从容量达到某个值开始，额外的容量成本开始超过额外的使用者效益。这些转折点界定了最优容量。在本例中，有拥堵收费时最优容量为 2.5，没有拥堵收费时最优容量在 2.9 附近。

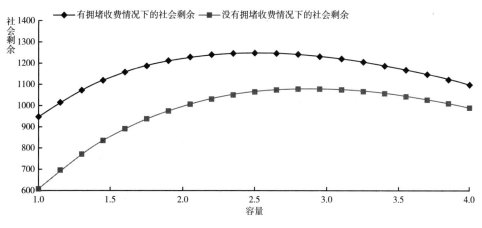

图 2.1 有和没有拥堵收费的最优道路容量对比

---

[1] 注意此处 S 的值要相应比第 1 章的小，因为我们现在把容量成本也计算在内了，当 $cap=1$ 时该成本为 400。

从图 2.1 可以得出四个重要结论。第一个结论，道路容量的高低取决于是否有最优拥堵定价。拥堵收费限制了对道路使用的需求，因此通常意味着最优容量较低。

第二个结论，就选择道路容量而言，消除所有交通拥堵并不是最优的。[1] 最优性要求在容量扩张带来的成本和通行时间减少带来的效益之间进行权衡。就足够大的道路容量和足够低的交通拥堵水平而言，前者的成本超过后者的效益。

第三个结论，实行拥堵收费时可以实现的社会剩余最大值比不实行拥堵收费时可以实现的社会剩余最大值要大。这很容易理解，假设我们设定的容量水平可以在没有拥堵收费的情况下最大化社会剩余，则实施最优拥堵收费将会使社会剩余进一步增加。因此，最优拥堵收费总是会实现更大的社会剩余。

第四个结论，正如第一章中所讨论的，拥堵收费本身不足以达到整体最优，除非最初的道路容量碰巧就在最优水平。换句话说，边际外部成本定价是实现效率的必要条件，但不一定是充分条件。收费和容量都应该被优化。

表 2.1 比较了 $cap=2.5$ 时的最优均衡与前一章假定道路的初始容量 $cap=1$ 时的两种均衡。请注意，最优拥堵收费取决于道路容量。表中的结果依然是不错的练习题，对表 2.1 进行仔细分析会发现一个令人惊讶的结果：在总体最优情况下，总通行费收益完全等于总扩容成本。读者可能猜测这只是一个巧合，但事实并非如此。实际上，只要满足道路技术规模报酬不变假设和道路容量建设规模报酬不变假设，来自最优拥堵收费的总收益与提供最优道路容量的总成本必然相等。在这种情况下，最优道路将完全实现"自我融资"，政府剩余为零，因为从道路使用者那里收取的通行费恰好可以支付修建公路的费用。这一结果与更标准的微观经济学理论之间有明显的相似之处，即在规模报酬不变和价格等于边际成本的情况下，企业利润为零。下一节我们将分析最优公路的"自我融资"结果。

---

〔1〕 参见表 2.1，两个最优均衡中都存在拥堵，这可以由下述事实推知：在两个均衡中，有拥堵收费时的社会剩余都比没有拥堵收费时的社会剩余大。

表 2.1　比较固定容量下的自由市场均衡、最优均衡与最优容量下的最优均衡

指标	N	B	C	cap	C_{cap}	收费	收费收益	$S=B-C-C_{cap}$
固定容量下的自由市场均衡	45	3487.5	2475	1	400	0	0	612.5
固定容量下的最优均衡	30	2550	1200	1	400	30	900	950
最优容量下的最优均衡	50	3750	1500	2.5	1000	20	1000	1250

2.1.3　长期最优：最优公路的自我融资

类似计算企业的最优生产能力，我们可以通过推导拥堵道路的长期平均成本函数来说明这种道路的"自我融资"结果。这里的长期平均成本函数将平均成本视为道路使用水平的函数，而每一道路使用水平的容量都已被最优化。在我们的分析中有三个这样的相关函数。第一个函数是长期平均使用者成本函数（$lrac_u$），是一个长期的 ac 函数，将 ac 作为 N 的函数，且每个道路的容量都已经最优化了。第二个函数是长期平均容量成本函数（$lrac_{cap}$），给出了每个用户的平均容量成本（C_{cap}/N），而容量在每个给定 N 的水平下都进行了优化。上述两个函数的总和给出了长期平均总成本函数（$lratc$），即第三个函数。

为了获得这三个长期平均成本函数，先要确定每个 N 对应的最优道路容量。对于任何给定的 N，其最优容量当然是能够令式（2.4）中的社会剩余 S 最大化的容量。因为总效益 B 只取决于 N，而 N 现在是给定的，我们实际在寻找的是能够令总使用者成本（C）与总容量成本（C_{cap}）之和最小化的那个容量。因为 N 是给定的，我们可能寻找的也就是那个能够令平均总成本（atc）最小化的容量，而平均总成本（atc）是平均使用者成本（ac）与平均容量成本（C_{cap}/N）之和。在道路技术规模报酬不变的情况下，ac 将只取决于 N 和 cap 的比率，因此平均总成本可以写成：

$$atc=ac(\frac{N}{cap})+c_{cap} \cdot \frac{cap}{N} \tag{2.5}$$

由于 atc 只依赖 N 和 cap 之比，所以最小化 atc 也会给出 N 和 cap 之间的一个固定比率：最优比率与所考虑的 N 值无关。而 N 和 cap 之间的固定比率反过来意味着最优容量与 N 成正比。例如，基于式（2.2）中的线性 ac 函数，式（2.5）会变成：

$$atc=c_0+k \cdot (\frac{N}{cap})+c_{cap} \cdot \frac{cap}{N} \qquad (2.6)$$

对给定 N，最小化关于 cap 的函数 atc，会得到以下一阶条件：

$$-k \cdot \frac{N}{cap^2}+c_{cap} \cdot \frac{1}{N}=0 \qquad (2.7)$$

cap 求解如下：

$$k \cdot \frac{N}{cap^2}=c_{cap} \cdot \frac{1}{N}$$

$$\Rightarrow k \cdot N=c_{cap} \cdot \frac{1}{N} \cdot cap^2$$

$$\Rightarrow \frac{k}{c_{cap}} \cdot N^2=cap^2$$

$$\Rightarrow cap=\frac{\sqrt{k}}{\sqrt{c_{cap}}} \cdot N \qquad (2.8)$$

其中，我们忽略负的道路容量。

正如预测的那样，最优容量与 N 等比例地增加。这意味着比率 N/cap 将沿着长期平均总成本函数保持不变。结果是，从长远来看，最优的 ac 将独立于 N（因为 ac 只依赖 N/cap），所以 $lrac_u$ 是一条水平线；由于最优比率 N/cap 是固定的，每个用户的平均容量成本长期内也将独立于 N，因此 $lrac_{cap}$ 也是常数；作为上述两个函数的和，lratc 也将是一条直线。上述三个事实足以保证"自我融资"定理是适用的（见图 2.2）。[1]

图 2.2 显示，例子中的长期最优（容量已经最优化）实现了"自我融资"。长期最优值在反需求函数与（加粗的）长期平均总成本函数 lratc 的交点 N^*=50 处实现。原因是 lratc 可以被解释为长期边际总成本函数 lrmtc：对于一个道路上的额外

---

[1] 读者可以验证，将式（2.8）带入式（2.6），可以得出下列长期总成本函数：$lratc=c_0+2\sqrt{k}\sqrt{c_{cap}}$，$lrac_u=c_0+2\sqrt{k}\sqrt{c_{cap}}$，$lrac_{cap}=\sqrt{k}\sqrt{c_{cap}}$。它们在图 2.2 中都与 N 无关，因此都是常数。

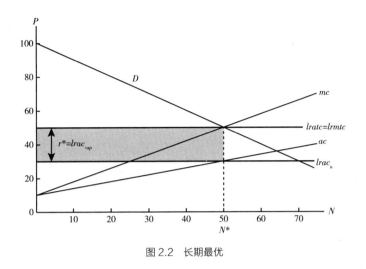

图 2.2　长期最优

使用者，如果优化容量以考虑这个额外使用者，那么 *lratc* 给出了额外的总成本（使用者成本加容量成本）。[1] 既然容量已经被优化（即 *cap*=2.5，见表 2.1），平均成本 *ac* 在 N^* 处自然等于长期平均使用者成本 $lrac_u$。在最优道路价格 r^* 下，*D* 将等于 *mc*。因此我们有如下等式：

D=*mc*=*lratc* 和 *ac*=$lrac_u$，

这些等式意味着 *mc*-*ac*=*lratc*-$lrac_u$，或者 r^*=$lrac_{cap}$。

换句话说，最优拥堵收费等于每个使用者的平均容量成本，两者乘以 N^* 的结果是，通行费总收益等于总容量成本，两个总量都由图 2.2 中的阴影矩形给出。

还要强调一个问题。长期平均总成本函数是水平的，因此，它等于长期边际总成本函数。这可能导致人们错误地认为，从长远来看边际外部成本为零，因此不应征收任何交通拥堵税。然而，如此解释这些长期成本函数并不正确。也就是说，在容量被设定在最优水平后，短期成本函数 *ac* 和 *mc* 当然仍然适用，尽管它们的斜率取决于所选择的容量。因此，考虑到所选择的容量下拥堵仍然存在，最优收费应该基于短期成本函数和反需求函数之间的相互作用，如图 2.2 所示。这反映了对于

---

〔1〕　长期平均总成本函数与长期边际总成本函数重合与两条线都是水平的这一事实相一致。

一个给定的容量，一个额外的使用者在进入道路时当然不会带来额外的道路容量扩张。事实上，在 N^* 和最优化容量的情况下，下一个使用者增加的边际成本是 mc 提供的，而不是 $lrmtc$。

2.1.4　政策含义

我们刚才再次呈现了运输经济学中最著名的结论之一，即在一些"特定条件"下，从最优拥堵定价中获得的收益将恰好为提供最优容量所需的成本提供融资。这个结论最早由莫林和哈维茨（1962）提出。这些"特定条件"包括：（1）容量可以连续不断地进行调整；（2）道路容量建设规模报酬不变；（3）道路技术规模报酬不变。"自我融资"定理已被证明可以扩展至完整的网络，而不只用于分析单一道路；它也可以用于交通拥堵的动态模型，而不只限于我们所使用的静态模型，而且，当允许调整成本和折旧时，它也可以用于现值模型。

实证数据表明，在很多时候，第二个"特定条件"和第三个"特定条件"至少可以得到认可。对于单条道路来说，第一个条件一般不成立，因为车道的数量是离散的，但是，通过扩宽车道或者重修路面的方式，单一道路的容量也是可以变化的。而且，在道路网络层面上，道路容量几乎是完全可分割的。

该定理可能和实际政策的制定密切相关。首先，定理的运用有助于实现总体有效的道路体系，既包括道路容量方面，也包括道路定价方面。

其次，增加税收以提供道路融资的需要将会减少，考虑到这类税收本可能产生的扭曲后果，效率甚至会进一步提高。而且，公众对道路定价的低接受度问题（正如第一章讨论的那样）可能会缓解，因为此时的方案可能被公众看成"公平的"（只有道路的使用者才为道路通车容量付费，而他们也不会多付）和"透明的"（没有那些围绕着道路融资的"隐藏的"转移）。

最后，该定理的运用会提高基础设施扩建方面政治决策的透明度。这很容易理解，如果满足"特定条件"假设，只要当前的最优拥堵收费产生的单位容量收益超过单位容量（资本）成本，公路就应该扩建。[1]因此，市场将证明扩建道路是否有必要，这有助于提高成本—效益分析的透明度和可信度。

2.1.5 小结

从经济学角度看，容量扩张和道路定价不应该被看作解决道路拥堵问题时相互替代的方法，而应该被看作互补的方法。整体最优只有在两者都实现最优时才能实现。

我们可以从分析中获得许多经验。首先，道路容量的最优选择取决于最优拥堵收费。其次，关于容量选择，正如对于拥堵收费的分析一样，最优并不是消除全部拥堵，最优化需要在容量成本和出行时间减少所带来的效益之间做权衡，当容量变得足够大时，前者通常会超过后者。再次，有拥堵收费时可得的最大社会剩余要大于没有拥堵收费时的水平。最后，单独的拥堵收费自身（正如第一章讨论的那样）不足以实现总体最优，除非所选的初始容量恰好是最优容量。

我们发现在特定技术条件下，最优道路定价得到的收益刚好可以支付实现最优道路容量付出的成本。这些条件是：（1）容量可以连续不断地调整；（2）道路容量建设规模报酬不变；（3）道路技术规模报酬不变。"自我融资"定理可能与实际政策的制定密切相关，它有助于实现总体有效的道路体系，不管是在道路容量方面，还是在定价方面，会进一步减少通过增加其他税收来为道路提供融资的需要，由于其他税收经常会带来扭曲的结果，所以这实际上效率会进一步提高。而且，由于此时提供的方案可能是"公平的"（只有道路的使用者才为道路容量付费且绝不多付）和"透明的"（没有那些道路融资引发的"隐藏的"转移），它也有助于克服公众对

---

[1] 其原因是，如果图 1.13 中的 ac 和 mc 曲线都向外旋转，最优收费和均衡中的 ac 都会减少，因此，每个使用者将支付较低的费用，同时，ac 的减少意味着 N/cap 必然减少，这样每单位容量的使用者才会减少。二者共同作用的结果是，每单位容量的通行费收益将减少。因为当容量最优时，每单位容量的通行费收益完全等于每单位容量的成本，所以，对于高于最优水平的容量而言，通行费收益必然小于该容量的成本，对于低于最优水平的容量而言，则恰恰相反。因此，预算盈余表明容量扩张是必要的，预算亏损则表明容量应当缩减。

道路定价难以接受的问题。因此，该理论会提高基础设施扩建方面政治决策的透明度。

2.2 现实中的道路定价：次优定价

边际外部成本定价的基本经济原理在更为复杂的条件下仍然有效。例如，对于拥堵道路网络（而不是单一道路），实现效率要求每条道路上的收费等于该道路上的边际外部成本。当需求和拥堵随着时间的推移而变化时，实现效率会要求不同时刻的收费等于每个时刻的边际外部成本（参见第 1.5.1 节中的图 1.14）。当不同使用者的边际外部成本不同时，他们应该面对不同的收费标准，每个收费都等于对应的边际外部成本，例如，对于卡车和乘用车两类车来说，卡车占用更多的道路空间，因此比乘用车造成更多的拥堵。只要每个道路使用者面对的收费等于其带来的边际外部成本，在上述情况中仍能实现最高效率。

然而在实践中，由于各种技术或实际原因，这种完美的差异化收费可能不现实。例如，在道路网络中的所有道路上都安装电子收费设备可能太昂贵，所以通行费只能应用于几条主干道，或者，对道路使用者的收费随时间推移而不断变化的方式可能过于复杂，由此实施的非完美收费通常被称为"次优定价"，以与理想情形下对所有道路使用者的完美差异化"最优定价"作区分。这就出现了两个有趣的经济学问题。第一，与"最优定价"相比，"次优定价"的效率如何。第二，在"最优定价"不可行的情况下，应该如何确定"次优定价"来最大化社会剩余。

本节将讨论一些案例来考虑这些问题。和以前一样，这些例子涉及的虽然只是公路交通，但其洞见可以直接用于一般外部性定价问题，包括交通运输部门内部和外部。

2.2.1 次优定价导致的效率损失：一个简单的例子

在次优定价的第一个例子中，我们忽略拥堵，只考虑道路的使用会产生一种外部成本——污染。由于存在外部性，在平均使用成本 ac 和边际社会成本 msc 之间存在差异。具体来说，边际社会成本 msc 是平均使用者成本 ac 和边际外部成本 mec 之和（$msc=ac+mec$）。假设有两种汽车：几乎不造成污染的 A 类汽车与造成严重污染的 B 类汽车。由于 B 类汽车更容易造成污染，mec_B 大于 mec_A。我们假设两种汽车在其他方面完全相同，拥有相同的 ac，这意味着 msc_B 同样大于 msc_A。假设两种汽车拥有者的需求曲线完全相同，那么在 D 和 ac 的交点上，我们就能找到这两个群体完全相同的自由市场均衡水平。在图 2.3 的左图和右图中均衡水平分别是 N_A^0 和 N_B^0。

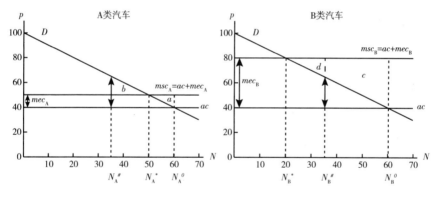

图 2.3 区别收费受约束的福利效应

和第 1 章中的原因相同，这些自由市场结果是没有效率的。现在的社会剩余同样包括污染造成的总外部成本[1]，因此在两个市场中，社会剩余在 D 和 msc 的交点上实现最大化，相应道路使用量的最优水平是 N_A^* 和 N_B^*。对于 A 类汽车的使用者来说，社会剩余的增加值是三角形 a 的面积，对于 B 类汽车的使用者来说，社会剩

---

〔1〕 注意，因为假设边际外部成本 mec 是常数，它等于平均外部成本。可以从图 2.3 中看出 N 次行程的外部总成本：$N \cdot mec = N \cdot (msc-ac)$，也就是 msc、ac、0 和 N 之间的矩形面积。

余的增加值是三角形 $c+d$ 的面积，因此，总剩余增加值是 $a+c+d$。实现这种结果的一种方法是对两种汽车使用者收取等于各自 mec 的最优差异化费用（在图中没有显示）。在这个例子中这就是最优定价。在读完第 1 章后，读者应该能够自己推出这些结果。

然而，如果政府由于种种原因无法对这两类使用者收取不同的通行费，最优结果就无法实现。相反，政府将不得不确定"次优"通行费，即在两个最佳水平 mec_A 和 mec_B 之间做出某种折中。假设这个折中是由图 2.3 中的两个图中相同长度的箭头给出的收费水平。道路使用水平因此减少到次优的 $N^\#_A$ 和 $N^\#_B$ 的水平。由于假设两组中 D 和 ac 相等，因此 $N^\#_A$ 和 $N^\#_B$ 也相等。这个值对 A 类汽车来说太大，而对 B 类汽车来说太小。因此，与最优均衡相比，社会剩余就出现了损失，相当于 A 组的三角形 b 的面积与 B 组的三角形 d 的面积之和。其数值可以由两组使用者在"最优"和"次优"道路使用水平下的总效益与总成本之差推算，即由函数 D 和 msc 之下的面积决定。因此，"次优定价"下社会剩余的总和等于 $a-b+c$，这明显小于"最优定价"下社会剩余 $a+c+d$。

从这个例子可以总结两个重要且相互关联的结论。第一，"次优定价"带来的福利水平明显小于"最优定价"下的福利水平。这似乎是语义重复，但把它牢记于心很重要。第二，当存在外部性时，虽然矫正税能够帮助实现效率，但反过来并不一定是正确的，并不是任何矫正税都会实现有效结果。

最后，"次优定价"能够提升效率背后的逻辑和"最优定价"能提升效率的逻辑是一样的：我们只需观察反需求函数以下的面积来推断总效益变化，并观察边际社会成本函数之下的面积来推断总成本变化。

2.2.2 付费车道：次优定价的另一个例子

另一个"次优定价"的例子是所谓的"付费车道"，现在付费车道经常被认为是对全道路收费的替代方案，也已经在美国的一部分公路上实行。这种收费方案只对高速公路的一条车道或少数几条车道收取拥堵费，其他车道不收费。付费通道方案相较于"完全的"拥堵收费（即对整条公路收费）而言，好处在于社会接受程度似乎较高，因为道路使用者可以避免支付费用，他们可以选择使用不付费却拥堵的车道（正如他们之前所做的那样），或者使用不那么拥堵但要付费的车道。付费通道成为"次优定价"的一种形式就是因为："最优定价"将实现所有车道上的所有使用者的拥堵外部性的内部化，不会遗留任何未被收费的拥堵。

从效率的角度来看，在付费通道上收拥堵费既有好处也有坏处。好处是付费通道上原本过度的拥堵会因为征收通行费而减少；坏处是一些因通行费而退出使用付费车道的人将会转向其他本来已经较为拥堵的车道，因而会加重不付费车道的拥堵。

我们可以对第1章介绍的初始模型做不同的改变来分析付费通道的效率。如图2.4所示，供给方现在体现为两条平行车道。为了使这个模型与第1章的模型可比，我们再次将（两条车道的）容量看作固定的，同时忽略容量成本，我们将整条路的容量在数值模型中重新设定为1。这意味着两条车道的共同容量等于1，那么当两条车道除了收费之外在其他方面都一样时，每条车道的容量为1/2。因此，两条车道的平均成本函数中的参数c_1应该被设定为2。否则，这一模型就会和原来的模型相同：在单一出发点（O）和单一目的地（D）之间的行程适用于同一个需求函数。

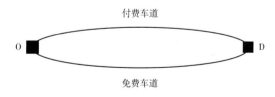

图2.4　分析付费车道效率的道路"网络"

用上标p来标记付费车道、上标f标记"免费"车道，我们现在有以下两个相关的平均成本函数：

$$ac^{\mathrm{p}}=c^{\mathrm{p}}_0+c^{\mathrm{p}}_1 \cdot N^{\mathrm{p}} \tag{2.9a}$$

其中，在例子中，$c^{\mathrm{p}}_0=10$，$c^{\mathrm{p}}_1=2$。

$$ac^{\mathrm{f}}=c^{\mathrm{f}}_0+c^{\mathrm{f}}_1 \cdot N^{\mathrm{f}} \tag{2.9b}$$

其中，在例子中，$c^{\mathrm{f}}_0=10$，$c^{\mathrm{f}}_1=2$。

为了刻画在该网络上实现的均衡，要注意两条通道的总行程数 N 等于两车道的使用者数目之和，即 N^{p} 与 N^{f} 之和：

$$N=N^{\mathrm{p}}+N^{\mathrm{f}} \tag{2.9c}$$

对于两条车道来说，广义价格 p 变成：

$$p^{\mathrm{p}}=ac^{\mathrm{p}}+r^{\mathrm{p}} \tag{2.9d}$$

$$p^{\mathrm{f}}=ac^{\mathrm{f}} \tag{2.9e}$$

其中，r^{p} 表示付费车道上的通行费，ac 由式（2.9a）和（2.9b）来定义，这两条车道的广义价格在均衡时必须相等，否则，一些使用者会发现转换到"更便宜"的那个车道更有吸引力。由于在付费车道上有正的通行费，这意味着在均衡中 ac^{p} 应该比 ac^{f} 低：当在付费车道上花费的出行时间比在免费车道上少时，人们才愿意支付通行费。还有一个均衡的条件是，（已经相等的）出行价格必须都等于边际效益 B。以上均衡条件可以被汇总为：

$$D=p^{\mathrm{p}} \tag{2.9f}$$

$$D=p^{\mathrm{f}} \tag{2.9g}$$

我们有两个均衡条件［式（2.9f）和式（2.9g）］以及两个未知数（N^{p} 和 N^{f}，它们进而决定 N），对于任意一个给定的通行费水平 r^{p}，都存在唯一的网络均衡。

现在可以基于通行费 r^{p} 的不同取值计算福利指标 S（此处 S 当然包括总成本 C）来研究付费车道政策的效率。图 2.5 的下方曲线显示了付费车道的结果，上方曲线显示了两条路都收同样费用的结果。两条曲线的峰值给出了两种政策的最优通行费水平，这些最优的关键特征如表 2.2 所示。

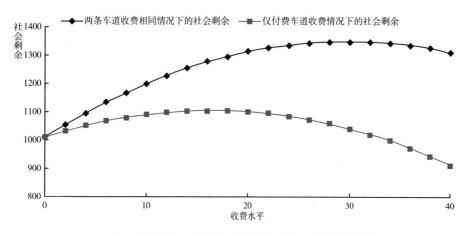

图 2.5　付费车道下的社会剩余与完全道路定价下的社会剩余

表 2.2	付费车道分析中各类均衡的关键特征								
指标	N^p	N^f	r^p	r^f	mec^p	mec^f	ac^p	ac^f	S
自由市场均衡	22.5	22.5	0	0	45	45	55	55	1012.5
最优定价下的均衡	15	15	30	30	30	30	40	40	1350
次优定价下的均衡	16.4	24.5	16.36	0	32.7	49.1	42.7	59.1	1104
天真的拟最优定价下的均衡	12.9	25.7	25.7	0	25.7	51.4	35.7	61.4	1074.5

结果清晰地表明，首先，次优定价下的社会剩余又一次低于最优定价下的社会剩余，这是上面提到的付费车道的坏处导致的，它加剧了免费车道的拥堵。然而，由付费车道次优定价水平（r^p=16.36）带来的社会剩余超过自由市场均衡时的社会剩余，它的社会剩余不可能比自由市场均衡时更低，因为付费车道定价在 r^p=0 时与自由市场均衡等价。类似的，通过"付费车道"定价获得的社会剩余最大值永远也不会超过通过"完全定价"取得的社会剩余，因为付费车道定价是"完全定价"的一种特例（即车道 f 的收费 r^f=0）。

其次，付费车道的收费水平低于"完全定价"时的收费水平。这是在权衡付费车道的好处与坏处之后得到的很直观的结果。收费水平进一步提高将会导致坏处占据主导地位。对于"完全定价"来说，坏处是不存在的，因为 r^f 的同步增加防止了那些因为收费而退出车道 p 的使用者进行低效的车道切换，而边际收费增加带来的福利则会在更大范围的收费行为中得到提高。

最后，付费车道的次优通行费并不等于次优均衡中付费车道上的边际外部成本（在次优均衡时，$r^p=16.36$，$mec^p=32.7$）。这可能是这个例子最重要的洞见，而且它通常对于任何的"次优定价"都成立，包括运输领域和其他领域。这个结果说明了一个普遍结论：庇古税（即按边际外部成本收费）只有在最优条件既适用于所考察的外部性也完全适用于相关经济系统的情况下才能最大化社会福利。

将上述结论应用于付费车道的例子，我们现在无法找到这样一种状况，即最优条件完全适用于相关经济系统，因为在免费车道上存在未定价的拥堵外部性。只有当这个外部性被最优征税时（就像有最优定价时一样），将收费车道的税也定为 mec 才是最优的。然而，如果不对免费车道收取通行费，却将 r^f 设定为等于 mec^f，这样天真的政策将招致表 2.2 中最后一行的结果，即"天真的拟最优定价"。此时的社会剩余低于次优定价下的社会剩余，因为该政策是"天真的"，忽略了对免费车道的溢出效应，只是简单地在收费车道上设定了一个等于边际外部成本的"拟最优"通行费，而没有考虑由此引发的对免费车道的福利影响。

综上所述，在次优定价下，外部性收费会对其他没有进行最优定价的市场造成间接影响（即例子中的免费车道），次优定价应该对这些溢出效应负责。必要的修正意味着次优定价不等于它所适用市场的边际外部成本（即例子中的付费车道）。

这一发现是否意味着第 1 章中得到的洞见——最优外部性收费应该等于边际外部成本——在实践中变得毫无用处？因为现实中的市场通常会被各种扭曲所困扰。还好不是。"将外部性内部化是有效的"依旧是最基本的经验，而且这也是在次优定价下收费车道的通行费所做到的——尽管并不完全。然而，在次优定价下，定价中的庇古成分（即直接受定价影响的市场的边际外部成本）必须得到矫正，以综合考虑收费对其他扭曲的市场造成的间接影响。

2.2.3　次优拥堵定价的其他例子

我们目前为止考查了公路运输中次优定价的两个例子，即 2.2.1 节的无法恰当地对使用者进行差异化收费，以及 2.2.2 节中的付费车道。相关文献也提供了许多其他类型的次优定价，所使用的是和上述论述中分析相关福利效应时一样的经济评估方法。我们现在将简单地讨论几个例子，重点说明为什么这些政策在现实中不是最优手段。作为练习，读者可以去思考更多的例子，并想象次优定价下扭曲的最重要来源是什么。

停车收费

停车收费在实践中得到广泛的应用，原因很简单，一是它可以为地方政府创造收入，二是它可以减少市中心的交通拥堵。就后一个原因而言，停车收费可能会受到许多限制，从而真的成为应对交通拥堵的"次优"工具。

第一个限制，并非所有道路使用者都使用公共停车位。如果交通拥堵最初的确因为公共停车场收费而减轻，那么停车收费可能减少了那些使用公共停车位的司机的出行需求，却可能使那些有私人停车位的（也许由雇主提供）司机更多地使用道路。在城市中心区域实施停车收费的情况下，上述论点对于"过境交通"也是成立的。

第二个限制，停车收费不言自明地是在行程结束后收取费用。因此，它不能区别对待那些经历了相对较长行程（并导致相对较高边际外部成本）的使用者和那些经历了相对较短行程的使用者。

第三个限制，停车收费通常仅限于某些区域，因此一些使用可以将绕到邻近区域停车，会导致这些地区（通常是居民区）的停车位紧张和道路拥堵。

还有可以想到的其他限制（如与欺诈有关），但仅这三种限制就已经表明，停车收费充其量只能提供一种非常粗糙的对最优定价的次优近似。

燃油税

燃油税被用作缓解交通拥堵的工具时存在两个重大缺陷。第一个缺陷是明显不能根据开车的时间长短来区别对待使用者；第二个缺陷是不能根据开车的地点来区别对待使用者。当然，人们可以设想根据空间不同而有差别地征收燃油税，但是拥堵在空间上的差异性要比燃油税所能反映的更为精细。例如，在早高峰时期，大城市的流出交通通常比流入交通的拥堵程度低，即使只看流入交通，来自某些方向的拥堵也可能比来自其他方向的要糟糕得多。此外，还有一个与小国家相关的缺陷，就是"跨境加油"问题，在边境附近，人们在国外购买燃油可以很容易地避税。

警戒线收费

"警戒线收费"意味着在所有进城道路的给定节点上收取城市交通拥堵费。其中的一个问题是，无法区别对待那些刚刚开始行程的司机与那些已经在相当长距离内造成拥堵的司机。从长远来看，虽然人们常常不清楚警戒线内外的土地使用和土地价格会怎样变化，但是可以预料会有明显的扭曲和边界效应，这通常并不说明在警戒线任何一侧的土地得到了有效利用。

车牌照费

车牌照费为处理交通拥堵提供了一个格外扭曲的工具，它不仅很难甚至不可能根据精确的驾驶时间与地点实现差别化，而且它很难或几乎不可能将经常开车的人和不怎么开车的人区别开来。

2.2.4 小结

在实践中，由于各种技术性或操作性原因，对每个道路使用者收取等于其边际外部成本的税费，这样的最优定价也许是不可能的，因此而采取的不完美收费方案通常被称为"次优定价"，以与那种对所有道路使用者进行完全差别化收费的"最优定价"理想状态形成对比。分析"次优定价"的福利含义时，可以使用第 1 章相同的经济工具。

从本节所考查的例子中能得出一个一般性的多少有些语义重复的结论，那就是次优定价所能实现的福利一般比最优定价实现的要小。

此外，"庇古税"——按边际外部成本收费——只有在最优条件既适用于所考察的外部性也全部适用于相关经济系统的情况下才能最大化社会福利。在外部性收费对未实现最优定价的其他市场产生间接影响的次优情况下，次优定价应该考虑这些溢出。必要的修正意味着次优定价将不再等于它所在市场上的边际外部成本。那些天真地忽视次优定价的扭曲效应的"拟最优"定价将导致比次优定价更小的福利（甚至可能比自由市场均衡的效率还要低）。

这一发现并不意味着第 1 章中得到的洞见在实践中毫无用处。"将外部性内部化是有效的"，即使在次优定价下也仍然是最基本的经验，尽管并不完全如此。然而，税收中的庇古成分必须加以矫正，以综合考虑税收引发的对其他扭曲市场的间接影响。

本章总结

1. 拥堵收费和公路容量选择二者之间相互作用，制定政策时不能离开彼此相互独立地做决策。

2. 在特定技术条件下，最优道路定价得到的收益刚好可以支付最优道路容量供给支付的成本。

3. 现实中道路最优定价很难实现，通常使用次优定价。次优定价所能实现的福利一般比最优定价实现的要小。

4. 常用的次优定价方式有付费车道、停车收费、燃油税、警戒线收费以及车牌照费。这些收费方式各有利弊。

5. 庇古税的收取规则要求拥堵收费等于边际外部成本，但是这只在一定的理想情况下才有效。在实施付费车道的情况下，应当对庇古税加以矫正，以综合考虑收费引发的对其他扭曲市场的间接影响。

本章术语

road pricing　道路定价　　　　　　self-financing　自我融资

Pigouvian externality charge　庇古外部性收费

full pricing　完全定价　　　　　　congestion toll　拥堵收费

second best　次优　　　　　　　　pay-lanes　付费车道

long-run optimum　长期最优

perfect toll differentiation　完美差异化收费

经典资料 1："自我融资"的由来、发展及应用[1]

自我融资（Self-financing）是金融数学的一个重要概念。自我融资交易策略（self-financing portfolio）是指除了初始投资之外，在投资过程中不追加任何投资，也不从投资中转移资本，只基于资产组合本身的收益变动情况进行资产组合的结构调整。最早由费舍尔·布莱克和迈伦·斯科尔斯于 1973 年在《期权定价和公

---

〔1〕　资料来源：　Dave, P. (1991), "Community and self-financing in voluntary health programmes in India", *Health Policy & Planning* 6(1): 20-31.

司债务》（The Pricing of Options and Corporate Liabilities）一文中开创性地提出这个概念，并给出了欧式期权（European option）的定价公式。

自我融资现已被广泛用于金融、教育、医疗保健、基础设施建设等领域的资金筹集中。例如，香港地铁的"R+P模式"（Railway + Property），将轨道交通建设、管理和开发捆绑，整个交通系统自负盈亏，不需要政府补贴和贷款；印度的志愿组织对自我融资方法进行创新，通过用户收费、社区预付计划（Community-based prepayment schemes）和商业计划（commercial schemes）等解决了融资问题。同时，这些项目也能通过更好的规划、管理、检测和评估而得到进一步优化。

经典资料 2：庇古个人小传[1]

阿瑟·赛斯尔·庇古（Arthur Cecil Pigou，1877 年 11 月 18 日～1959 年 3 月 7 日），英国著名经济学家，剑桥学派的主要代表之一。庇古由于《财富与福利》（后称《福利经济学》）一书而被西方经济学界奉为"福利经济学之父"。此外，其在商业周期、失业、公共财政、指数经济学以及对国民产出的度量方面颇有建树。

庇古出生在一个英国军人家庭，青年时代进入剑桥大学学习，最初的专业是历史，后来受当时著名经济学家马歇尔的影响和鼓励转学经济学。毕业后，他先后担任过英国伦敦大学讲师和剑桥大学经济学教授，1943 年退休后仍在剑桥大学从事著述研究工作。此外，他还担任过英国皇家科学院院士、国际经济学会名誉会长、英国通货外汇委员会委员和所得税委员会委员等职。

---

〔1〕 资料来源：维基百科，阿瑟·赛斯尔·庇古，https://zh.wikipedia.org/wiki/%E4%BA%9E%E7%91%9F%C2%B7%E5%A1%9E%E8%A5%BF%E7%88%BE%C2%B7%E5%BA%87%E5%8F%A4。MBA 智库百科，阿瑟·赛斯尔·庇古，http://wiki.mbalib.com/wiki/%E5%BA%87%E5%8F%A4。

庇古和凯恩斯一直保持着亲密的私人友谊，虽然两人在学术上意见相左。庇古作为新古典主义学派中持充分就业观点的代表人物，凯恩斯对其进行过攻击，庇古也利用"庇古效应"（Pigou Effect）进行反击，还称凯恩斯的《通论》是错误观点的混合物。他提出的庇古效应又称财富效应或利率效应，他认为，凯恩斯效应仅仅考虑了价格下降影响利率，进而影响私人投资，却忽略了价格下降对消费的影响。消费不仅是实际收入的函数，也是私人部门净财富实际价值的函数，可表示为：C=C(Y, W/P)。在未达到充分就业的情况下（经济中存在较大量失业），工资和价格水平的下降会使私人部门净财富实际价值上升，从而拉动消费需求上升。

庇古发表的主要著作包括:《工业和平原理和方法》（1905）、《财富与福利》（1912）、《论失业问题》（1914）、《工业波动》（1927）、《公共财政研究》（1925、1956）、《失业理论》（1933）、《社会主义与资本主义的比较》（1937）、《静态经济学》（1935）、《就业与均衡》（1945）、《收入理论》（1946）、《凯恩斯"通论"的回顾》（1956）等。

经济故事：上海与北京的车牌限制[1]

上海和北京作为中国最大的两个城市，目前都通过控制发放汽车牌照的数量来控制私家车数量，不同的是，上海采用拍卖形式发放牌照，而北京选取摇号方式。

北京市政府从 2010 年 12 月通过了《北京市小客车数量调控暂行规定》，从 2011 年开始通过摇号方式无偿分配小客车配置指标，每年额度为 24 万辆，平均每

---

〔1〕 资 料 来 源: Chen, X. , & Zhao, J. (2013), "Bidding to drive: car license auction policy in shanghai and its public acceptance" *Transport Policy* 27(2): 39-52; Feng, S. , & Li, Q. (2018), "Car ownership control in Chinese mega cities: Shanghai, Beijing and Guangzhou", *Social Science Electronic Publishing* 8: 11-32; Yang, X. , Jin, W. , Jiang, H. , Xie, Q. , Shen, W. , & Han, W .(2017), "Car ownership policies in china: preferences of residents and influence on the choice of electric cars", *Transport Policy* 58: 62-71; Yang, J., Liu, Y., Qin, P., & Liu, A. A. (2014), "A review of Beijing's vehicle registration lottery: short-term effects on vehicle growth and fuel consumption", *Energy Policy* 75: 157-166.

月 2 万辆。从 2014 年起，个人和单位的普通指标、示范应用新能源指标摇号周期统一为每两个月一次，逢双月 26 日组织摇号，指标申请和审核的时间不变。2015 年 10 月 25 日，北京取消新能源汽车摇号，直接向所有通过资格审核的申请人配置。2017 年 12 月 15 日，北京市发布小客车指标配置新政，指标总量减少 5 万辆，但不减少新能源车指标。

上海私家车牌照拍卖始于 1986 年，真正意义上的拍卖制度建立于 1992 年。1994 年开始，上海首次对新增的客车额度实行拍卖制度：对私车牌照实行有底价、不公开拍卖，购车者凭拍卖中标后获得的额度去车管所为自己购买的车辆上牌，并拥有在上海中心城区（外环线以内区域）使用机动车辆的权利。2008 年，上海更新了拍卖形式，每个月在线拍卖大概 10000 个牌照。2018 年 6 月，上海拍卖个人车辆牌照额度总数 10775 辆，参加拍卖人数 209672，中标率 5.1%。

这两种牌照的发放形式，都可以在一定程度上达到控制车辆数量、缓解交通拥堵和环境污染的目标，但是具体哪一种形式的效果更好呢？它们的影响机制、社会福利影响程度、民众接受度有什么区别呢？杨等（2014）分析了北京市摇号政策的短期影响，发现车辆注册数量的增长明显受到限制，并且与其他政策相结合，北京的拥堵情况和车辆平均行驶速度都得到了改善。但是，实证结果显示，摇号政策可能无法如预期那样减少燃料消耗，因为摇号减缓了车辆密度的预期增长速度，导致 VDT（平均车辆行驶距离）的下降速度低于预期。同时需要强调的是，这一政策将车辆购买权分配给一些并非具有最高支付意愿的人，支付意愿很高的居民可能无法中签，而且有相当数量中签的人没有在规定时间内购买车辆，造成了名额的浪费。

陈等（2013）以 9 家上海公司的 524 名员工为样本，调查了上海民众对上海市汽车牌照拍卖政策的接受程度和感知评价。调查结果显示，虽然依然存在一些否定拍卖政策的声音，如有人认为该政策对民众来说负担较重，或质疑其公平性，但大部分受访者还是认为拍卖政策是一项有效率的政策。拍卖收入的用途未做到透明公开、怀疑政府车辆上牌存在"捷径"而有失公平，都是民众认为该政策不完善的地方。

　　还有一些学者将北京、上海、广州等大城市的车辆限制政策结合起来进行对比分析。杨等（2017）使用 SP 数据研究了居民对摇号和拍卖的偏好。结果表明，受访者的政策选择存在较强的偏好异质性。研究发现，支持车牌拍卖的购车者是那些来自高收入家庭、未购买第一辆车、年龄在 30 岁以下或 40 岁以上的人。冯等（2018）比较了这三个大城市政策的不同设计、演变和有效性，认为北京更加重视公平，上海似乎更关注效率，广州则兼具上海和北京的优点和缺点。政策的多样化设计和经验不仅证明了机动车数量控制措施的可行性，而且为其他城市提供了可效仿的蓝图。

案例分析：各国拥堵收费的实施内容及效果[1]

　　1975 年，新加坡成为世界上第一个成功实施拥堵收费政策的国家，并取得显著效果。此后，卑尔根（1986）、奥斯陆（1990）、特隆赫姆（1991）、伦敦（2001）、荷兰（2006）、斯德哥尔摩（2007）、哥德堡（2013）也纷纷推行拥堵收费政策（李等，2012）。到目前为止，大约有接近 20 个城市或地区已经成功推行拥堵收费政策，但是也存在大量像爱丁堡一样政策实施不成功而搁浅的城市。

　　征收拥堵费的城市短期实施效果也各有差异。新加坡的交通拥堵在早高峰时段减少了 45%，进入收费区域的车辆减少了 70%，私家车通勤占比从 48% 降至29%，拼车出行增加了 300%。米兰征收拥堵费后，进入市中心的车流量减少约14%，斯德哥尔摩减少约 22%，污染物的数量也有一定程度的下降（European Union，2009）。但是，拥堵收费并不必然带来车流量显著减少，影响实施效果的重要因素各不相同，应根据城市特征决定是否收取拥堵费和如何设计收费机制等核

---

　　〔1〕　资料来源：http://www.isis-it.net/curacao/。

心问题。伦敦东西部的实施效果差异（克洛诺普利耶斯等，2012），瑞典斯德哥尔摩与哥德堡实施效果对比（伯利耶森等，2015）均是典型案例。世界范围内，实施拥堵收费的城市主要集中在欧洲，此外还有位于东南亚的新加坡，我国内地还未有城市实施拥堵收费政策。典型城市拥堵收费情况如下。

英国伦敦

大伦敦管理局（Greater London Authority，GLA）于 1999 年在议会法案中被授予对公路收费的权力，并于 2003 年 2 月最终实施伦敦收费计划。在伦敦运输局（Transport for London，TfL）指导下，收费计划的主要目标是减轻收费地区以及周边地区的拥堵问题（TfL，2003a）。2003 年实施的伦敦收费计划是一个覆盖伦敦市中心 22 平方公里的区域收费方案，虽然包含了其中的政府、法律、商业、金融和娱乐中心，但其面积只占大伦敦的 1.3%，星期一至星期五每天的 7:00~18:30（公众假期除外）对全部进入、离开、驾驶或者停放在区内公共道路上的车辆进行收费，每天收费金额为 5 英镑，2013 年将收费金额上调至 8 英镑。2007 年，收费范围在原边界基础上向西部地区威斯敏斯特扩展，同样采取区域收费政策，但是实施效果不如原中心区。伦敦收费计划具有明确的惩罚机制，费用应在每日 24 点之前缴纳，如未能在 24 点之前缴费，则缴费金额在之后的 12 小时内变成 10 英镑；延迟时间越长，缴费金额越高，最高可达 120 英镑。外国车辆适用于同样的收费标准。收入在支付日常运营费用之外主要用于道路建设、公共交通基础设施的完善，如公交线路、地铁线路的增设等。对某些特殊对象有收费折扣或收费豁免，居住在收费区域内的居民以及注册在收费区域内的车辆享受 9 折优惠。特殊车辆（摩托车、双轮马车、自行车；在 PCO 注册的黑色出租车和微型出租车；紧急服务车辆如救护车、救火车；已经免除道路税的环保车辆和残疾人驾驶车辆；工程救援车；在单位注册的公共车辆以及新能源和绿色能源汽车）具有豁免权。总体而言，伦敦是实施拥堵收费较早且较为成功的典型城市。

新加坡

新加坡是最早实施道路定价的国家（城市），早在 1975 年 6 月 2 日就开始推行区域拥堵收费政策，实施一项综合性的拥有一整套支持性政策工具的交通需求管理政策组合，包括高额的拥车税、汽车进口税、汽油税和停车费，同时辅以便捷的公共交通线路建设。1975 年实施的政策促使中心商业区的车流量不断降低。1995年 6 月，拥堵收费在新加坡全面展开，收费关卡的设置、收费技术的提升、收费区域的扩展、收费调整的灵活性等方面均有很大提升。新加坡可以做到按照实时车流信息随时进行收费金额的调整，以保证车流量保持合理水平。收费区域在原有的核心商业区基础上增加了环路外围高速路网。收费时间为每周 7 天，商业中心收费时间是上午 7:00 至下午 7:30，外围高速路网的收费时间是上午 7:00 至晚上 9:30，收费金额根据车辆类型、高峰时间段和拥堵程度进行实时调整。新加坡的拥堵收费机制是在原有的区域收费基础上不断优化演变而来的，拥堵收费更加灵活、更有利于车流量的调整，但是也存在对完善的管理机制、合理的基础性政策、更高水平的科技支撑的要求。外交车辆、超过 14 吨的公共汽车、摩托车、境外注册车辆、军车、残疾人驾驶车辆、注册期未满 5 年的新能源汽车免费，但是出租车不免费。在收费日期方面，7 月免收拥堵费。值得注意的是，其拥堵收费的收入大多数用于道路和基础设施投资。

复习题

1. 用文字叙述莫林－赫维茨定理，注意要说明该定理成立的技术条件。

2. 某政策建议者计划在城市中引入道路定价并且将收入用于投资修建新公路，因为这跟莫林－赫维茨定理相一致。从经济学视角评论该政策。

3. 同一个政策建议者建议从一个审慎的定价政策开始实施，即将某些道路转换成付费车道而其他平行路段保持免费，将每条付费车道的收费标准设定为该路段的边际外部成本，因为这将最大化社会福利。你支持这样的建议吗？请解释原因。

4. 该政策建议者最后的计划是将停车收费作为拥堵收费的替代方案。请解释为什么该方案不如道路定价方案有效？

拓展阅读文献

[1] Inci, E. (2015), "A review of the economics of parking", *Economics of Transportation* 4: 50-63.

[2] Parry, I.W.H. & A.M. Bento. (2001), "Revenue recycling and the welfare effects of congestion pricing", *Scandinavian Journal of Economics* 103 (4): 645-671.

[3] Verhoef, E.T. & H. Mohring. (2009), "Self-financing roads", *International Journal of Sustainable Transportation* 3 (5-6): 293-311.

[4] Verhoef, E.T. & K.A. Small. (2004), "Product differentiation on roads: constrained congestion pricing with heterogeneous users", *Journal of Transport Economics and Policy* 38 (1): 127-156.

第3章 | 基于其他目标的道路拥堵收费方法

本章提要

本章首先讨论除了社会福利效用最大化的"仁慈的独裁者"之外，基于其他目标的道路拥堵收费方法；其次讨论道路完全私有化的组织方式的效率问题；最后讨论如何通过拥堵定价政策实现基于其他目标的均衡，进而比较社会总剩余最大化政策与基于其他目标的拥堵收费政策之间的效率。本章解释了为何道路私有化、将一切交给市场并不是万能的解决方案，也讨论了拥堵收费牵涉的税收（收费）竞争问题，并点明该理论适用于更广的领域。

学习目标

1. 理解道路交通网络的拥有和控制者可能具有不同的组织方式。

2. 掌握如何用成本收益函数反映私营道路出行的外部性问题，特别是理解私营道路也可以内部化一部分拥堵带来的外部性。

3. 掌握私营道路经营者如何采用道路拥堵收费政策以最大化自己的收益，以及该收费政策对社会福利的影响。

4. 重点掌握如何比较不同形式公共道路拥堵收费和完全私营道路拥堵收费政策

的均衡收费水平，及其分别对社会剩余带来的影响。

5. 理解横向及纵向拥堵收费税收竞争的概念、含义、对均衡的影响，及其在交通运输中的特殊意义。

3.1 引言

截至目前，我们假定控制收费和通行容量的交通网络经营者为"仁慈的独裁者"，即拥堵收费策略的主要目标是寻求并实施旨在使社会总剩余最大化的政策。做出这样的假设是颇有理由的：有助于我们理解以社会剩余最大化为主要目标时的拥堵收费框架。然而实际中的情况可能更为复杂，例如道路交通网络的拥有和控制者可能具有不同的组织方式。我们在本章中将考虑两种在现实中很重要的拥堵收费策略，其前提均有别于我们之前假设的"仁慈的独裁者"，同时，我们也将考查那些除了最大化整体社会剩余以外，追求其他目标的拥堵收费策略，并分别研究其对社会剩余和福利的影响。

第一种拥堵收费策略实际上涉及一个最基本的经济学问题：是否应该只由公共机关来设置拥堵收费标准？一旦道路拥堵收费在技术上成为可能，为什么不改用一种完全市场化的方法，让私营企业来经营道路？道路私有化在当今经常被认为是一种从经济角度来看具有吸引力的拥堵应对举措，然而，我们接下来将看到，私有化并不是解决道路交通效率低下的"万能灵药"。

第二种拥堵策略涉及多级政府之间利害关系情况，特别是我们将讨论税收竞争问题：当不同政府代表不同人群的利益，而其税基（支付税收的个体）又相互重合时，这种问题就会出现。由于运输不言自明地涉及移动的主体，例如，拥堵收费征收对象往往是车或司机，这些主体是随时在道路交通网络中移动的，从一个区域、城市或国家到另一个区域、城市或国家，在不同的地方受不同的各级地方政府部门管辖，也因此需要向不同的政府缴纳税费，这就带来了移动税基问题，也引发了我们接下来会讨论的税收竞争。因此，税收竞争对于交通运输体系意义之重大远超我们想象，同时，税收竞争本身也是一个不只与运输市场相关的问题。由此，我们讨论的运输市场税收竞争问题以及随之而来的洞见，也不只适用于运输市场自身。

3.2 私人经营者的道路定价

正如我们目前一直在做的，本章之前的讨论一直集中在考察公共道路的拥堵收费，这种讨论与大多数现代社会的实际情况是一致的。然而，私营道路的可行性目前在很多国家受到越来越多的关注。一个很实际的出发点在于，政府部门有时缺乏足够的公共资金来（迅速地）为额外的道路容量扩张提供融资，而一些人认为，为了确保主要经济中心的交通可达性，扩张道路容量是很有必要的，此时私营道路应运而生。此外，更深层次的动机是，道路在过去被认为是一种公共产品，因此传统上道路路网一直由公共机关、政府部门等负责修建和维护。在拥堵开始出现之前，道路容量的使用（或者我们也将其看作一种消费）确实是非竞争性的，同时，其消费实际上也是非排他性的，除非征收使用费。当然，对于纯粹作为公共产品的道路来说，在没有拥堵的情况下征收拥堵费是没有效率的（最起码当我们忽略道路运输的其他外部成本如污染、噪音和事故等的时候是这样）。

城市道路属于公共产品，其消费不具有排他性，在不太拥堵的情况下，其消费也不具有竞争性。按照现代经济理论，公共产品通常由政府提供，其资金来源为政府税收。一般情况下（道路管制情况除外），每个人可以选择在任何时间在任何一条道路上驾车而不用付费，其所须支付的只是时间成本而已。对消费者而言，其在某一期间（如一天或一周）内对交通的需求量与其愿意支付的交通成本成反比，因而可用一条向右下方倾斜的需求曲线来表示。城市交通通常被划分成高峰时间和非高峰时间。非高峰时间，交通量较小，车辆按正常车速行驶，畅通无阻，单位时间成本不变；高峰时间，交通量较大，车辆不能按正常车速行驶，交通拥堵，单位时间成本将随着交通量的增加而递增。

但显而易见的是，当交通开始变得拥堵时，道路就不能再被归为单纯的公共产品，由于拥堵的存在，道路容量成为一种具有竞争性、排他性的资源，每个人对拥堵道路的使用都会加大其他人的成本和拥堵时间，因此在这里，我们把道路容量理解为一种产品，可以在运输市场中进行交易。这也相应地提出了一个问题，那就是私有化道路是否合适，是否应该让运输市场自行寻找其最优均衡。当然，私人经营者希望自己对道路容量的投资产生收益，而公众可能想知道私营道路所要求的通行费是否会像公共收费一样实现交通拥堵状况的最优化。

因此，在本节中，我们将从理论分析和数值计算的角度考虑如果上述例子中的道路被私有化运营时将会发生什么。在第 3.2.1 节中，我们将推导私人经营者在路上设定的拥堵费，在第 3.2.2 节中，我们将其效应与"公共"收费进行比较。

3.2.1 私人经营者的最优收费

为了将私营道路收费与公共收费相比较，我们可以先从给定道路容量的单一道路开始研究。正如我们研究公共交通拥堵收费时做的一样，先回想一下，在上述条件下，公共道路的监管者会将最优拥堵费设定为与边际外部成本相等：

$$r^* = N^* \cdot ac'(N^*) \tag{3.1a}$$

对于线性的 ac 函数（$ac = c_0 + c_1 \cdot N$）而言，其结果就是：

$$r^* = N^* \cdot c_1 \tag{3.1b}$$

［比较两个等式（1.13a）和（1.13b）］。

那么私人经营者是否会设置与公共机构相同的收费水平，从而重现相同的有效均衡？只有在确认了私人经营者追求的目标之后，我们才能回答这个问题。道路容量是固定的，由此私人经营者承担的固定成本也是固定的，那么我们可以预期他的目标将是最大化总通行费收益，因为这将在全部成本都固定的情况下最大化其总利润。如果我们用 r_p 来表示私人经营者的收费，那么总收益 R 可以简单地写为：

$$R = N \cdot r_p \tag{3.2a}$$

如果给定 N，而需求又完全没有弹性，那么解决总收益最大化问题的办法显然是将收费水平定为无穷大。不幸的是，对私人经营者而言，私营道路的需求通常不会完全没有弹性。较高的收费虽然可能会增加来自每个道路使用者的收益，但也将减少道路使用者的数量。在这种情况下，找到收益最大化的一种方法是将道路使用者对式（3.2a）中不同收费水平的反应考虑进去。我们通过下列替代条件来满足上述要求：在有收费的均衡下，收费水平必须等于边际效益（$mb=D$）和平均成本（ac）的差额。为了提示 D 和 ac 都取决于 N，我们将（3.2a）重写为：

$$R = N \cdot [D(N) - ac(N)] \tag{3.2b}$$

私有运营者面临的问题是，找到那个特定的 N 使得式（3.2b）最大化。这意味着我们应该求对 N 的导数，并令其等于零：

$$[D(N) - ac(N)] + N \cdot ([D'(N) - ac'(N)] = 0 \tag{3.3}$$

式（3.3）通过对式（3.2b）使用微分计算的乘法法则得出。

中括号里的第一项在均衡时等于收费，同时，把第二个中括号移项到等号的右边，我们发现最大化收益的收费应该满足下列等式：

$$r_p^* = N^* \cdot ac'(N^*) - N^* \cdot D'(N^*) \tag{3.4a}$$

（此处星号表示从私有运营者角度看的最优值），或者对于需求和成本函数为线性的例子而言，有：

$$r_p^* = N^* \cdot c_1 + N^* \cdot d_1 \tag{3.4b}$$

通过比较式（3.4a）和式（3.4b）与式（3.1a）和式（3.1b）可以得出一个有意思的结果。事实上，私人经营者确实会内部化拥堵的外部性（收益最大化收费公式中的第一项代表的就是边际外部成本 mec），但是，他会再加入一个正数项，该正数项与需求函数的斜率相关［在式（3.4a）中，注意 D' 本身是负的，是反需求函数的斜率，因此，包括负号在内的整个第二项就变成了正项］。一旦我们意识到私有运营者实际上是提供道路容量的垄断者，就很容易理解第二项的出现。第二项与我们的微观经济直觉对应：需求的弹性越小，垄断价格越高；或者，随着 D' 绝对值的增加，反需求函数将会变得更陡峭。

但是为什么私人经营者也会内部化拥堵的外部性？直观的理解是，内部化外部性只不过是将道路拥堵造成的时间损失兑换成了通行费收益。时间损失并不会增加私人经营者的利润，而通行费收益则会增加其利润。不过，更准确的解释是，这一项之所以会出现，是因为垄断者面对的总需求是有弹性的，如果道路过于拥堵或费用过高，道路使用者会使用其他道路，因此，该弹性是决定利润最大化的拥堵收费水平的关键变量，在这种情况下弹性不仅取决于需求函数的斜率，也取决于平均成本函数的斜率。因此，对标准的垄断定价规则要进行必要的校正，在垄断者的最优收费表达式中除了与需求相关的部分 $N \cdot D'$ 之外，还要准确地引入边际外部成本 mec（$N \cdot ac'$）[1]。

式（3.4a）和式（3.4b）表明，除非需求是完全富有弹性的或者 D'（以及 d_1）等于零，私人经营者收取的费用通常会高于最优水平。因此，道路的私有化确实可能带来能够内部化拥堵外部性的收费，但是收费水平往往因为垄断势力的形式而定得过高。这意味着私人经营者将大量收取通行费，并导致道路使用的过度减少——就像一般的垄断者有动机对产品收取过高的价格一样。

如果私人经营者不仅要制定利润最大化的收费水平，还需要同时确定利润最大化的道路容量，理论模型又会发生什么变化？在这里，我们不进行正式的分析

---

［1］ 按照标准的垄断定价规则，当经营者的 $mc=0$ 时，将有 r_p（$1+1/\varepsilon$）$=0$（此处 ε 是需求弹性），也见下一章的式（4.4）。需求弹性 ε 通常定义为 $dN/dr_p * r_p/N$。如果 ac 是常数，第一项 dN/dr_p 将等于 $1/D'$（因为 D' 等于 dr_p/dN）；如果 ac 不是常数，则 dN/dr_p 等于 $1/$（$D'-ac'$），因为 ac 的斜率使得 N 对 r_p 的边际变化比需求函数中要小。换句话说，垄断者所面对的实际反需求函数是把 r_p 而非 p 放在纵轴上，它可以被构造成 D 和 ac 之间的纵向距离，即 $D-ac$，其斜率为 $D'-ac'$。因此我们发现：$\varepsilon=1/$（$D'-ac'$）r_p/N，从而，$1/\varepsilon=1/$（$D'-ac'$）N/r_p。最终，我们可以将标准规则改写为 r_p+N（$D'-ac'$）$=0$。这完全再现了式（3.4a）。

来求得问题的解。推导过程留待各位读者自行推敲。不过，答案是利润最大化容量通常低于社会最优容量（第 2.1 节已经推导了社会最优容量）。直观上来说，较高的收费会降低需求，使其比最优定价下的需求小，以至于扩张容量的吸引力下降了。这符合人们运用基于经营者行为的标准微观经济理论进行分析而得出的预期。

3.2.2 收益最大化收费：数值例子

图 3.1 展示了上面例子的结论。我们可以再次找出社会最优收费水平，即能够最大化社会剩余的收费水平（对应 30）。社会剩余仍然被定义为总效益减去总成本，不过，它不再像第 1 章一样等于消费者剩余与政府剩余二者之和，它现在等于消费者剩余与生产者剩余二者之和。生产者剩余由总通行费收益给出（正如第 1 章的政府剩余一样），最大化总收益的费用水平为 45。在表 3.1 的"私营完全定价"一行中，相关均衡的详细结果表明，在这个收费水平下式（3.4b）确实是完全满足的。

表 3.1　与私营道路分析相关的各种均衡的关键特征

指标	N	B	C	Nc_1	$-Nd_1$	总计	总收入	$S=B-C$
自由市场均衡	45	3487.5	2475	45	45	0	0	1012.5
最优均衡	30	2550	1200	30	30	30	900	1350
私营完全定价均衡	22.5	1996.9	731.3	22.5	22.5	45	1012.5	1265.6
公共收费车道均衡	40.9	3254.2	2149.6	nr	nr	16.36	267.8	1104.5
私营收费车道均衡	37.5	3046.9	2006.3	nr	nr	30	337.5	1040.6

注：nr 表示不相关

总而言之，图 3.1 清楚地说明了总收益和社会剩余无法在同一收费水平下实现最大化。道路容量的私人经营者将像垄断者一样行事，只要需求不是完全有弹性的，他们作为垄断者都将收取从社会角度来看过高的费用。

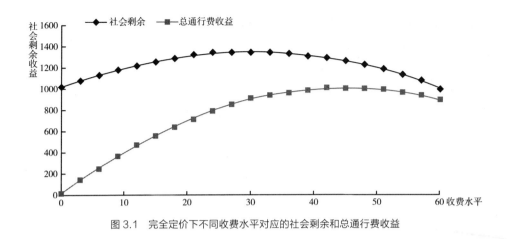

图 3.1　完全定价下不同收费水平对应的社会剩余和总通行费收益

　　这就引出了一个问题。如果垄断势力导致私人经营者把收费定得过高，那么限制其垄断势力，只允许经营收费车道，难道不会更为有效吗？因为大众在过去几年里越来越多地关注私营收费车道，这其实也上升为政策层面的问题。为了回答这个问题，我们考查图 3.2，它与图 3.1 的作用相同，不过现在针对的是第 2.2.2 节中提到的收费车道的通行费。

　　在这里，我们再次发现次优收费车道的通行费水平（16.36 欧元，如第 2.2.2 节所示）和总收益最大化的通行费水平（结果是 30 欧元）之间并不一致。同样，原因之一是，尽管现在已经面临着来自不收费（却拥堵）的"免费车道"的"竞争"，但是收益最大化的通行费策略将寻求尽可能最有效地利用自己的市场势力。导致这种不一致的更加微妙的关键原因在于，次优通行费策略已经将价格向下调整至低于收费车道边际外部成本的水平，从而优化了收费对免费车道的拥堵溢出效应（第 2.2.2 节已经做过解释，由于既有收费车道又有免费车道，人们倾向于走免费车道，从而造成了拥堵"溢出"到免费车道）。然而，另一方面，私人经营者根本不关心免费车道是否拥堵。对他们来说最重要的是收费车道的总通行费收益，而要实现这个目标，最好的办法是收取的通行费高于收费车道的边际外部成本。因此在私营收益最大化的通行费策略下，收费车道收费水平比考虑拥堵溢出效应的次优收费水平高。在这里我们不进行正式分析以具体推导此结果，但是，收益最大化的收费车道通行费是30，比"天真的伪最优"收费车道通行费25.7（如表2.2所示）还要高，这本身已经说明问题了。

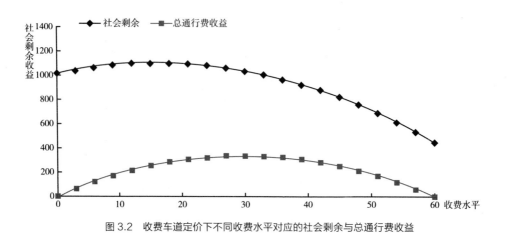

图 3.2 　收费车道定价下不同收费水平对应的社会剩余与总通行费收益

表 3.1 的最后两行给我们提供了一些有趣的经验。首先，正如所预期的那样，私营收费车道定价下的社会剩余要低于公共次优收费车道定价下的社会剩余。这或多或少是这两种道路经营者追求的目标不同造成的，这一结果一般来说是正确的（即我们的例子并不是特例）。

其次，私营收费车道定价下的社会剩余（1040.6）低于私营完全定价下的社会剩余（1265.6）。因此，与我们的假说正好相反，道路私有化时限制垄断势力并不一定能提高效率，反而会降低效率。其原因在于限制垄断势力时引发了新的扭曲。也就是说，对收费车道征收最大化收益的通行费加重了免费车道的拥堵程度。此处，有必要注意，这种结果也部分地取决于我们所选的数值。因此，主要的教训应该表述如下：私营收费车道定价可能不如私营完全定价有效，尤其是当其对免费车道的拥堵溢出效应超过限制垄断势力带来的收益时。在这个例子中，限制垄断势力并不一定能够提高效率。这是一个很好的例子，告诉我们在将经济智慧应用于道路网络市场时，为何常常需要多角度地进行审视和思考。

最后，私营完全定价下的社会剩余（1265.6）超过了公共收费车道定价下的社会剩余（1104.5）。让我们谨慎地总结这一发现：私营完全定价可能比公共收费车道定价更为有效，尤其是当公共收费车道定价对免费车道的拥堵溢出效应超过限制垄断势力的收益时。也就是说，私营完全定价的社会总剩余超过了公共道路收费车道（同时存在收费和不收费车道）条件下的拥堵收费定价的效率。收费车道的缺点是存在拥堵溢出效应，公共道路的优点是没有私营完全定价下的垄断势力影响。因此相较而言，公共收费车道定价既有缺点又有优点，当其缺点的效应大于优点时，公共收费车道定价不如私营完全定价，反之亦然。换言之，并不是任何类型的私营定价必然不如任何类型的公共定价有效。某些形式的私营定价或许比某些公共定价的次优策略更为有效。但是，在对类似的收费类型做比较时（例如，都是全路网收费或都是收费车道定价），在实现社会剩余方面，公共定价通常优于私营定价。原因很简单，最大化社会剩余就是公共定价的目标，而私人经营者通常来讲追求的是利润最大化。

3.2.3 收益最大化收费：结束语

总而言之，从我们对私营道路运作效率的论述中可以得出一个相当不确定的观念。私营道路的收费水平会超过公共道路的收费水平，由此进一步导致更低的社会剩余，除非面对的是完全富有弹性的需求。在完全弹性需求的情况下，私营收费和公共收费的影响趋于一致，虽然二者偏离的根源来自私人经营者的垄断势力，但设置一些免费车道来限制这种垄断势力，反而可能比私营完全定价更多地降低了效率。此外，在整个路网上完全实施私营垄断或许比对一部分路段进行公共定价更为有效。然而，这些结论中的任何一个都不总是成立的，因此唯一"安全的"结论是私营道路的运营效率将很大程度上取决于当地的具体情况。因此，应该非常谨慎地评估关于私有化道路的各种提案。

然而，我们可以得到与第2.2节的分析有关的有趣的结论。之前我们的结论是，在技术条件允许的前提下，一条达到最优容量且征收了最优通行费的道路将能够自我融资。但是，这意味着一条优化设计的道路最终带来的经济利润为零。换言之，我们应当从经济学的角度进一步思考私营部门想要修建和运营公路的目的，因为私人经营者的丰厚利润可能预示着其道路提案没有在容量设计或收费设定上达到最优。

虽然如此，事实上经济利润和社会最优依然是可以同时实现的，即当规模报酬递减而非不变的时候。私营道路运营的其他潜在优点还包括：私人经营者可能带来更多的创新性公路设计或交通管理技术；私营部门的资本影子价格相对于公共部门而言较低。

即使那样，我们也必须意识到，使用社会剩余度量社会福利暗示着与社会福利密切相关的是"蛋糕的大小"，而并非"蛋糕的分配"。换言之，知道私营道路的生产者剩余和消费者剩余之和是一回事，决定它们二者是否确实应该在福利评估中获得同等分量则又是另外一回事了。此时一个合理的考虑（当然已经超出经济学范畴）可能依旧是，垄断者的利润不受重视，公共道路更加受欢迎，因为此时收益可以更方便地分配给普通民众以提高他们的利益。

3.2.4 小结

道路的私有化并非是应对交通拥堵的万能良药。私营道路经营者通常会将通行费设定在比边际外部成本高的水平上，由此导致道路使用量相比有效结果出现过度减少。原因在于私人经营者具有垄断势力。

总而言之，我们从对私营道路运作效率的论述中可以得出一个相当不确定的结论。除非面对的需求是完全弹性的，否则私营道路的收费水平会超过公共道路的收费水平，并由此会进一步导致更低的社会剩余。在完全弹性需求的情况下，私营收费和公共收费的影响会趋于一致。虽然二者偏离的根源来自私人经营者的垄断势力，但设置车道免费来限制这种垄断势力反而可能比私营完全定价更多地降低效率。此外，在整个路网上完全进行私营垄断或许比对一部分路段进行公共定价更为有效。然而，这些结论中的任何一个都不总是成立的，因此唯一"安全的"结论是私营道路的运营效率在很大程度上取决于当地的具体情况。因此，应该非常谨慎地评估关于私有化道路的提案。

3.3 多政府的道路定价

还有一种道路定价机构的目标并不是最大化社会总福利的情况，发生在多个政府并存且各自代表本辖区利益时。此时，即使每个政府都采取行动使其辖区居民的社会剩余最大化，但是，各级政府采取的全部政策的综合结果也很可能不能够最大化总体社会剩余即所有领域内共同享有的总社会剩余。正如我们将看到的那样，可能会存在各种各样的机制导致最后无法实现最好的结果。不同的机制导致从不同方向偏离了"仁慈的全局独裁者"会选的结果，这个"仁慈的全局独裁者"就是一个将相关联的全部区域的社会剩余进行最大化的全局政府。例如，从整体社会的角度来看，税收可能定得过高或过低，但是，无论税收水平高低都会造成各地区的总剩余之和比全局最优政策下的总社会剩余少。如果这样的情况真的发生了，就很有必要让多个政府之间的政策相互协调，因为至少可以从理论上将来自最优协调的总福利增益进行某种分配，使得最终每个主体的境况都变得更好。不过，政府机构仍然可能会持续偏离全局最优化的目标，对地方政府来说，自己能否成功地通过其政策提高当地选民的社会剩余，将直接决定选民的选票是否仍旧会投给现政府，因此其更关注对本地选民的影响。确实，来自各辖区选民的民主投票压力可能是地方政府背离更符合全局目标的政策，转而采用更符合当地利益的政策的部分原因。

不难理解，不同政府服务的辖区之间的联系越紧密，其实施政策的综合结果就越有可能偏离全局最优。也就是说，想象一种极端简单的情况，假设每个辖区都是完全孤立的，每个政府的优化不仅会产生局部的最优化，而且会产生全局最优。但是，一旦优化问题相互依存，辖区与辖区之间有互动关系和溢出效应（基本都是存在的），就会出现缺乏政策协调从而效率低下的风险。

由于交通运输从定义上来说牵涉的主体都是可移动的（如被征收拥堵费或通行费的车辆以及开车的人群），这些主体可能会从本辖区进入其他辖区，因此，在运输市场上出现上述类型的无效率并非空想。并且这无论如何都不只是运输市场独自面对的挑战。例如，"税收竞争"相关文献的一项重大贡献就是政府相互竞争以吸引（国际）资本流入自己的辖区，这些资本随后被征税以为当地公共产品的供给提供融资。一个地区设定较低的资本税率可能会吸引更多的资本流入该地区，从而使税收收入总额实际上增加（奥茨，1972）。这就给了政府一个设定相对较低税率的动机，当相互竞争的其他政府也如此做的时候，这种做法会被进一步加强，形成"逐底竞争"，最终所有地区都制定了很低的税率，所有地区提供的公共产品都低于社会最优水平。

任何从荷兰开车向南到阳光充足的度假区的人都会意识到上述情况，类似机制似乎在卢森堡也起作用，只不过它发生在交通运输部门。卢森堡的燃油费用与邻国的相比要便宜一些，原因是税率较低。卢森堡认为较低税率将吸引更多的交通流量，进而可以提高税收总额。换句话说，在燃油税率和欧洲其他国家同样高的情况下，燃油需求是如此富有弹性，以至于卢森堡政府很难抵御降低燃油税进而增加税收总额的诱惑。与此同时，其邻国（如法国、德国、比利时）在制定燃油税率时还面临其他目标，不只考虑在其领土一角与卢森堡为争取流动的纳税人展开竞争，故而目前这种情况看起来是税收竞争过程中合理而稳定的结果。

3.3.1　不同类型的政策互动：分类法

事实上，交通运输业的税收竞争只是税收竞争的一个例子，在经济活动中存在不同政府之间的税收竞争和其他类型的协调问题及战略互动，而税收竞争文献涵盖许多其他不同的社会经济部门［威尔逊（1999）给出了全面的综述］。同时，政府之间的战略互动也存在不同的类型，不只限于征税，这使得现实生活中政府之间的竞争往往要经历复杂而多维的过程。

表 3.2 改编自德博格和普罗斯特（2012）的研究，列出了在交通政策制定的背景下，各辖区政府之间可能发生的战略互动类型，同时也给出了其对政策选择的含义。

表 3.2　各辖区政府在运输市场上的互动类型

类型	来源	交通运输案例	可能的含义
横向财政外部性	税收输出：让外国人纳税 税收竞争：吸引移动税基	对使用道路的外国人征收更高的通行费 降低燃油税以吸引外国司机（如卢森堡）	税收的上行压力 税收的下行压力
横向支出外部性	效益溢出 支出竞争	外国人使用的基础设施投资不足 过度投资以吸引外国公司	投资的下行压力 投资的上行压力
横向环境外部性	污染溢出	跨界污染，诸如、二氧化碳排放引起的全球变暖	环境管制和税收的下行压力
纵向财政外部性	税基重叠	征收国家燃油税和当地停车费用以提高收益	综合税收水平的上行压力
纵向支出外部性	支出相互依存	对当地道路的支出推动了道路的使用，因而也提高了国家的燃油税收入	此类支出的下行压力
纵向环境外部性	污染溢出	在同一上级政府之下的下级辖区之间的跨界污染	抑制来自纯粹的横向环境外部性的偏差

资料来源：改编自德博格和普罗斯特，2012。

第一个重要的区别来自横向排序的政府与纵向排序的政府之间，前者指的是没有重叠区域和人口的政府机构（如相邻国家之间）；后者则在区域和人口上存在重叠（如国家政府和其管辖下某个城市的地方政府之间）。一般来说，因为在纵向排序的政府互动中至少存在一部分重叠的投票人口，所以人们可能预期在横向排序的政府互动中政策偏离全局最优的程度会更大。但是，这并不一定是事实。

第二个区别是不同辖区之间外部性的类型。当一个政府的税收设置影响另一个政府的税收收入时，就会出现财政外部性；当一个政府的基础设施投资等支出影响另一个政府辖内居民的福利时，就会出现支出外部性；环境外部性指一个辖区的环境问题外溢到其他辖区。

按照上述分类方式，表 3.2 一共比较了六种不同的类别。其中第一个是横向财政外部性，它又可以进一步划分为两种截然不同的互动形式，这两种形式对税收水平的影响很可能是相反的，这一事实很好地阐明了管辖区之间战略互动的效应是多种多样的，因此，在对这些互动进行经济学分析时应该小心谨慎。形式一是税收输出，它是指让外国人纳税的欲望，尤其当外国人受制而走不开、没有选择时，税收将出现向上的偏差。例如，计划于 2016 年引入的德国公路通行费，就是一个在道路定价情境中税收输出的好案例。德国政府要求外国司机和德国司机通过购买十天、两个月或年度通行证的方式来支付通行费，但是，德国司机因为政府减免同期年度车辆税，实际上得到了完全的补偿。因此，事实上通行费系统的收入将全部来自外国司机。形式二是税收竞争，如果税基是可以移动的，其可以通过调整行为来逃避支付税收，这时税收竞争就是意义重大的话题了。前面提到的卢森堡燃油税案例就与这一情况相符，它表明，与我们所看到的税收输出正好相反，当存在税收竞争时，税收水平会存在向下的偏离倾向。

同样，对于横向支出外部性，也可能存在对投资的两种不同效应。在效益溢出情况下，如果外国人也使用某一基础设施，这可能导致对该设施的质量与维护进行投资的动机被弱化，尤其当外国人可以免费使用该设施时，这一投资下行倾向变得尤其明显。一个恰当例子是，外国人相对频繁使用的公路通常是质量中等或低劣且不收通行费的公路。与此相反的是，在支出竞争情况下，管辖部门试图通过提供完备的基础设施来吸引公司或旅游者。在这种情况下，对设施质量和维护的投资动机出现向上的偏差是意料之中的事情。商业区以及相关基础设施的过度供给就是很好的案例，这些基础设施通常是由市政当局提供的，希望以此吸引各大公司入驻从而增加雇佣人口与税基。

接下来是横向环境外部性。显而易见的是，在某个政府的辖区内产生的排放也会影响这一区域外的环境质量。一个极端的例子就是二氧化碳过度排放造成全球变暖现象。在某种程度上，当地政府试图提升当地社会福利时，出现在辖区外的环境效应容易在其规划环境政策时直接被忽略。事实上，就完全的全球性环境外部性而言（如全球变暖），认为它是一个关于公共好产品（或公共坏产品）的问题，才是对当地政府所面对激励的恰当描述，此时当地政府的反应是对他人的贡献搭便车。更一般地来说，出现在辖区外的排放效应份额越大，当地政府为限制该外部效应而做出全局最优努力的动机就越小。

表 3.2 中三种纵向外部性的基本机制有类似的作用原理，但是，如上所述，因为此时所管辖人口在一定程度上是重叠的，各政府之间的利益关系通常比之前讨论的横向外部性关联得好一些。但是，效率低下的问题依然存在。例如，关于纵向财政外部性，两个政府都对同样的人群征税以获取公共资金，由此产生的联合效应可能意味着总税收水平非常之高，以至于此时降税反而会增加税收的总收益。关于纵向支出外部性，地方政府可能会忽视由基础设施投资引发的交通效益，其中一部分是以燃油税收入的方式分给了中央政府。如果将这些投资效益计作地方层面上的损失而非一种转移支付，那么该建设项目的总效益就会被低估，从而导致投资不足。关于纵向环境外部性，其基础的作用机制类似横向环境外部性，与之不同的是，上一级政府有可能成功地抑制由纯粹的横向环境外部性引发的偏差。

3.3.2 横向外部性的不同激励：一个简例

我们现在考查一个例子来进一步说明上述那些利害攸关的问题。该例子考虑了财政和环境的横向外部性。假设世界上只有 A 和 B 两个地区。A 地区的一条路被两个地区的司机同时使用，司机（车辆）数量是 N_A 和 N_B，两组的反需求函数记为 $D_A(N_A)$ 和 $D_B(N_B)$。我们假设司机在其他方面是无差异的，平均成本可以写成 $ac(N)$，此时 $N=N_A+N_B$，即存在拥堵，并且两个地区的司机对拥堵的贡献是一样的。我们假设存在环境效应：每次旅程对 A 地区的危害为 e^A，对 B 地区的危害为

e^B。注意，此处上标 A 和 B 不是指那些造成危害的司机来自哪个地区：我们假定司机的地区来源对环境外部性的影响并不重要。此外，我们假设，如果想要进行区分的话，来自 A 地区和 B 地区的司机面对的通行费可以有所不同。

为了发现横向外部性对公共政策的可能效应，首先写出当地的社会福利 S_A，并将之与全局社会剩余 S 比较。我们从全局社会福利开始，它是全部使用者的效益总和减去所有使用者的成本，再减去所有环境外部性成本：

$$S=\int_0^{N_A}D_A(n)\,dn+\int_0^{N_B}D_B(n)\,dn-N\cdot ac(N)-N\cdot(e^A+e^B) \qquad (3.5a)$$

与之相反，当地政府旨在最大化当地的社会剩余 S_A，包括当地居民的总效益，减去这些本地司机带来的使用者成本，减去当地承担的环境成本，再加上从外来司机身上获得的税收收入：

$$S_A=\int_0^{N_A}D_A(n)\,dn-N_A\cdot ac(N)-N\cdot e^A+N_B\cdot[D_B(N_B)-ac(N)] \qquad (3.5b)$$

最大化全局社会剩余要求我们对式（3.5a）中两个地区的行程数量分别求导，得到：

$$\frac{\partial S}{\partial N_A}=D_A(N_A)-ac(N)-N\cdot ac'(N)-(e^A+e^B)=0$$
$$\Rightarrow r_A=N\cdot ac'(N)+(e^A+e^B) \qquad (3.6a)$$

$$\frac{\partial S}{\partial N_B}=D_B(N_B)-ac(N)-N\cdot ac'(N)-(e^A+e^B)=0$$
$$\Rightarrow r_B=N\cdot ac'(N)+(e^A+e^B) \qquad (3.6b)$$

请注意，为了得到第二行中的通行费表达式，我们用 $r=D-ac$ 进行替代。两个通行费的设定均等于边际外部成本，完全遵循第 1 章的逻辑框架。而且，因为边际外部成本是独立于司机的来源地区的，所以两个地区的通行费也是相等的。

对于只考虑最大化当地社会剩余 S_A 的政府，通行费的最优选择可以表示如下：

$$\frac{\partial S_A}{\partial N_A}=D_A(N_A)-ac(N)-N_A\cdot ac'(N)-e^A-N_B\cdot ac'(N)=0$$
$$\Rightarrow r_A=N\cdot ac'(N)+e^A \qquad (3.7a)$$

$$\frac{\partial S_A}{\partial N_B}=-N_A\cdot ac'(N)-e^A+D_B(N_B)ac(N)+N_B\cdot[D_B'(N_B)]-ac'(N)=0$$
$$\Rightarrow r_B=N\cdot ac'(N)+e^A-N_B\cdot D_B'(N_B) \qquad (3.7b)$$

当地政府设定的通行费标准反映，它在面对当地司机时像一个社会福利最优化者那样思考，而在面对外地司机时则考虑利润最大化。有趣的是，这意味着两种类型的司机都面临全部的边际外部拥堵成本 $N \cdot ac'(N)$。这可以从我们在 3.2 节中发现的结果中直接得到，尽管其动机不同于那些追求社会总剩余最大化者，利润最大化过程也可以使拥堵的外部性完全内部化。对于外地司机来说，我们在 3.2 节中发现的与利润最大化需求相关的价格加成 $-N_B \cdot D'_B$ 再次被添加到等式中。对两组司机来说，其最优收费只考虑了本地发生的环境成本 e_A，忽略了外地的环境成本 e_B。结果，对本地司机征收的通行费水平低于全局最优解，式（3.6a）和式（3.7a）之间的差别刚好等于外部成本 e_B。对于外地司机来说，其费用可能低于全高于全局最优水平，这取决于 e_B 比 $-N_B \cdot D'_B$ 是大还是小。这说明横向外部性对于税收水平的影响可以是不同的，甚至有时候会根据具体情况改变符号。

3.3.3　小结

不同的政府控制着不同的辖区，即使它们各自在自己的辖区内按照最大化本区居民的社会剩余来行事，其最终的政策通常也不会使将这些辖区统一起来考虑的全局社会剩余最大化。因为政府之间是按照阶层制组织起来的，因此，我们可以区分政府之间的横向外部性与纵向外部性。此外，外部性可以有各种不同的表现形式，包括财政外部性、支出外部性与环境外部性。

本节给出的横向外部性例子表明，当地政府在寻求最大化当地的社会剩余，其在考虑自己辖区内居民时有动力像福利最大化者一样行事，但是它在考虑辖区外居民时则追求利润最大化。此外，辖区的环境外部性并不会被计入本地的社会剩余。即使政府宣称自己要最大化公共福利，它征收的税收也可能已经偏离了全局最优。

3.4　拥堵定价经济学：一般化结论

前三章概述了关于交通拥堵和道路定价的基本经济理论。由于交通拥堵是当代社会面临的最重要运输问题之一，这些洞察和见解本身就极具价值。然而，许多深刻的见解可以推广至一般化的外部性效应以及对它们的管制。因此，本节用一般化的术语重新提炼文中最重要的洞察和见解。

（1）外部成本的存在将一个楔子打入边际私人成本与边际社会成本之间，由此导致自由市场不能实现有效结果。因此，外部性构成了市场失灵的一种表现形式。

（2）在原则上，可以通过征收矫正性的"庇古税"来恢复效率，其金额应当等于最优均衡时的边际外部成本（这可能与自由市场均衡中的边际外部成本不同）。

（3）采用最优定价政策对外部性进行经济管制时，存在两大优势：既实现了生产和消费的有效水平，又实现了生产和消费的有效构成。那些可以实现最优量的非价格调控工具通常无法根据边际效益或边际成本对行为主体进行区别对待，从而导致无法实现最优的"构成"，其结果是社会剩余将低于在使用经济工具时的社会剩余，同时，也容易出现政府失灵。

（4）尽管"庇古税"旨在使社会福利最大化，却可能很难在民主社会中得以实施，因为（在分配税收收益之前）主要的受益者将是政府而不是选民。

（5）尽管征收矫正性的税收常常是实现效率的必要条件，但它并不一定是充分条件。有时，实现整体最优需要税收和非价格工具同时实现最优化。

（6）来自不完美的"次优"税收工具的福利通常要比来自通常假想的"最优"税收工具的福利小。

（7）"庇古外部性收费"也就是按边际外部成本收费，在次优条件下往往不会最大化社会福利，只有除了考虑正在被考察的外部性之外，也考虑在全部相关经济系统中全部采用最优条件，它才能最大化社会福利。在次优条件下，外部性收费会对其他不是最优定价的市场造成间接影响，次优定价应该考虑这些溢出效应。必要的修正意味着次优定价将不再等于它所应用的市场上的边际外部成本。那些天真地忽视次优定价扭曲效应的"拟最优"定价将导致比次优定价更小的福利增益，甚至可能比自由市场均衡的效率还要低。

（8）将产权分配给私人主体以最优化外部性效应的"科斯"解决方案，可能无法实现其效率目的。原因在于，它在引入产权的同时也引入了垄断势力。

（9）在道路网络市场中，限制垄断权力也不一定总能提高市场效率。

（10）如果在不同辖区之间存在（财政、支出或环境方面的）外部性，地方政府面临的激励通常会偏离全局最优，结果其制定的税收水平也会偏离最优水平。税收水平可能被设定得过高或者过低，这取决于所涉及的外部性的类型。

作为一个有用的课后练习，读者可以自行测试自己能否给出这些结论背后的经济依据。

本章总结

1. 除了社会福利效用最大化的"仁慈的独裁者"之外，还有一些基于其他目标的道路拥堵收费方法。

2. 道路交通外部成本的存在将一个楔子打入边际私人成本与边际社会成本之间，导致自由市场不能实现有效结果。因此，外部性成了市场失灵的一种表现形式。

3. 由于私人道路经营者具有垄断权力，其通常会将通行费设定在比边际外部成本高的水平上，导致道路使用水平相比有效率结果而言出现过度减少。道路的私人供给并非应对交通拥堵的"万能良药"。

4. 可以通过拥堵定价政策实现基于其他目标的均衡，此时，社会总剩余最大化政策与基于其他目标的拥堵收费政策在效率上有差异。

5. 在私有化道路情境下，将一切交给市场并不是万能解决方案。

6. 拥堵收费牵涉税收（税费）竞争问题，不同层级和区域的政府机构控制着不同的管辖区域，虽然其行为是为了最大化其自身管辖范围内居民的社会总剩余，最终的政策通常不会使整个社会的总剩余最大化。

7. 各国政府都是按照等级制度来组织的，可以据此区分政府机构之间的横向外部性和纵向外部性。此外，外部性又可分为财政外部性、支出外部性和环境外部性三个类别。

本章术语

network operator　网络经营者　　　　road capacity　道路容量

public good　公共产品　　　　　　　private tolling　私营收费

public tolling　公共收费

global benevolent dictator　仁慈的全局独裁者

tax competition　税收竞争　　　　　tax bases　征税基础

fiscal externality　财政外部性

expenditure externality　支出外部性

environmental externality　环境外部性

tax exporting　税收出口

expenditure competition　支出竞争

vertical externalities　纵向外部性

the second-best optimal pay-lane toll　次优收费车道通行费

the naïve quasi-first best pay-lane toll　天真的拟最优收费车道通行费

经典资料 1：拥堵收费的负外部性分析模型[1]

　　庇古（1920）和奈特（1924）最早提出了交通拥堵收费的理论思想，该理论基础是经济学中的边际成本定价原理。一般来说，私人交通出行有三个特点：一是出行者自我决策；二是个人出行成本与道路交通状况有关；三是个体出行存在外部负效应（社会总成本增加）。个体出行行为（路线、方式）往往增加了道路系统的交通负荷。出行者加入道路交通流中产生了个人成本，更重要的是他（她）的加入影响了其他个体的行驶速度、燃料消耗和时间，此外还会带来环境污染和潜在的交通事故，产生额外的社会成本。出行者只支付一部分出行成本，这导致道路的潜在需求过高和交通量的无节制增长，从而造成路网中某些路段（时段）车流量达到饱和，形成道路拥堵现象。

　　在庇古和奈特之后，又有大量文献涉及交通拥堵收费背后的经济学原理研究。例如，沃尔特斯、纳什将庇古的理论进一步模型化，得出了最优拥堵收费的一般表达形式。诺贝尔经济学奖得主维克瑞首创了以瓶颈路段为核心的动态拥堵定价方法。威尔逊、乌维尔和麦克唐纳等研究了次优拥堵定价时的最优道路容量问题；亨德森则考虑了从道路流量出发的动态拥堵定价方法。有学者认为城市交通基础设施的公共资源本质导致交通设施的过度利用，从而产生了拥堵，博弈论分析表明政府应该采取收费政策来解决拥堵问题；也有学者将城市道路设施理解为准公共产品（科斯特雷尔，1991），当拥堵产生后，城市道路就有了排他性和部分可分性（莱基，1998），因此需要引入价格机制。

---

〔1〕　Berg, V. A. C. V. D., & Verhoef, E. T. (2014), "Congestion pricing in a road and rail network with heterogeneous values of time and schedule delay", *Transportmetrica* 10(5):377-400. Yang, H. & Huang, H. J. (1999), "Carpooling and congestion pricing in a multilane highway with high-occupancy-vehicle lanes", *Transportation Research Part A Policy & Practice* 33(2):139-155.

经过近百年的研究，多数经济学家普遍认为道路空间是一种稀缺的公共资源，这种资源的稀缺性在高峰时段尤为明显。高峰时段的道路使用者（尤其是私人小汽车）在使用道路的时候会额外增加所有道路使用者的成本，如时间成本、汽车油耗等。这体现为负外部性。通过让道路使用者付出的经济代价等于这些额外增加的成本，道路资源可以得到最有效率的使用，这会内部化交通拥堵带来的负外部性，并带来就全社会而言最大化的消费者剩余价值。

但是，值得强调的是，经济学家所讨论的交通拥堵收费的根本目标，是追求稀缺资源的有效配置和使用，实现全社会水平上的"道路使用者额外收益"最大化，因而所产生的交通拥堵大规模缓解则只是一个副产品。如果单纯以消除交通拥堵为目标而实施交通拥堵收费，全社会水平上的"道路使用者额外收益"有可能为负值，即交通拥堵收费得不偿失。

经典资料2：税收竞争 [1]

国与国之间、一国之内不同地区之间会进行区域间的横向税收竞争。蒂布（1956）在地方支出纯理论中最早提出税收竞争问题，虽然通篇没有出现"税收竞争"字眼，但是已经给出了税收竞争的基本内容。蒂布假定存在数量众多的不同政府或提供不同税收和公共服务组合的辖区，这里的移动主体是个人，个人可以根据偏好来选择最适合自己居住的地方，个人如果对某一地方政府的税收政策（燃油税、拥堵收费、道路保养费等，以及其他跟运输部门不相关的税费如所得税、消费税等）不满意，可以选择离开，迁移到适合自己居住的其他辖区；如果很多人都这样做，被迁出地方的政府部门将无法为公共服务筹集足够多的收入，政府机构也将

---

[1] Borger, B. D., Proost, S. & Dender, K. V. (2011), "Congestion and tax competition in a parallel network", *European Economic Review* 49(8):2013-2040. Borger, B. D. & Proost, S. (2012), " Transport policy competition between governments: a selective survey of the literature ☆ ", *Economics of Transportation* 1(1-2):35-48.

无法正常运转，个人的"用脚投票"给地方政府税收政策带来了很大的约束力，迫使各地政府最大限度地提高财政收支效率，在课征尽可能少的税收的条件下提供最优的公共服务。蒂布实际上强调了地区间的竞争（税收竞争是收入竞争的主要组成部分）对促进政府效率提高的重要作用。

奥茨（1972）则直接指出税收竞争可能带来的负面效应，担心税收竞争会使地方公共服务的产出达不到最优水平。这是因为各地政府为了吸引资本，竞相降低各自的税收，使得地方支出处于边际收益等于边际成本的最优水平之下，从而政府无法为提供最优的公共服务产出筹集足够的资金，特别是那些对当地经济无法提供直接收益的投资项目更难以获得资金支持。

对于纵向税收竞争问题，威尔逊（1999）指出，如果不同级别的政府同时对同一税基征税，当一级政府课税完毕之后，提供给其他级别政府的税基就相应缩小，于是一级政府课税给其他级别政府带来负的外部性。如果中央政府和地方政府的目标都是最大化所有居民的福利，那么不同级别政府之间的冲突较少，反之，问题就需要通过"矫正性政策"才能得到解决。相关文献讨论了中央政府行动在先，对一整套地方政府选择的既定政策进行表态的情形。有的文献指出，较高级别政府具有先动优势（霍伊特和延森，1996）。但是，如果考虑中央与地方税收关系的确定并不是一次博弈，而是重复博弈的时候，地方就可能在行动中具有同等的地位。作为一个统一的国家，中央政府考虑的不只是一个地区的问题，而地方政府往往只考虑本地区的利益，某一地区的税收竞争措施就可能给其他地区带来负的外部性，而中央政府往往要看得更远，可以在其中有所作为。资本在地区间的配置不仅取决于本地税率，还会受到周边其他地区税收政策的影响，即地区间会在税收市场上进行博弈，而地方政府利用税收手段的博弈行为，不仅对资本、劳动力等经济要素的区域配置产生影响，而且会使不同地区经济发展潜力产生差异，从而引起宏观经济的波动。

随着经济全球化的不断深入，主权国家之间的国际税收竞争正成为国际社会日益关注的问题，应对恶性税收竞争的冲击已被逐步提上各国政府和经济组织的议事日程。欧盟和 OECD 已分别于 1997 年和 1998 年通过了关于恶性税收竞争的报告，这两个报告的共同目标在于制定恶性税收竞争的判定标准和消除措施，从而最大限度地减少国际税收竞争的不利影响。这些举措无疑对其成员国税收政策的制定和成员国之间的税收合作产生了深远的影响。

例如，OECD 是发达国家之间的经济合作组织，共包括 30 个重要的发达国家，美国、日本、英国、加拿大等都是其成员国。20 世纪 80 年代，美国里根政府就曾通过降低税收的手段吸引外国直接投资，后来的英国、爱尔兰等国也随即效仿，从而掀起了税收竞争的浪潮。许多发展中国家由于资金缺乏，也纷纷降低税率以吸引外国资本。但是并非所有国家都愿意通过这种方式来吸引投资。许多高税率的发达资本主义国家如法国、德国、日本等表示强烈反对，认为税收竞争将导致政府财政收入的减少，从而进一步导致公共物品提供的减少。从 20 世纪 90 年代起，OECD 对各种税收优惠政策特别是避税港的税收政策表现出极大的关注。1996 年 5 月，OECD 成员国部长会议要求 OECD 制定切实有效的措施，抵制避税港有害的税收竞争造成的投资和融资决策的扭曲及其对其他国家税基的侵蚀。1998 年，OECD 公布了《有害税收竞争：一个正在出现的全球性问题》，界定了有害的税收优惠制度和避税港概念，并提出了一些建议措施以抵制有害税收竞争。

由此可知，政府可以有不同的组织方式，政府之间可能有不同类型的等级关系政府之间的税收竞争以及战略互动的结果通常在很大程度上取决于本章列举的各政府之间的关系类型以及所牵涉的互动类型。

复习题

1. 请用文字说明拥堵公路的利润最大化收费模式，并指出它与福利最大化收费模式的不同之处。请问在哪种特定情况下,这两种收费模式下的收费水平会一样高?

2. 基于上题答案,如果让一条公路的私人经营者放弃部分所有权,即其只对几条车道收费而对其他车道不收费,这对社会福利而言是好事吗?为什么?

3. 考虑一条靠近边境的收费公路,这条路只供本国的汽车司机使用,但是,道路使用对环境造成的损害有一部分发生在境外。请解释政府在这条道路上设定的道路收费水平将会如何偏离全局最优的道路收费水平?就辖区之间的相互作用类型而言,是哪种机制在起作用?

4. 现在,同一条公路对外国司机开放,外国司机也开始上路驾驶。请解释此时你对前一个问题的回答是否保持不变?如果变了,现在又增加了哪种新的作用机制?

拓展阅读文献

[1] Edelson, N.E. (1971), "Congestion Tolls under Monopoly", *American Economic Review* 61 (5):872-882.

[2] Borger, B. D., & Proost, S. (2012), "Transport Policy Competition between Governments: a Selective Survey of the Literature ☆ ", *Economics of Transportation* 1 (1-2): 35-48.

[3] De Palma, A. & R. Lindsey (2000), "Private Toll Roads: Competition under Various Ownership Regimes", *Annals of Regional Science* 34 (1): 13-35.

[4] Wilson, J. (1999), "Theories of Tax Competition", *National Tax Journal* 52:269-304.

第4章 | 运输市场势力

本章提要

　　本章首先讨论市场势力问题是市场失灵的重要原因；其次讨论随着垄断程度的加深，在垄断市场与寡头市场上市场势力的来源、企业拥有市场势力时的行为；再次讨论为了管制市场势力，政府可以采取哪些具体的干预手段，这些手段相应的福利效应；最后引入两个重要的交通运输市场——自然垄断的铁路运输市场和通常具有寡头垄断结构的航空运输市场，讨论了市场势力的来源、影响及应对。

学习目标

　　1. 理解运输市场中市场势力的概念，以及市场势力对市场有效结果的影响。

　　2. 掌握市场势力的来源以及相关影响因素的作用机理，理解价格歧视、垄断租、租金分享、"X 非效率"和资本化，并了解垄断租往往会在长期内消散。

　　3. 重点掌握自然垄断的铁路运输市场牵涉的市场势力、面临的经济困境、可以采取的相应政策以及这些政策的效果。

　　4. 重点掌握寡头垄断结构的航空市场牵涉的市场势力、面临的经济困境、可以采取的相应政策以及这些政策的效果。

4.1 引言

前三章论述了基于经济学视角的外部效应及其管制。然而，外部效应并不是唯一与运输市场有关的市场失灵现象，因此也并不是政府出于经济原因对这些市场进行干预的唯一理由。本章侧重于讨论一种不同类型的市场失灵，即市场势力导致的市场失灵，这特别适于分析私人道路交通以外的其他交通运输模式。在大多数提供运输服务的运输市场，其实都存在一定的市场势力。当然，其垄断程度基于市场形态，包括单一垄断（例如，一个公司供应所有铁路服务）、寡头竞争（例如，在航空市场，几家大公司垄断所有的市场并相互竞争）和垄断竞争（如道路货物运输市场，许多厂商生产并出售相近但不同质的商品），而有所不同。

与外部性一样，市场势力通常会导致市场失灵，因此也需要某种形式的政府干预。并且，正如分析外部性一样，在对市场失灵隐含的福利效应、各类政府干预的合意性进行可靠的经济学分析时，要谨慎地识别市场势力存在的根本原因，还要谨慎地确定隐含的对该市场中企业与消费者行为的影响。

本章将通过考察两种交通模式来讨论上述问题，其共同之处是过去几年中它们都引起了经济学家、政策制定者和广大公众的广泛关注。这两种交通模式就是铁路运输和航空运输，前者往往形成自然垄断市场，后者则通常形成具有寡头垄断的结构特征的市场。

我们简要地回顾关于市场势力的一般经济学知识。接下来，我们将讨论运输市场中市场势力的重要来源，当然，这些市场势力往往与铁路和航空市场有关。最后，我们将关注一些影响铁路运输市场和航空运输市场经济运行的更具体的因素，并从经济学角度来确定其政策影响和效果。

4.2 市场势力：简介

在考虑市场势力对运输市场的影响之前，本节首先简要回顾一下关于市场势力的一些基本经济学分析。

4.2.1 一系列市场结构

微观经济学教科书分类列出了许多不同的市场结构类型。这些市场结构的主要区别体现在市场内活跃的厂商数量以及由此而来的厂商的市场势力规模上。经验法则表明，市场中厂商数量越多，厂商的市场势力越小，市场竞争就相应越激烈。图4.1 显示了被广泛讨论的四类最重要的市场结构。

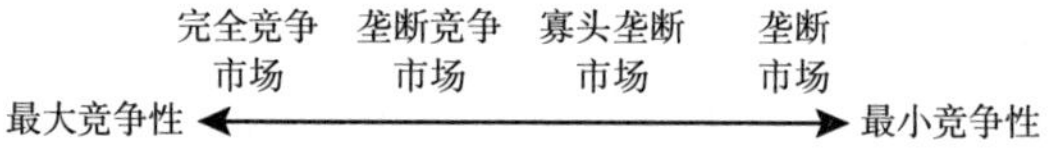

图 4.1 按竞争性排序的主要市场结构

图 4.1 中最左侧是完全竞争市场，在这种市场类型中，大量小型（"原子"型）厂商供应无差别的产品。只有在建立或关闭一家厂商没有固定成本，而且规模报酬不变的情况下才能产生这种市场结构。因此，自由进入或退出将使得市场在均衡状态下实现零经济利润（正的经济利润会吸引新厂商进入，而负的经济利润会使现有厂商退出市场）。单一厂商无法控制市场价格：价格低于市场价格将导致亏损（因为更多厂商自由进入会将价格降至平均成本，从而使利润降至零）；价格高于市场价格时消费者将立即转向其竞争对手，因此他们只能接受市场均衡价格。这是一种最具竞争性的市场结构。这类市场结构的行业供给函数与长期边际成本函数一致。由于规模报酬不变，长期成本函数简单地等于平均成本函数，因此也是水平的。所以，市场均衡会表现出有吸引力的属性 $mb = mc$，市场均衡是有效率的。

在垄断竞争市场中，市场上虽然依然存在数量众多的厂商，但是通常其能提供有差异的（可能差异很小）产品，所以有可能制定不同的价格。因此，这些厂商面临着向下倾斜的需求函数。然而，自由进入和退出市场同样会将市场均衡的经济利润拉低至零，同时，市场中依旧有许多厂商并存，它们之间并没有策略互动。

在寡头市场中，厂商的数量如此之少以至于厂商之间存在策略互动。厂商在制定产量和 / 或决定价格时，会明确地考虑到其竞争对手的决策，并且对这些决策做出最优反应。厂商在制定决策时也会将其竞争对手对自己决策的预期反应考虑进去。

垄断市场是最不具竞争性的市场结构：只有一家厂商活跃在市场上，而且假设没有其他厂商进入带来的威胁，即存在进入壁垒。厂商的决策将变得简单，因为厂商可以自由选择利润最大化的价格和产出水平，而不必担心其市场份额被竞争对手夺取。

市场势力对企业行为的影响可以很容易地进行如下说明。考虑一个垄断厂商面临一条向下倾斜的需求函数，因此通过使边际成本 mc 等于边际收益 mr 的方式来实现利润最大化[1]。因为边际收益不等于边际效益 mb[2]，所以最终的市场价格和产出水

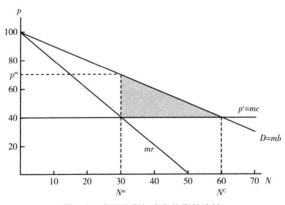

图 4.2　垄断均衡与竞争均衡的比较

---

〔1〕　只要 $mr>mc$，增加产出就会增加总利润，因为增加产出带来的额外收益 mr 超过了额外成本 mc，$mr<mc$，反之亦然。

〔2〕　后面的式（4.1）告诉我们，$mr = D + N \cdot D'$，这意味着 $mb = D > mr = D + N \cdot D'$（注意 $D' < 0$，因为反需求函数是向下倾斜的）。

平并不是有效率的，并且不会最大化社会剩余。

如图 4.2 所示，假设一个垄断厂商恰好面临前面例子中使用的反需求函数，但是其边际成本恒为 40。N 现在可以表示航空公司在特定路线上或铁路部门在特定列车上运载的乘客数量。对于一个线性的反需求函数 D，相应的边际收益函数与 D 有相同的截距，但斜率是它的两倍[1]。在 mc 固定的情况下，垄断者的产出 N^m 恰好是竞争产出 N^c 的一半（此时 $mb = mc$），并且，只要需求函数向下倾斜，相应的垄断价格 p^m 必将超过竞争均衡价格 $p^c=mc$。由于垄断（而不是竞争性供给）造成的社会剩余损失由阴影三角形给出，与此前所做的分析类似，可以通过计算从 N^c 到 N^m 的总效益损失和总成本节约得出其数值。

也可以从数学上描述垄断均衡的特征。由于反需求函数 $D(N)$ 给出了一定产出水平下的价格和平均收益，总收益 R 可以写成 $R(N) = N \cdot D(N)$。边际收益就是 R 相对于 N 的导数。微积分法则告诉我们，边际收益等于：

$$mr = D(N) + N \cdot D'(N) \qquad (4.1)$$

$D(N)$ 给出了销售最后一单位产品的收益；$N \cdot D'(N)$ 表示销售除最后一单位之外的其他单位的较低收益，因为价格必须降低才能卖出最后一单位产品。我们可以通过用需求弹性 ε 替代表达式来将（4.1）重写成一个熟悉的形式。

$$\varepsilon(N) = \frac{\mathrm{d}N}{\mathrm{d}p} \cdot \frac{p}{N} = \frac{1}{D'(N)} \cdot \frac{p}{N} \Leftrightarrow \frac{1}{\varepsilon(N)} = D'(N) \cdot \frac{N}{p} \qquad (4.2)$$

请注意 ε 通常取决于 N，当然也不一定沿着需求函数始终是常数。当我们将式（4.2）和 $D(N)=p$ 代入式（4.1）时，我们发现：

$$mr = p \cdot \left(1 + \frac{1}{\varepsilon} \right) \qquad (4.3)$$

然后得出当 $mr = mc$ 时，得到利润最大化产出，或者：

---

[1] 读者可以按下列方式进行验证。反需求函数 $D = d_0 + d_1 \cdot N$，意味着收益是 $R = N \cdot D = d_0 \cdot N + d_1 \cdot N^2$。对 R 求关于 N 的微分，得到：$mr = d_0 + 2 \cdot d_1 \cdot N$。

$$p^m \cdot \left(1 + \frac{1}{\varepsilon} \right) = mc \qquad\qquad (4.4)$$

其中 p^m 是垄断者的最优价格。式（4.4）显示了价格对于边际成本的垄断加成如何随着需求弹性的降低而增加（即当 ε 不断自下接近 -1）时，[1] 这种加成通常表示为"勒纳指数"：

$$\frac{p^m - mc}{p^m} - \frac{1}{\varepsilon} \qquad\qquad (4.5)$$

古诺寡头垄断或垄断竞争下的市场势力的定性福利效应与图 4.2 所示的相差无几，尽管在其他市场结构下，竞争性价格及产出与存在市场势力时的价格及产出之间的差异通常小于完全竞争与纯粹垄断之间的差异。实际上，正是边际效益（mb）与边际收益（mr）之间的差异导致具有市场势力的厂商提供的产出低于有效产出水平，并且能够索取高于 mc 的价格水平。[2] 相关的无效率反映了市场势力导致的市场失灵。

作为一个练习，读者可以验证图 4.2 中所示利润最大化均衡的正确性。对于 $D = 100-N$ 和 $mc = 40$，在 $N^m=30$，$p^m=70$ 的情况下，应在式（4.1）和式（4.3）中检验 mr 是否确实等于 mc。

4.2.2 价格歧视

上述市场势力下的定价分析假设企业只能收取单一的价格。但是，当一家企业有市场势力，能够识别不同的消费者并防止他们之间的转售行为时，公司往往会发现实行价格歧视是有利可图的。也就是说，当对同一产品的不同消费者收取不同的价格时，或者更一般地说，当相对利润率随着销售单位的不同而变化时，就存在价

---

[1] 对于缺乏弹性的点弹性 $-1 < \varepsilon \leqslant 0$，利润最大化均衡不会发生，因为总收益会随着供给量的减少而增加，并且相应价格会上涨。

[2] 这一结果的一个显著例外是伯特兰竞争下的寡头垄断，即寡头垄断者采用价格竞争而非产量竞争。在最简单的情况下，企业相同，产品相同，平均成本和边际成本不变，均衡将带来有效的价格，其刚好等于边际成本。直观理解即为市场价格较低的寡头垄断者能够占领整个市场。每个企业都会因此设定低于竞争对手的价格，直到价格等于所有企业的边际成本为止。

格歧视。请注意，并非每种形式的价格差异都意味着价格歧视，实际上，当边际成本在各个子市场之间并不相同时，缺乏价格差异反而意味着价格歧视的存在。价格歧视有不同的类型，我们现在简要回顾一下各种类型的价格歧视。

一级价格歧视

价格歧视的一种极端形式是"完全的"价格歧视（或者说"一级价格歧视"），在这种情况下，企业能够对每个销售单位收取不同的价格，而每一单位的定价刚好等于该销售单位的边际支付意愿。垄断者采用这种极端形式的市场势力来开拓市场也许违反直觉，但与图 4.1 所示的标准垄断结果相比，这种定价方式不会导致额外的市场效率损失。相反，它会带给我们一个有效率的产出结果 N^c。直观解释是，完全价格歧视下的垄断者将沿着图 4.1 的横轴按 $D = mb$ 函数暗示的价格销售每一单位产品。因为垄断者不再需要在出售下一个单位产品时降低其他"先前"的非边际单位的销售价格，所以只要 $D > mc$，就会发现为所在的市场提供产量是有利可图的，一直到产量等于 N^c 为止。

由此产生的社会剩余将等于完全竞争市场下的社会剩余，但福利的分配将发生显著变化：消费者剩余将完全被垄断者"掠夺"，并已降低至零。因此，虽然就效率而言，结果可能是可取的，但在分配方面可能并非如此。

三级价格歧视

在实践中，完全的价格歧视通常是不可能真正实现的，因为无法完美度量边际支付意愿。但是，垄断者仍然可以成功地向不同的消费群体收取不同的价格。这就是所谓的"三级价格歧视"。从企业的角度来看，只要消费者子群体的需求弹性不同，这种定价模式就变得很有吸引力。式（4.5）中的勒纳指数表明，如果一个公司可以区分不同的用户群，那么它对于需求弹性较小的用户将会使用更高的价格加成。

如图 4.3 所示，有两组具有不同需求函数的消费者。A 组具有与图 4.2 相同的需求函数，因此可以找到同样的利润最大化价格和产量。B 组的反需求函数 D^B 有较小的截距（60），但是与 A 组的斜率（-1）相同。对于 mr^B 也是如此，所以对应每个 p，B 组的需求更具弹性[1]，因此，如果两组适用同一个 mc，则可以找到一个较低的利润最大化价格。读者可以再次根据式（4.1）和式（4.3）计算 mr 并将结果与 mc 进行比较，从而验证 B 组的利润最大化产出（10）和价格（50）。

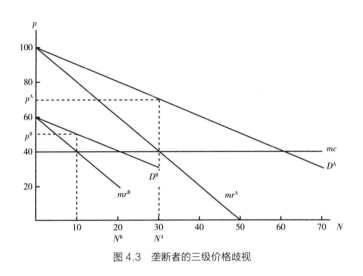

图 4.3　垄断者的三级价格歧视

成功的价格歧视要求消费者可以被识别为属于某个群体，并且可以防止转售的发生。在运输市场中情况往往正是如此。

对于公共交通而言，客户可以很容易地按年龄被区分开来，这表明针对老年人的折扣优惠（老年人的公共交通需求通常更有弹性）可能是利润最大化策略的一部分，而不只是一个符合社会公德的姿态。由于运输服务的不可储存性，通常也可以通过出行动机来区别旅客的身份，在高峰之外使用折扣价格可以很容易地"剥削"通勤高峰期旅客的无弹性需求，当然，高峰期和非高峰期票价之间的价格差异并不都反映真正的价格歧视，这是因为运输容量在高峰期是超负荷的，在非高峰期则是不满负荷的，所以边际成本可能会有所不同。同时，在列车上使用多种等级座位也是价格歧视。的确，当一等座为顾客提供更多便利时，边际成本肯定会有所不同。但是，对于公司的利润最大化目标来说，价格歧视的一个衍生好处是，通常商务旅

---

〔1〕　这强调了需求弹性与需求函数的斜率有关，但是二者并不相同。

客和高收入群体选择头等舱，可以认为这两个群体是对价格不敏感的，因此，票价可以在不同座位等级之间进行差别更大的区分，而不只出于对成本的考虑。

价格歧视也在航空领域被广泛实行如采用多舱位，出于与公共交通相同的原因，提供了将乘客按收入组别和出行目的区分开来的可能性。机票通常是预先购买的，这又提供了其他的区别乘客的可能性。游客倾向于提前计划行程，并且他们比商务旅行者更加关注价格，这是航空公司有理由向早期预订提供较低票价的一个原因。与此同时，只有极少数商务旅行者愿意冒着因为航班已经全部订满而错过重要会议的风险，这就解释了为什么在最后时刻非常便宜地出售最后一个座位也是明智的，此时，市场通常主要由高度价格敏感的背包客组成。此外，由于大多数游客会在周末旅行欣赏景点，而经验丰富的专业旅行者往往不希望每次都由于要旅行而失去一个可以好好休息的周末，因此，多数航空公司根据星期六晚上是否在目的地消费来收取不同的价格，这样同样是有利可图的。

二级价格歧视

在讨论了"一级价格歧视"和"三级价格歧视"的例子之后，"二级价格歧视"当然也要考虑。"二级价格歧视"是指，对于个人消费者来说，单位消费的价格随着消费单位的增加而下降。基本原理是每个消费者为他最想要的单位支付较高的价格，而对不太想要的单位支付较低的价格，也能使公司在这些单位上获得利润，而不必降低该消费者购买的所有单位产品的价格。这种价格歧视与"两部收费制"密切相关，两部收费制是指消费者先一次性支付入场费用，接下来再对购买的每单位产品支付价格。当然，两者并不完全相似，但是二者的相似性在于平均价格都会随着消费更多单位产品而下降。

这些类型的定价也经常在运输市场上使用，尽管确切的形式往往与教科书定义的略有不同。例如，公共交通习惯于提供季票，消费者可以据以按折扣价格购买车票。消费者当然可以自由决定是否购买季票，但是当他们这样做的时候就表明自愿地加入两部收费制的消费计划，购买季票有一定的成本，接下来每次消费又将消耗一定量的季票内积分或充值金额。

航空运输的例子是使用飞行常旅客计划，它通常可以根据乘客旅行里程的增加而提供更多的服务和特权。除了将消费者与企业绑定这样的直接目标之外，这种优惠服务可以看作试图降低最近一次出行的"广义价格"。

4.2.3　垄断租

图 4.2 显示了垄断者的利润最大化产出决策，及其相对于竞争性定价的社会剩余损失，但是没有显示利润有多大。为了确定这一点，我们必须增加一个成本函数，即平均生产成本 ac。当建立一家企业需要大量的固定成本时——对于垄断者通常如此，否则垄断者很快就会面临竞争对手—— ac 函数通常具有如图 4.4 所示的形状。对于这个函数，我们假定 mc 仍然是常数且等于 40（如图 4.2 所示），此外固定成本 fc 等于 600。所示的平均成本函数变为 $ac = fc/N+mc$，或者在例子中，$ac=600/N+40$。

给定 N^m，平均成本 ac^m 为 600/30+40=60，总利润可以确定为 $N^m \cdot (p^m-ac^m)$ =30×（70-60）=300。这个总利润显示为图中的阴影面积。请注意，它也可以计算为总收益 R（30×70=2100）减去总成本 C（$=fc+N^m \cdot mc$=600+30×40= 1800）。

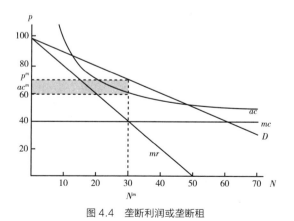

图 4.4　垄断利润或垄断租

竞争的缺乏使得垄断者获得超额利润。这些利润通常被称为"垄断租"。不幸的是，对垄断厂商而言，一部分超额利润经常会因为各种各样的原因随着时间而消失，这些原因常常和运输市场紧密相连，下面简要地讨论一下。我们仍然举垄断者的例子，但类似的说法也适用于寡头垄断企业。

寻租

垄断存在的一个原因是，政府政策简单地限制或禁止竞争对手进入市场（参见下面的第 4.3.1 节）。在这种情况下，垄断者当然希望政府的政策不发生改变，因为这会危及垄断企业的利润。减少政策改变可能性的行动包括各种各样的游说活动，如聘请专业的说客、食客与政府代表商谈以及进行相关信息收集等。在极端情况下，垄断者发现，为了维持自己的垄断地位，对游说活动进行一笔不超过垄断租的投资是值得的。这种行为叫作"寻租"。寻租通常不会影响垄断者所在市场的边际条件，因此不会影响均衡，但是它会降低垄断利润的整体规模。虽然有些人可能会从寻租行为中获益，但一般寻租被认为是一种非生产性的资源浪费，意味垄断势力造成了一种经济无效率。

租金分享

当一家企业拥有垄断地位时，它就有能力获得垄断租，这常常是广为人知的。其他经济主体在与垄断企业打交道时可能会利用这一点，希望自己能从中分得一杯羹。工会就是一个很好的例子。对于竞争性企业来说，工会通常会在为会员征取更高工资这一直接利益与企业破产风险之间进行权衡，因为后者造成的失业当然也是工会成员不想要的结果。对于垄断企业而言，工会可能意识到在跟企业洽谈更高的工资和更有利的附加福利时有更大的谈判空间，因为垄断租的存在将使垄断者不会轻易破产。因此，在垄断市场中常常看到一个强势而有力的工会联盟，运输行业也不例外。每一个比竞争性市场合约更好的合约都是租金分享的成功案例。

首先，租金分享会减少垄断租的最终大小；其次，租金分享提高边际成本（如提高工资的例子）会导致一个比没有租金分享时的垄断均衡价格更高的价格以及一个相对更低的产量（考虑在图 4.4 中 ac 和 mc 上升的影响）。租金分享可能会加大垄断势力造成的效率损失。

X 非效率

因为垄断者不必担心被竞争对手抢走市场份额，有效运营的激励对于垄断者来说通常比竞争厂商要小。由此产生的"X 非效率"可能来自整个组织的劳动生产率水平偏低、管理理念落后、寻求最好原材料供应商的激励不足、声名匿然而非生产性活动的预算过大（"镀金"行为）和实现产品与工艺创新的动力不足。与租金分享一样，"X 非效率"进一步降低了垄断租的大小，同时也可能提高边际成本，从而导致更高的价格和更少的产出。

资本化

垄断租可能随着时间推移而消散的最后一个原因是资本化，指通过收购经营权获得垄断势力（如通过拍卖获得特许权）或从现有的垄断者手中购买证书等情况（如局部垄断）。垄断者再次发现将报价推高到垄断租的水平以获得垄断地位是值得的。其中一些效应类似寻租：超额利润将会减少甚至消失，但价格和产出水平不太可能受影响（假设垄断经营权简单地归于出价最高者，而赢得这一权利的机会不受垄断者期望的价格和产量的影响）。资本化与寻租的一个区别在于，前者牵涉的是转移而非对金融资源的浪费，其效率损失会小一些。而且，如果垄断经营权的拍卖有足够的竞争，结果可能是租金分享和 X 非效率弱化，因为其超额利润在生产开始之前其实已经消失了。

综上所述，我们列出了垄断租可能随着时间推移消散的四个原因。当上述这些情况发生时，实施旨在使垄断者更接近竞争均衡的政策的可能性就降低了，认识到这点很重要。在垄断租全部蒸发的极端情况下，垄断者只能在一个点上生产以避免损失，这个点就是垄断均衡。只有从长远来看租金共享和"X 非效率"等情况能够被减少时，垄断企业才能在其不断接近竞争均衡点时避免损失。

4.2.4 小结

市场结构可以根据竞争程度进行区分。常见的市场类型按竞争性降序排列依次为完全竞争市场、垄断竞争市场、寡头垄断市场和垄断市场。当一个企业拥有市场势力时，它通常会使边际收益等于边际成本来寻求利润最大化。因为市场效率要求边际收益等于边际成本，所以垄断最终的结果通常不会使社会剩余最大化。

一个有市场势力的企业可能会发现进行价格歧视是有利可图的，特别是当企业能够识别消费者、阻止转售以及子市场的需求弹性有所不同时。对于有市场势力的运输公司来说，这些条件往往能够得到满足，因此我们经常可以见到运输市场上存在价格歧视现象。尽管价格歧视反映了企业对市场势力的运用，但并不必然加剧效率损失。相反，完全价格歧视甚至可能使供给量达到竞争性均衡水平，尽管此时的福利分配与竞争性供给截然不同。

市场势力通常使公司有可能赚取超额利润，但是，由于寻租、租金分享、"X 非效率"或资本化的存在，这些垄断租往往会在更长的时间内趋于消散——至少在某种程度上，特别需要注意的是，前三项可能会加剧市场势力的效率损失。

4.3 市场势力的来源

在市场势力下持续存在的超额利润当然会引起一个问题，为什么没有任何竞争者进入市场来设法获取这些利润，相关的阻碍是什么？

这些阻碍通常可以分为三类：政府政策、规模经济和关键投入品的控制。这些都与交通运输市场势力的解释有关，也在电力、水利、电信等"网络市场"中发挥着重要作用。为了更好地理解拥有市场势力的企业的行为，以及更加扎实地分析政府对这些市场势力做出的实际反应及可能的反应，有必要了解企业市场势力的根本来源。因此，本节将更深入地讨论这些问题，并把重点放在前两类障碍上。

4.3.1　由政府政策产生的市场势力

既然市场势力会引发低效率，那么政府还会推行政策而形成市场势力，这似乎有些奇怪。但是事实上，这种情况经常发生，也有经济学理论（有时是有效的，有时不是）支持政府限制企业进入市场，至少将现有企业因此产生的市场势力当作不受欢迎的副产品接受下来。本节讨论这些政策背后的因素。

（1）市场不稳定

传统上限制企业进入交通运输（和其他）市场的一个重要动机是对市场不稳定的恐惧。市场不稳定有多种定义。就我们目前的分析而言，如果不存在这样一种均衡，既没有激励因素使外部企业进入市场，也没有激励因素使现有企业离开市场，那么就可以宣称市场是不稳定的。简言之，就市场上活跃的企业数量来看，并不存在稳定的均衡。[1]

我们可以通过对前一节的模型进行一个小改变来说明这一点，用一个上升的边际成本 mc 曲线代替常数 mc。如图 4.5 所示，平均成本函数现在将是"U 形"，因为边际成本 mc 函数按照定义将穿过平均成本 ac 的最低点 ac^{min}。对应此点的产出水平 N^e 有时被称为企业的"有效规模"，这有些令人困惑，因为 N^e 只涉及企业的成本效率，并没有考虑整体的经济效率——后者要求考虑消费的好处。因此，我们把 N^e 称为企业的成本有效规模。

我们选定边际成本水平 mc，在此项边际成本下，垄断企业选择与以前相同的产出水平，即 $N^m = 30$，进而设定相同的价格，$P^m = 70$。现在用阴影区域表示的利润比前面的例子中要大一些，因为 ac 函数是不同的。注意利润最大化通常不会促使垄断者以成本有效的规模 N^e 生产。这再次强调了不仅成本而且需求特征也会影响垄断者的产出决策。

---

〔1〕 "蛛网模型"中对市场不稳定的定义则是完全不同的。"蛛网模型"表明了，如果供给是相对有弹性的，而需求是相对无弹性的，同时一个给定时期的供给量只取决于上一期的市场价格，而完全不考虑供给者的前瞻行为，一个标准的竞争性市场如何变得不稳定而最终无法实现均衡。

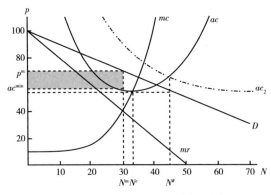

图 4.5 市场准入不受限制时的市场不稳定

如果市场是可以自由进入的，每一个完全相同的公司都可能会进入，又会发生什么？候选进入者肯定会受到诱惑而进入。由于知道 $ac^{\min}$ 在 p^m = 70 以下，若选择进入市场，可以将产量定为 N^e，并将价格定得略低于现有企业的价格，这样肯定会获得利润。现有企业将很难通过定价来阻止这种进入。进入对于后来者总是有利可图的，除非现有企业作为垄断者也将价格设定为 $ac^{\min}$。但在相应的需求 $N^\#$ 下，由于该处的 ac 超过了 $p = ac^{\min}$，这会产生一个损失。即使可以限制产出从而以某种形式将需求定量配给在 N^e 以避免上述损失，令 $p = ac^{\min}$ 显然会拿走所有的利润，因此，即使潜在的竞争对手"近在眼前"，垄断者也不可能选择这个价格。

然而，在我们的例子中不可避免的是，一旦新进入者开始运营，两家公司中至少有一家会出现亏损，而这与竞争类型（例如伯特兰竞争、古诺竞争甚至串谋）无关。图中第二条虚线 ac 曲线即 ac_2 说明了这一点，它给出了市场中有两个企业时可能的最小平均生产成本，考虑了市场中有两个企业时的双重固定成本，并且使用了两个企业并存时可能的最小边际生产成本（假设对于每个 N，产量在两个企业中平均分配）。因为它完全位于反需求函数上，而反需求函数给出了对应每个 N 的平均收益，所以不存在两家企业都获益的均衡，至少其中一家企业将蒙受亏损。

因此，进入之后，两家企业中的一家迟早因为亏损而不得不终止经营，另一家企业可能会生存下去，周期可能会重新开始。这个市场是不稳定的，因为单个供应商带来的额外利润会吸引其他企业进入，而有两个企业时损失是不可避免的，这导致一家企业退出（该行业）。

为了避免这种浪费性循环，政府可能会限制市场准入。在20世纪的大多数时间里，多数西方国家都对航空市场实施严格的准入限制，对市场不稳定的担忧正是实施市场准入管制的关键原因之一。人们经常认为航线具有很多让航空市场趋于不稳定的特征。在这些特征中，最重要的是个体供应商的成本有效规模通常比市场需求更大，并且市场上每架飞机的固定成本与相应的边际成本相比也更大。

（2）浪费性竞争、价格战和破坏性竞争

即使市场在存在两个竞争者的情况下依然稳定，政府仍会因为担心出现浪费性竞争而禁止进入。在公共交通和航空市场中，浪费性竞争是指多个企业为同一个市场提供服务，但其实一家企业就足以满足市场需求的情形。至少就其消耗的成本而言，任何重复的服务都是社会的浪费。如果所有进入者都会带来巨额的固定成本，而市场中只有一家企业时可以避免这些成本，或者一家企业的规模经济如此之大以至于多个企业为市场提供产品的平均成本反而更高，则很有可能形成浪费性竞争（在下面的第4.3.2节中也可以看到这点）。虽然有人争论说，既然规模经济如此，那么小企业的过度进入几乎不可能发生，然而，政府依旧会将其视为法律上限制进入的动机，并且可能更愿意通过直接管制而非竞争来推动现有企业做出更有效的产出决策。

同时，在可能发生这类浪费性竞争的情况下，价格战很可能随之出现。当企业面临大量固定成本时，剧烈的竞争只会促使它们将价格定在一个高于可变成本而低于固定成本的水平。

为了理解其原因，我们一起来回顾图4.4的例子，想象有两个同质企业除了承担固定的边际成本40之外，还要承担给定的固定成本（fc）。在伯特兰价格竞争模型中，企业以较低的价格俘获整个市场，因此企业都发现只要价格在40以上，价格低于竞争方就是有利可图的。之所以这样是因为相关的报酬如下：

①如果定价高于竞争方，那么就卖不掉任何产品，企业的利润（实际是亏损）为 $-fc$；

②如果定价与竞争方相同，并且假设两家企业平分市场，则企业的利润为 $1/2 \cdot N \cdot (p-mc) -fc$；

③如果定价低于竞争方，那么该企业将占领整个市场，并且利润为 $N \cdot (p-mc) - fc$。

只要企业的价格高于边际成本 mc，那么第三个选项将会产生最大的利润，至少是最少的损失，因此该选项将更受偏好。

在伯特兰竞争模型中，价格战将会以两家企业都收取相同的价格 $p=mc$ 而结束，并且两个企业都因为不能弥补固定成本而蒙受损失（注意，在伯特兰竞争模型中，这个市场由此而不稳定）。在更极端的情形下，为了让竞争方蒙受更大的损失，企业会将其价格暂时降低到边际成本以下，最终让竞争者不得不离开市场，这种情况有时候被称为破坏性竞争，因为其目标是摧毁竞争方，而不只是为了最大化瞬间的利润（如伯特兰竞争所做的一样）。这种策略的一个相关动机可能是树立一个强硬竞争者的威望，以阻止其他企业进入同一个市场，或者进入该企业活跃的其他市场。政府可能认为这样的价格战和破坏性竞争长期内对消费者和企业都没有好处，因此会试图简单地通过限制进入来加以避免。

对浪费性竞争、价格战和破坏性竞争的担忧也是航空市场规制的重要原因。我们再次强调这种担忧并不总是有根据的，正如我们将在 4.5 节中所看到的。

（3）限制进入的其他动机

在运输市场上其他两个限制进入的动机需要关注一下。

首先，运输并不是没有风险的。当存在着详尽的安全管制安排时，隐性的进入壁垒便会产生，新进入者将发现自己遵守这些管制时面对严格而又昂贵的程序。因此，在航空和铁路运输市场，安全政策可能产生一种实质性（但是迎合人心）的进入壁垒。间接的，出于对安全的考虑，管理者在限制服务提供者之间的竞争上也比较谨慎。这并不是没有依据的，例如价格战会使得企业在提供服务时过于注重节约成本，进而可能引发严重的事故。

其次，在航空和铁路运输行业，广泛存在着交通拥堵。如果现有经营者几乎已经充分利用了机场和轨道的容量，那么当新企业进入时，若想简单地从现有经营者手中拿走一部分容量会遇到一些法律上和程序上的困难。即使为了保护进入者的利益可以将现有经营者的一部分容量拿走，这部分容量也通常是有限的，不足以让新进入者实现规模经济和范围经济，无法成为一个成功的竞争者（下面同样可以看到这一点）。尽管我们在此处将其归因于政府政策，以反映对现有企业突然明显地削减容量分配可能是法律的后果，但是这类隐性进入壁垒也可以被看作现有企业对"关键投入品的控制"。至少在交通容量固定的短期，这可能是运输业市场势力的一种来源。

4.3.2 由规模经济和范围经济产生的市场势力

自由市场上的市场势力可以自发产生，一个根本的经济原因可能是较大的企业可以比众多小企业更有效地达到一定生产水平。在这种情况下，就要提到规模经济（当单一产品由一家企业生产时，其平均成本会随着总产量增加而降低）或范围经济（当两种或多种产品由同一家企业生产时，相关产品的平均成本会降低）。此时，市场进入就会变得困难，因为进入者能否成功进入取决于其是否可以在一个足够大的规模上运营，这个规模允许企业充分利用规模经济和范围经济，并且尽快在不受损失的情况下提供竞争性服务。

在下面的内容中，我们将考查运输市场规模经济和范围经济的众多来源，首先讨论那些与其他类型市场类似的来源，进而延伸到运输市场特定的来源。

（1）运输业规模经济和范围经济的来源

第一，产生规模经济的一个重要原因可能是巨额固定成本的存在。图 4.4 已经阐释了固定成本和不变的边际成本是如何共同导致平均成本随着产出扩大而降低的。

在运输市场上，这种固定成本之所以产生，是因为在运营前有必要建设基础设施。基础设施在使用前通常要求达到一个最小技术规模：在列车在阿姆斯特丹和哈勒姆之间运行之前，整个轨道当然都必须建好。类似的，至少要有一条跑道和一个航站楼，否则没有一架飞机可以从飞机场起飞。在长期内，当对使用基础设施的需求足够大而超过了基础设施投入的最小技术规模时，基础设施的运载容量可以被当作一个可变投入。结果，就一个产业的长期平均成本函数来说，对基础设施运载容量的需求并不总是能够带来显著的规模经济。虽然如此，当对基础设施的最小技术规模的需求相对大时，设施成本可能是在行业层面上存在规模经济的原因，即使在长期中亦如此。在短期内，既定的基础设施成本意味着一家拥有基础设施的运营商的平均成本将随着产出的增加而减少，原因很简单，即这些固定的成本可以被分摊到更多的产出上。我们将在 4.4 节看到这对社会最优定价的营利性有重大意义。

第二，运输市场存在规模经济的又一个原因是需求非常大以至于需要使用更长的火车、更大的飞机。如果更多人同时去乘坐该交通工具，那么每个乘客的平均成本就会降低，这时规模经济就会出现。这样的情况很多。例如，机组人员的数量通常不会随着乘客数量的增长而成比例增长，在一列更长的火车或一架更大的飞机上，永远只需要一个机车长或两个飞行员。此外，就能耗、机器维护、资本成本（对于每位乘客或每吨货物）而言，更大容量的火车或飞机可能效率更高。

第三，更大的产出往往意味着在一天内同一辆车或飞机被频繁使用，这点也挺重要，这会减少拥有（或租赁）火车或飞机的每单位产出的固定资本成本。航空业内著名的谚语将飞机称作"飞行在空中的铝"，这并不是没有道理的。

第四，一家大型运输公司当然可以实现员工的专业化。财务管理、服务调度、维修、票务处理、飞行或驾驶和其他活动，通常由专业员工操作会更有效率（这也适用于其他行业常见的情况）。

第五，运输业可能有显著的范围经济。一个例子是使用同一架飞机运输乘客、货物和快递邮件，为货物或邮件在飞机的货物舱预留空间的额外成本通常低于单独飞行的成本，同时也不会与乘客的可用空间发生冲突。当需求随着时间的推移而变化时，另一个例子出现了，例如，一架可转换用途的飞机在暑假期间可以用来运输乘客，而其他时间可以用作货物运输；一架飞机在夏季可以为夏季目的地服务，冬季为冬季目的地服务。同样的，在基础设施层面，铁路轨道在白天运输乘客，晚上运输货物也是常见的。还有一种范围经济的例子是，当对起点到终点的线路需求不足以要求提供连续服务的时候，同一辆火车或飞机（包括其员工）从同一个起点开发，在两个不同的目的地之间交替使用，列车或飞机可以首先从 A 到 B，其次从 A 到 C，最后又从 A 到 B，等等。

以上每一种情况都可能导致运输行业存在规模经济和范围经济，这些考虑大部分与其他经济部门的说法类似。但是，情况并非总是如此，运输市场上还存在一种不同类型的规模经济和范围经济，我们将在下面对此进行分析。这类规模经济与范围经济来源于运输市场的网络结构。由此产生的网络经济可能是运输市场中市场势力最重要的来源之一，因此值得特别关注。不过，这个讨论可能也在运输以外的"网络市场"具有影响，如电信、互联网、有线电视、电力等。

（2）网络经济：一个简单的例子

荷兰铁路网是一个关于网络经济的简单例子。它涉及两段长途路线，即海牙和鹿特丹之间、格罗宁根和吕伐登之间，这两段长途路线在兹沃勒市同时停止。图4.6 显示了这一网络经济的例子。

图 4.6　简单的网络经济

荷兰铁路利用网络经济,有能力以连接两段长途路线的成本提供四段路线(海牙到吕伐登、海牙到格罗宁根、鹿特丹到吕伐登以及鹿特丹到格罗宁根)的连接。这个行业的网络结构因此可以使供应商实现一种特殊形式的范围经济:只需要建设两段线路就能提供四段从起点到终点的长途路线。每个城市和兹沃勒市之间的服务供给都是通过长途连接提供的,没有任何额外的成本。

这种网络经济起作用必须满足一个重要的附加条件,那就是当使用更长的列车时,每位乘客的每公里乘坐成本降低,否则,也可以在四个城市对之间运行四列单独的列车,每列单独的列车都和兹沃勒相连。正如我们所看到的,这个附加条件通常是满足的。

(3)轴辐式网络:网络经济的另一个例子

关于网络经济的另一个例子来自航空业。假设有一个航空公司想在四个城市之间提供服务,标记为A—D,意味着共有 4 × 3/2 = 6 个城市对。一种可能的做法是提供每个城市对之间的直接连接,这意味着航空公司将必须提供 6 个不同的往返航班。图 4.7 的左图显示了由此产生的完全连接式网络。

另一种做法是,该公司可以只在其本地城市(比如城市 A)以及每个其他城市之间提供服务,不以城市 A 为出发地或目的地的旅行者,仍然可以进行旅行,但是必须在"枢纽城市"中途停留一下。这样,三个不同的往返飞行足以连接这一轴辐型网络中的所有城市对。再者,如果每乘客里程的平均成本随着飞机尺寸变大而下降,这是现实中通常发生的情况,这样的范围经济(仅建设 3 个连接即可提供 6 个

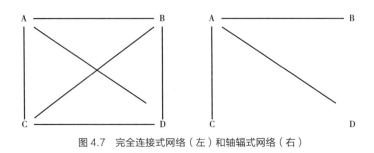

图 4.7 完全连接式网络(左)和轴辐式网络(右)

连接）可能会为航空公司节省大量成本。因此，现在大多数大型运输公司运营的都是轴辐式网络。

随着网络的规模变大，很容易看出轴辐式网络的潜在优势。在 n 个城市中，完全连接式网络将需要 $n \cdot (n-1)/2$ 个往返航班（从 n 个城市的每个城市开始，有 $n-1$ 个城市可以作为目的地，不过，每个往返航班会连接 2 个城市）。轴辐式网络只需要 $n-1$ 个往返航班。图 4.8 显示了随着网络中城市数量 n 的增加，所需往返航班数的潜在差异以递增的速度迅速增加。因此，使用轴辐式网络实现的范围经济可能也与大型航空公司密切相关。

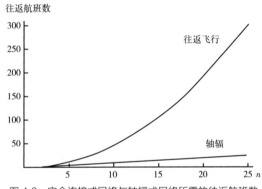

图 4.8　完全连接式网络与轴辐式网络所需的往返航班数

（4）由频率效应产生的范围经济

与定期运输服务相关的最后一个重要的潜在规模经济来源是服务频率的增加，而这种服务频率的增加通常来自乘客量大增。服务频率高时，不仅在一天中更为密集地使用火车或飞机从而可以减少每名乘客的资金成本，而且由于服务更具吸引力，本身也可以带来更多乘客。在这种情况下，规模经济并没有直接反映在运营商的平均成本函数中，而是间接地对其赢利能力做出贡献，因为最终结果是乘客增加了对服务的支付意愿。我们用一个简单例子来说明这一点，一辆电车服务连接两点，潜在顾客不知道确切的时刻表，但知道频率 f，f 以每小时的服务数量表示。

由于不清楚确切的发车时间，潜在顾客在计算服务的一般广义价格时，会考虑自己在电车站的预期等候时间。这个预期等候时间等于 $1/(2 \cdot f)$ 小时：在最坏情况下，电车刚刚离开，旅客将不得不等待下一辆车，需等待 $1/f$ 小时；在最好情况下，他可以赶上电车，等待时间为零。所有在这两种情况之间的等待时间都是以相等概率发生的，所以预期的（平均）等待时间等于两个极值的平均值，即 $1/(2 \cdot f)$ 小时。如果等待时间的价值以 vot^w 代表，则隐含的平均等待成本等于 $vot^w/(2 \cdot f)$。当运营商为更多的乘客提供服务时，通过增加频率可以相应地提高票价，并且获得由此带来的频率效益，同时等待成本 $vot^w/(2 \cdot f)$ 减少。规模经济最初使乘客受益，然后真正成为公司的规模经济。

当然，并不是真要乘客不清楚时刻表才会获得上述好处。当乘客知道时刻表时，也可以实现类似的收益，因为乘客一般可以按照更接近期望的出发或到达时间出行。

最后要注意的是，频率效益和轴辐效益可能会相互加强。在图 4.7 的例子中，如果航空公司从完全连接式网络转换到轴辐式网络，同时保持相同的乘客总数，则使用更大飞机的替代性方案将是增加现有航班的频率。如上所述，这可能有助于提高公司的赢利能力。因此，企业既可以通过提高航班频率，也可以通过运营大飞机来兑现轴辐式经营的优势。一个追求利润最大化的公司在长期中会寻求这两者的最优结合。

（5）政策含义

我们看到了运输市场上有诸多因素会带来规模经济和范围经济，其中一些并不严格要求由单一企业提供产品。另外，在航空公司之间相互竞争的情况下，消费者也可以通过在两个航段上使用不同的航空公司来进行"轴辐式"旅行。但是，连接航班通常不会基于消费者需求进行优化调度（轴辐式航空公司通常在当天安排多个"班次"到达和离开枢纽机场），购票可能变得更加复杂，机票总价可能由于两次直航的机票价格超过转机航班而变得更贵，行李可能更容易丢失。此外，在有轨电车运营商彼此竞争的情况下，乘客更看重的是发车的频率，不管这些电车是由单个公司还是多个公司运营。但是，彼此竞争的企业不一定在每小时中平均地设置发车时间，因此，当服务总量增加时，频率增加的效益对于一个运营商而言可能较小。从这个角度来看，竞争企业优化频率的激励也会较小，因为一部分隐含收益将被竞争对手掠走，而非自己独得。因此，一般而言，当只有一家或几家企业活跃在市场上时，规模经济和范围经济往往才能被最有效地加以利用。

这给政府带来了一个有趣的困境。一方面，利用规模经济是有好处的；另一方面，实现规模经济通常只需要一个或几个运营商，这些运营商因此将拥有显著的市场势力。

在接下来的两节中，我们将从经济学视角找出应对这些困境的政策。

4.3.3 由关键投入品的控制产生的市场势力

关键投入品是一种资源。资源是指可以被企业用来进行开发和利用的物质、能量、信息、技术等客观实在的总称。按照开发利用的程度，资源可以分为潜在资源和实际资源、自然资源和社会资源等。其中，潜在资源是指未开发的资源，而实际资源是已经开发出来的资源；自然资源是指阳光、空气、水、土地、森林、草原、动物、矿藏等，而社会资源是指人力资源、信息资源以及经过劳动创造的各种物质财富等。各种资源均可以作为投入品进入交通运输系统。在运输领域中，各种资源会转化为运输资源，作为重要的关键投入品进入运输系统。以铁路产业为例，铁路的关键投入品包括：①铁路运输专用资源，包括线路、车站、机车、货车、通信、信号等；②铁路运输共用资源，包括土地、人力资源、资金、信息、资金等；③非铁路运输资源，包括农林牧渔、采矿、制造、建筑、物流服务、批发和零售、住宿和餐饮、金融等。

交通运输系统中的交通资源是交通运输活动的基础条件，它包括移动运载设备和基础网络设施以及运输组织等。以铁路为例，基于紧密轮轨关系的生产特性，铁路交通运输系统中的运输资源或交通资源由铁路线路、站场枢纽、机车车辆等构成，其中，铁路线路形成了铁路客货通过能力，站场枢纽形成了列车编组能力，机车车辆形成了铁路客货输送能力。铁路移动设备和固定设施以及调度指挥系统都是铁路固定资产的重要组成部分。

对于各种资源或交通资源投入运输系统中后，就会形成运输生产活动的关键投入品，由于这些投入品具有的专用性、规模经济性和范围经济性等特征，从而对这些关键投入品的控制就会产生相应的市场势力。①铁路运输系统的关键投入品及市场势力：调度指挥系统、铁路网络、动车组及其他关键投入品，在铁路关键投入品能力紧张或市场供求失衡时，会产生相应的铁路市场势力。②民航运输系统的关键投入品及市场势力：空中管制、时刻资源、机队、品牌及其他关键投入品，在民航关键投入品能力紧张或市场供给失衡时，会产生相应的民航市场势力。③公路运输系统的关键投入品及市场势力：路网设施、线位资源、站位资源及其他关键投入品，在公路关键投入品能力紧张或市场供给失衡时，会产生相应的公路市场势力。④水运运输系统的关键投入品及市场势力：航线资源、泊位资源及其他关键投入品，在水运关键投入品能力紧张或市场供给失衡时，会产生相应的水运市场势力。⑤城市轨道交通运输系统的关键投入品及市场势力：线网设施、移动装备、信息系统及其他关键投入品，在城市轨道交通关键投入品能力紧张或市场供给失衡时，会产生相应的城市轨道交通市场势力。

4.3.4 小结

运输业的市场势力来源众多。政府的政策可能是其中之一，根源是惧怕市场不稳定、浪费性竞争、价格战或破坏性竞争。市场势力的可能来源还包括关键投入品的控制。就交通运输市场而言，如果基础设施容量已经（接近于）被充分利用，这种情况至少在短期内可能发生。

规模经济和范围经济可能是自由的运输市场自发出现市场势力的根本经济原因。此时，进入市场变得困难，因为其成功与否取决于新进入者是否能够以一定经济规模起步，这一规模能够充分发挥规模经济和范围经济的好处，进而使运输企业能够很快在不亏损的情况下提供有竞争力的服务。

规模经济和范围经济可能有各种各样的成因。我们讨论了基础设施的固定成本、更长火车或更大飞机的经济性、一天之中更频繁使用火车或飞机、雇员的专业化以及各种范围经济的例子。一个特定的范围经济类型是网络经济，轴辐式网络就是一个重要例子。消费者得自高频率服务的好处可能会带来规模经济，前提是企业能成功地通过提高票价来获取这些好处。

这些规模经济和应对措施给各国政府带来了一个有趣的困境。一方面，利用规模经济和范围经济是有好处的；另一方面，这通常只需要存在一个或几个运营商，这些运营商因此将拥有显著的市场势力，可以将价格定得远高于边际成本。

4.4 自然垄断的管制：铁路

当规模经济和范围经济显著到整个市场可能只由一家企业提供服务才最有效时，就出现了所谓的自然垄断。一个市场在某个产出水平上被认定为自然垄断的技术要求是，当只有一个企业活跃时，产品的平均成本最低。这通常被称为成本的次相加性：将给定的产出水平分配给更多企业将会提高总生产成本，这种情况部分取决于所考虑的产出水平。例如，对于图 4.5 中的 "U" 形平均成本函数而言，市场在 $N = 30$（ac 几乎被最小化）时是自然垄断的，但在 $N = 60$ 时（ac_2 明显低于 ac）则不是。

然而，在本节开始时，我们是有意说 "可能只由一家企业提供服务"，而不是 "将只由一家企业提供服务"。即使只有一家企业服务时市场可能最有效，市场是否能得到最有效的服务也取决于垄断者定价导致的低效程度的大小。

铁路经常被视为自然垄断的例子。在这里，我们假设铁路公司按照上述定义属于自然垄断，由此讨论铁路的经济运转及其经济政策的含义。但是，有必要强调一下，铁路不一定总是自然垄断的。一方面，即使在像荷兰这样一个相对较小的国家铁路是自然垄断的，在整个欧盟层面上也不一定是自然垄断的。事实上，如果企业服务的领域足够大，大多数规模经济和范围经济都将被耗尽，如果一个大公司的管理和沟通变得越来越复杂，就会出现规模不经济的情况，这并非不可能的事情。同样，自然垄断可能会随着时间消失，例如，需求增长到足够大（再次参见图4.5）。因此，我们将铁路视为自然垄断领域，是假设4.3.2节讨论的各种规模经济和范围经济都足够有效以保证这一假设得以成立。

4.4.1　自然垄断造成的三个经济困境

大体上，规模经济和范围经济的存在在某种意义上是"好消息"。通过扩大产量来降低平均成本从而提高效率成为可能，否则效率提升本不可能发生。但是，这同时带来复杂的经济困境，导致在实践中政府的政策倍受批评。我们在本节将讨论三个最重要的困境。

（1）垄断定价带来福利损失

图4.2已经显示政府在处理自然垄断时面临的第一个困境。如果成本结构使铁路确实是自然垄断的话，那么出于成本效率考虑就只允许在市场上存在一个经营者。但是，如果这个经营者的行为符合我们对垄断者的判断，那么价格 p^m 将会定得过高，图4.2中的阴影三角形表示与最优价格 p^c（等于 mc）相比，p^m 导致的社会剩余损失。价格过高的根源是追求利润最大化，相应利润在图4.9中再次由上方较浅的阴影区域给出。因此，第一个困境是，成本考虑会驱使选择单一企业提供服务，而定价考虑则要求避免由单一的追求利润最大化的私人企业为整个市场提供服务。

（2）最优定价带来经营亏损

不过，即使最优价格等于 mc，我们也将面临第二个重要的困境，它会导致企业的经营蒙受亏损，图4.9的下方较深的阴影区域可以简单地计算为最优定价下总成本（$N^c \cdot ac$）与总收入（$N^c \cdot mc$）之间的差异。由于平均成本在下降，mc 根据定

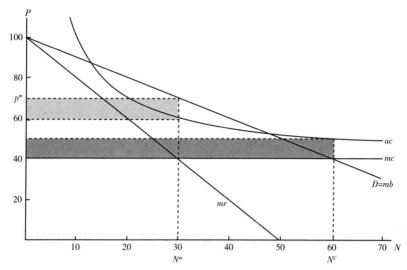

图 4.9　垄断定价下的利润（浅色阴影区）与最优定价下的损失（深色阴影区）

义肯定低于 ac，因此最优定价必然导致损失。因此，任何企业都不能完全有效地为这个市场服务（至少在不允许价格歧视的时候不可能），除非企业能得到补贴。我们将在下一节中探讨各种应对自然垄断的政策选择，届时会进一步仔细审视这种补贴的可能性。

（3）静态成本效率与动态成本效率

图 4.9 中的成本曲线说明在我们的例子中，当只有一家铁路企业时可以实现静态成本效率。但正如 4.2.3 节所论述的，当 "X 非效率" 和租金分享出现时，市场竞争的缺失可能导致垄断者的 ac 和 mc 向上移动。从这个角度来看，第三种困境出现了，即静态成本效率和动态成本效率之间的权衡。静态成本效率提倡只存在一家企业，原因在于此时只会发生一次固定成本；动态成本效率通常会更低一些，因为在缺乏竞争的情况下不能对 "X 非效率" 和租金分享进行限制。

4.4.2　自然垄断的政策选择

由此可见，在自然垄断条件下，自由市场不可能带来有效结果。成本结构可能导致只有一家企业存在，然后该企业预计会设定利润最大化的价格。自由市场不会出现社会最优价格，因为它会导致亏损。需要政府干预的情况显然出现了。过去已经提出并测试了各种各样的干预方法，结果不一。本节将回顾此类政策。

（1）国有企业

应对上述前两个困境的方法之一，就是建立一个为铁路市场服务的国有企业。政府可以简单地要求公有企业将价格设定为 mc，并提供相应的产量 N^c。由于国有企业无须赢利，因此在很大程度上不用担心价格会逐渐向 p^m 靠近。同时，最优供给量带来的经营损失可以用其他来源的税收收入弥补。

在 20 世纪的大部分时间里，许多铁路公司都是国有企业，主要就是出于这些（或类似的）考虑。但是，随着时间的推移，这些安排的一些弊端逐渐显现，促使许多欧洲国家的政策转向铁路私有化。已知的最重要缺点都与普遍缺乏有效经营的激励机制有关。这种激励的缺乏可以归因于各种不同的（有时相互关联的）因素。

首先，政府机构的经营效率一般被认为低于私营企业，因为没有直接的经济利益推动其提高效率，例如，可能存在官僚主义，阻碍创新，阻碍提供充足的服务，并可能夺走持续寻找新市场机会的动力。结果，公共垄断者的"X 非效率"比私人垄断者更糟糕。其次，对于一家受政府补贴的国有铁路公司来说，提高效率的动力可能会格外低，因为它所实现的任何成本降低最终换来的都是等额的政府补贴消减。最后，与拥有多个类似机构（如不同的地方政府）的公共机构不同，单一的国有铁路公司提供的产品是独一无二的，很难通过与类似机构比较生产率来判断公司业绩，因此很难消除对低效经营的怀疑。

（2）对受补贴的私人垄断者实行边际成本定价

第二种方法是允许一家私人公司经营铁路，但实行价格管制，规定按照边际成本定价，赤字可以由一般税收收入来补贴。这种安排会消除一部分对公共垄断的反对意见，即对一般国有企业的质疑，但是不能消除全部反对意见。特别是补贴仍然意味着提高效率、创新和市场开发的动力微乎其微，甚至不存在，因为任何由此产生的利润最终都将通过所获得的补贴被削减而被"掠夺"。此外，在确定最优价格和所需补贴时，可能存在信息不对称问题，因为政府可能难以甚至无法观察"真实"的边际和平均成本函数。即使私人公司对此有完全的信息，也会有动力向政府提供不正确的信息，从而获得更高的补贴，并被允许收取更高的价格。这就意味着，企业在经营上所做的投入不得不变少，而长期的利润则不管怎样都由于得到补贴而保持为零。[1]

（3）私人垄断者的回报率管制

回报率管制将允许私人垄断者获得投资资本的"合理"回报率，因此可以被看作引入某种形式的平均成本定价，即不允许有超额利润，并且投资资本的合理回报率可以看作必要的，以弥补投资资本的机会成本。

图 4.10 显示了平均成本定价下的市场均衡。与竞争性结果相比，其存在的福利

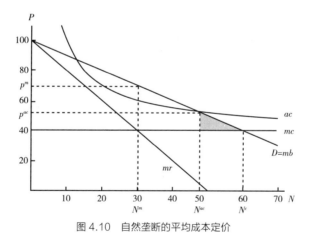

图 4.10　自然垄断的平均成本定价

---

[1]　一个重要的政治因素是公共交通是一种"社会性的"甚至"有益的"商品，"太重要以至于不能留给市
　　　场"。我们可以探讨这些观点的经济合理性。例如，食物也是一种重要的商品，但我们不在国有农场生产。
　　　可能为一些偏远地区或者一些弱势的社会群体建立公共交通联系是重要的，但这并不一定意味着它应该
　　　是：①铁路运输；②由公共企业提供。此外，当这些偏远地区或弱势群体在公共交通连接和相关净成本的
　　　等值现金之间进行选择时，他们并不必然选择公共交通连接。换句话说，可能有更有效的方式来实现可见
　　　的"平等"目标。

损失由阴影三角形表示，不过，这个福利损失远低于垄断定价下的福利损失，原因在于此时价格 p^{ac} 较低，产出 N^{ac} 较高，而且，由于不再需要补贴，所以阻止效率提高的一个原因现在已经被排除。

尽管如此，提高效率的最终动力可能仍然很小或者是缺乏的，因为铁路的长期利润依旧等于零。任何效率增长都意味着运营商的价格降低。如果允许的回报率事实上超过资本的实际成本（即相关的利率），则可能出现新的有关回报率管制的潜在问题。此时，垄断者会被允许在所投资的每一单位资本上都取得边际利润。这意味着资本投入得越多，总利润就会越大。在这种情况下，回报率管制可能会导致有偏差的投入决策，即资本的投入太多，而其他生产要素（如劳动力）的投入太少。

（4）分离基础设施和经营，"在铁路上"引入竞争

当规模经济和范围经济的主要来源是基础设施的固定成本时，一种不同类型的解决方案是分离基础设施的所有权和经营权。基础设施可以交由公共机构负责，公共机构只可以基于边际成本向提供服务的运营商收取"合理"的价格，其余任何赤字都由一般税收收入进行弥补。然后，运营商的固定成本降低可能会完全消除市场的自然垄断性，并且可以"在铁路上"引入竞争（相对于"为铁路"引入竞争，下面将讨论）。如果市场支持两个或两个以上的经营者，那么定价过高的可能性就会降低，至少可以阻止它们进行共谋，特别是如果它们是在价格上竞争（如伯特兰竞争模型）的而不是在产量上竞争的（如古诺模型）时。此外，竞争会重新带来提高效率和开拓市场的激励。

虽然这种安排看上去十分好，但也有人提出了一些意见反对这种安排。一个重要的意见认为，基础设施的固定成本往往并不是铁路成为自然垄断的主要原因，相反，4.3.2 节中讨论的其他规模经济和范围经济可能更为重要，对网络经济来说尤其如此。当网络经济强劲时，铁路基础设施所有权和经营权的分离往往不会消除铁路运营的自然垄断性质。新进入者企图进入市场可能因为公司弱小，无力与现有的铁路服务供应商竞争而受挫；如果进入成功了，现有企业的网络经济因竞

争而受到侵蚀，消费者的境况最终可能会变得更糟。与此相关的是，对于消费者来说市场透明度可能会被降低，不清楚哪个公司服务哪个连接，哪个柜台可以购票。

而且，如果运营自身是规模报酬递增的，那么市场不稳定、浪费性竞争、价格战和破坏性竞争作为铁路竞争的不良副产品可能会通通出现。

在一个更实际的层面上（并非不重要的），铁路基础设施管理与服务运营的分离可能会带来各种运营问题。这些问题各式各样，既包括短期问题，例如维修活动时间安排和发生事故时的沟通协调，也包括长期问题，如新铁路线路的规划以及基础设施和机车车辆的新技术问题。对于这样的问题，基础设施运营商和服务提供商的经济利益可能经常会发生分歧，由于涉及多家公司，交流可能会更加困难。其结果是整体运营和规划的顺畅性不够理想。

如果政府希望偏远地区的铁路服务在无利可图的情况下继续进行——经常出于社会原因而非严格的经济原因，那么一个多少有些特殊的问题就产生了，单个运营商可以通过营利线路交叉补贴的方式相对容易地实现这一点，但是，这些营利路线恰恰是竞争中最有可能降低价格的线路，这意味着当铁路上存在竞争时上述实践变得不太可能。虽然从经济效益的角度来看，这并不一定总是坏事，但是当其他因素对政策制定来说同样重要的时候，这可能被认为是"在铁路上"引入竞争的不良副产品。

总而言之，"在铁路上"引入竞争是否为组织铁路市场提供了一种切实可行的方法，还有待观察。归根结底这是一个经验问题，取决于刚刚讨论的优势和劣势的相对强度。然而，许多专家似乎对这种可能性持怀疑态度，他们认为劣势将占主导地位。

（5）"为铁路"引入竞争

作为最后一个政策选择，我们考虑"为铁路"引入竞争，而不是上面讨论的"在铁路上"引入竞争。"为铁路"引入竞争是指拍卖在特定网络上经营给定年限的特定铁路服务的特许经营权（基础设施通常保留在公众手中）。在拍卖中，候选经营者的出价至少包括以下要素：在网络上提供的服务频率、容量和连接、收取的票价以及运营商愿意支付或组织拍卖的政府要求支付的一次性付款。

"为铁路"引入竞争是想通过拍卖竞标程序来获得理论上的竞争收益，因为候选经营者将面临以尽可能低的价格提供尽可能好的服务的激励。当竞争对手的竞标价格接近竞争结果时，按垄断均衡结果进行竞争是不可能赢得拍卖的。同样，企业内的"X非效率"或租金分享也会降低竞拍胜出的可能性。在中标之后，出于企业自身的利益，企业会避免发生"X低效率"，原因很简单，这会降低利润，同时，由于垄断租在很大程度上已经被拍卖削弱，实际上也不太可能发生低效率。因此，"为铁路"引入竞争将带来实际竞争的优势，同时不会带来"在铁路上"引入竞争的一些劣势（如对网络经济的侵蚀）。如果拍卖设计合理，并且招标程序中不存在勾结行为，"为铁路"引入竞争似乎给应对铁路运输中的自然垄断性提供了一个有趣的解决途径。

但是，还是有一些异议。一类反对意见针对的是设计有效的特许拍卖中可能遇到的一般性困难。因为拍卖通常只涉及数量有限的参与方，不难想象，在拍卖过程中这些参与方可能会找到某种勾结的方式，特别是当多个细分市场的多个拍卖同时进行时，这种事情更容易发生。勾结可能会侵蚀拍卖的一部分甚至大部分具有吸引力的属性。因为如果"参与竞争"的出价人承诺不对某个细分市场进行认真的出价，那么达成最有效出价的激励当然就降低。但是，即使没有勾结，拍卖设计的细节也可能对拍卖结果产生巨大影响，同时，要设计出必然带来最有效结果而不诱发所谓"胜利者诅咒"的拍卖制度也不那么容易。"胜利者诅咒"通常是指拍卖的胜出者可能是对市场发展持最乐观预期的投标人，但是一旦开始运作，就很可能会蒙受损失，因为其预期过于乐观。这类困难也适用于除了铁路运输以外的其他（网络）市场，如电信、电力等。

不过，关于铁路特许经营权拍卖，还有一些更加特殊的复杂情况，这与特许经营的范围选择有关。一种极端情况是，想象一下对荷兰铁路网的每一个可能的线路分别进行拍卖。这不可能带来最优利用网络经济的结果，原因很简单，此时整个铁路网上的运营者过于分散。另一种极端情况是，整个铁路网的经营权被一次性拍卖，很难想象现有企业没有胜出的情况，那时它们的雇员会怎么样，全部失业吗？它们的火车呢，现有企业将不得不寄希望于新企业收购它们吗？从整个社会的角度来看，这些结果可能是极其不受欢迎的。因此，政府为之制定相关的限制也并非不可能，例如，任何拍卖的新胜出者应该接纳现有公司的（多数）劳动力，可能也应当接收它们的火车。但是这些限制规定越详细，从"为铁路"引入竞争中获得的预期受益就越小，因为更有效地运营铁路网的可能性将受到更大的侵蚀。任何在这两种极端之间达成的折中——将铁路网分解成一系列子网——将分摊这两种极端情况的某些劣势。同时，一个复杂的技术经济问题是如何将整个铁路网最优地分割成较小的部分以进行拍卖。

类似的，对于特许经营权应当界定多长的经营时间段也要做出回答。短期的特许经营有其优势，企业由于经营时间较短不易产生"X 非效率"，同时，可以相对频繁地选择更加有效率的供应商；短期特许经营的重大缺陷则在于，转换运营商会更加频繁地产生无法避免的交易成本，同时，运营商由于无法确定自己能否在相当长时间里从投资中受益，投资的激励也会变小。长期特许经营的优势在于，运营期限更符合提供服务所需火车的经济生命周期，企业也更可能从"干中学"中受益；其劣势则在于，由于未来发展的不确定性，公司投标变得越来越难，政府对其进行评估也更难，而且，没有企业能只因为怀有在下一轮竞标中获得特许经营权的希望，就可以在如 20 年的时间中一直被动地做一个铁道运营者，因此，让一个低效运营商继续运营的概率增加，潜在的投标人规模可能总体会缩减。

综上所述，尽管"为铁路"引入竞争可能有很强的理论依据，但其实际的并发症可能相当严重。"为铁路"引入竞争是否为组织铁路市场提供了一个切实可行的方法，这一点也是有待观察的。

（6）当前荷兰的政策

在过去几十年里，荷兰的政策制定者一直在与我们前面讨论的那些困境做斗争。结果往往是推出折中的政策，由于前后不一致而受到批评，其是否为提高铁路市场的效率做出了贡献也受到质疑。目前，旅客运输的情况可以概括如下。客运铁路服务的经营已经与基础设施的所有权及管理权分离，现在由一家独立公司（NS）经营客运铁路，不过国家拥有其所有股份。政界人士经常对 NS 的业绩发表强硬的观点，尤其在服务的准时性、提供的连接及频率以及票价方面。运输部长有可能在实际操作不符合先前协议的情况下要求公司给予偿付。这种设置带来一系列不一致性，荷兰的铁路政策有时可能会导致公司业绩不佳。

首先，政界人士关注独立公司 NS 的业绩表现，往往出于以下考虑：铁路运输应该有助于缓解交通拥堵和公路运输的其他外部性，并且铁路运输是一种"社会"商品，即使从公司角度来看无利可图也应当提供。不管这些观点是否得到拥护[1]，它们似乎与以市场为导向的独立铁路公司的努力不一致，尤其是在铁路运输服务被认为是"标准的"经济商品的情况下。简而言之，不能期望一个私营公司关注相关市场的外部性以及分配问题，原因很简单，这些因素并不能直接帮助公司提高赢利能力。如果处理这些问题被认为是铁路运营的主要目的之一，那么由公共部门提供铁路服务可能更合适，否则，公司和政界人士就最优的连接和频率以及票价产生的强烈分歧可能会持续下去。

其次，国家是唯一的股东有两层有趣的含义。第一，运输部长威胁企业表现不良就会被施以财务惩罚，这个武器相当缺乏伤害力，因为其长期结果只不过是同一笔钱缴纳了罚款就不能再作为股票红利发放给股东。第二，股权价值是许多私人公司提高效率的主要动机之一，但由于公众持有非流通股，这些激励可能会变得非常小。

最后，铁路活动及所需投资的规划范围超出目前政治周期。目前存在的政治不确定性如未来特许经营的期限和范围变化，可预见的私有化程度（不同的政党之间意见不同，从 NS 回到公众手中到 NS 完全私有化至股票上市交易的程度），被认为

---

[1]　例如，有人可能会说，应该直接处理铁路运输的外部性，比如改变铁路运输的定价政策，而提供无利润的铁路运输不一定是帮助目标群体的最佳方式。

是铁路运输的必要投资被推迟的主要原因之一，也是目前经常出现的铁路运输明显延误的原因之一。

当然，并不是当前荷兰铁路运营中的所有问题都归因于政府政策。例如，公司必须处理一些积累至今的问题，包括"X非效率"和租金分享，其拥有的多年公共地位形成了这些累积性问题。然而，许多专家认为，目前的问题至少有一部分源于政府未能制定明确的政策，其应当与此政府认为铁路运营商应该追求的关键目标相一致。

（7）结论

目前，提出了许多管制自然垄断的方法，但没有一个是完美的。因此，政府在自然垄断中监管失败的风险不是凭空想象出来的。这是否意味着经济学对在实践中如何管制自然垄断的问题没有答案？应该承认，对于自然垄断势力带来的这三个困境，的确没有明确的经济学答案。不过，人们已经提出一些理论上的选择，其对铁路自然垄断的适用性值得进一步研究。

举例说明，洛布和马加特在1979年曾提出过一个有趣的建议。让我们假设监管者已知自然垄断者正面临的需求函数。如果政府给予私人自然垄断者以补贴，该补贴等于由其价格和产出决定的总消费者剩余的大小，垄断者将会面临最大化社会剩余的完美激励，从而为其所服务的市场找到有效的结果。然后，可以通过同时对垄断者征收一次性的固定税额来减少不受欢迎的超额利润。只要这种一次性税收可以设定在适当的水平，那么"X非效率"和租金分享的问题可以被最小化。

还有一个选择是利用垄断者进行完全价格歧视时可以生产有效产量这一知识。如果未来的门票电子支付科技允许经营者实施几乎完美的一级或二级价格歧视，可以将完全的私人供给和对运营商收取适当的定额税（或特许经营费）相结合（以剥离超额利润），这最终可能会成为一个实用且足够有效的方法，应对上述困境。

这些想法以及在"为铁路"引入竞争中设计最佳拍卖方式等问题，为未来几年交通运输经济研究提供了丰富而重要的应用领域。

4.4.3 小结

如果规模经济和范围经济显著到当市场上只活跃着一家公司时平均成本最低的程度，我们面临的就是"自然垄断"。技术上，这要求成本满足次可加性：将给定的产出水平分给更多企业进行生产时，总生产成本会增加。至少在一定地域和网络服务的一定范围内，铁路运输通常被认为是自然垄断的典型例子。

自然垄断带来了至少三个经济困境。第一个困境是，出于成本的考虑应当选择单一公司提供服务，而出于价格考虑则要求避免单一公司为整个市场服务。第二个困境是，最优定价等于边际成本将导致运营损失，因为规模经济和范围经济的存在意味着边际成本低于平均成本。第三个困境是，静态成本效率与动态成本效率的权衡，静态成本效率鼓励单一公司的存在，因为这样只会发生一次固定成本投入；而动态成本效率通常在缺乏竞争的情况下由于"X非效率"和租金分享等问题会降低。

人们提出了诸多政策选择来应对这些困境，也曾对其中的一些进行检验。这些政策包括完全的公共供给、对受补贴的私人运营商实行边际成本定价、对私人运营商实行平均成本定价、"在铁路上"引入竞争以及"为铁路"引入竞争。这些选择都不是十全十美的。此外，政府在管制自然垄断时也面临失败的风险。

应该承认，自然垄断力量带来的这三个困境并没有明确的经济学答案。但是人们已经提出一些理论上的应对选择，应当进一步研究它们对铁路自然垄断的适用性。同样的观点也适用于其他自然垄断市场。

4.5 寡头垄断的放松管制：航空

不只是自然垄断，寡头垄断也会给政府带来困境。这些困境甚至比自然垄断更加严重，因为寡头垄断市场的合理结果范围远比垄断市场大。比如，假设市场上有两家完全相同的企业，边际成本均不变且等于 40，这样就会形成一个之前在表 4.2 中提到的"双寡头"市场。表 4.11 给出了这个双寡头市场的多个可能结果。

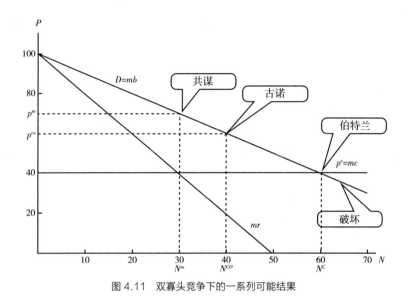

图 4.11 双寡头竞争下的一系列可能结果

如果这两家企业同意进行共谋，那么它们就会选择垄断价格 p^m，并且两者会分配由此得到的最大可能利润。

如果这两家企业参与古诺竞争（即在给定竞争者产量下，设定能够使自己利润最大化的产量），那么均衡价格 p^{co} 将会低于垄断价格，但仍然高于完全竞争价格 p^c。这是根据以下事实得出的，在边际成本完全相同且不变均为 mc 的 n 家企业间的古诺竞争中，均衡价格 p^{co} 将满足式 4.5 推导出的垄断价格的变形[1]：

$$p^{co} \cdot \left(1 + \frac{1}{n \cdot \varepsilon} \right) = mc \tag{4.6}$$

读者可以自行验证，$n = 2$，使得 $p^{co} = 60$，$N^{co} = 40$。

如果这两家企业参与伯特兰竞争（即在给定竞争者的价格下，设定能够使自己利润最大化的价格），那么均衡将与完全竞争的结果一致。这是源于伯特兰竞争

---

〔1〕 大部分现代微观经济学课本中都可以找到相关证明。参见佩罗夫，2001。

（如前所述）会使两家企业均将价格 p 设定在等于边际成本 mc 处这一事实。

如果两家企业参与破坏性竞争，那么价格甚至可能定得暂时低于边际成本。

在私人自然垄断者的情况下，人们可以假设价格被定得高得毫无效率。不过，总体上没有什么经验法则能够适用于寡头垄断市场。除了怎样进行干预以提高效率这样的复杂问题之外（已经在上文中自然垄断情境下做过讨论），我们现在还面临一个困难的问题——是否进行干预，这事实上应该是我们首先要回答的问题。

4.5.1　航空市场的管制

在 20 世纪下半叶的大部分时间里，出于种种原因，多数国家都认为存在足够的理由来对航空市场进行干预。第二次世界大战之后，航空业因此受到了严格的管制。4.3.1 节已经讨论过一部分经济动机，特别是对市场不稳定、浪费性竞争、价格战和破坏性竞争的担心。这样的结果既不符合航空公司的利益，也不符合消费者的利益，同时，与之相关的担忧是过于激烈的竞争可能会威胁安全。在欧洲——与美国截然不同——额外的政治问题是民族自豪感和贸易保护主义情绪造成了在（激烈的）竞争中保护"国家航空公司"的诉求。

当时实施的管制基本上完全阻碍了市场机制的有效运行。在美国和欧洲内部以及在两者之间，外部航空公司几乎不可能在某一特定航线上运营。而且，在大部分航线上，仅由几个航空公司甚至只由一家航空公司来提供服务。在国际市场上，票价由政府指定服务某一特定线路的航空公司制定，票价既要符合美国的国际航空运输协会（IATA）制定的规则，同时，又要受到民用航空局（CAB）的管制。结果，运营成本高昂，票价反映不了市场情况。而且，决定运营的航线和频率的是政治力量，而不是经济力量。

20 世纪 70 年代，这种严格管制导致的效率低下变得越发明显。航空公司被认为缺乏效率、价格过高、服务水平过低。因此，美国在 1978 年通过了《美国航空公司放松管制法》，取消了对于（国内）航线、费率和行程的所有限制。在

1987~1997 年，美国放松管制带来的好处越发明显，同时因为越来越多的人担心效率低下的欧洲航空公司无法在跨大西洋市场上与美国航空公司竞争，欧洲也随之放松了对航空业的管制。

可竞争市场理论

我们可能会好奇受管制的航空市场的低效率是否足以说明需要放松管制。也就是说，这种低效率本身当然不会消除那些鼓励管制的经济担忧，即对市场不稳定、浪费性竞争、价格战和破坏性竞争的恐惧。然而，产业组织理论的一个重要发展，也就是可竞争市场理论的出现极大地减轻了这类担忧。我们可以回顾 4.3.1 节的图 4.5 中关于市场不稳定的分析来简要解释这个理论。

在例子中，市场不稳定之所以出现，是因为只要市场上没有第二家企业，现有企业就会忍不住设定一个垄断价格 p^m。这种诱惑源于现有企业的预期，它预计潜在竞争者由于进入市场后会承担巨额固定成本损失而不会轻易地进入市场。但是，当新企业真的进入，随之而来的激烈竞争会持续一段时间，因为两家企业都会蒙受一定的固定成本损失，接受一个低于 ac 但高于 mc 的价格，这对它们来说依旧有利可图（或更加准确地说，损失最小化）。企业有时甚至会忍受低于 mc 的价格，希望借此把竞争者赶出市场从而在后期收回利润。因此，在不稳定市场的两个阶段——只有一个供给者的阶段和有两个供给者的阶段——至关重要的假设就是，固定成本实际上是一项沉没成本，当供给者退出市场时该成本会完全损失，并由此创造进出市场的壁垒。

可竞争市场理论指出，固定成本和沉没成本不是一回事。举一个航空业的例子，某一航线所使用的飞机所包含的资本成本是该航线服务的固定成本，至少在其容量未能完全得到使用且不考虑扩容的情况下是这样。只有在终止现有航线服务且此飞机不能再转用于其他航线的情况下，这项成本才会变成沉没成本——对于飞机来说通常并不会发生。如果固定成本不构成沉没成本，就像现在的例子一样，图 4.5 例子中的现有企业将意识到垄断价格并不是可持续的。竞争者可能会暂时进入市场，通过削减价格来获利，它们能够轻易地做到这些，因为当价格竞争变得激烈时其可以退出市场而不用蒙受重大损失。现有企业为避免这种冲击和由此导致的暂时性损失而能够做的最好的决定，就是制定低于垄断价格而接近平均成本的价格。在这种情况下，沉没成本的缺失意味着进出壁垒也缺失了，潜在竞争者对现有垄断市场的约束效应和普通市场中实际竞争起到的约束效应一样，此类市场可以说是"可竞争"的。

当只有一个供应商的市场是"可竞争"的时候，政府干预的大部分正当理由就不复存在了，因为潜在竞争者将使价格趋于下降、效率得以提高，即使目前和将来都只有这一个供应商存在，同时，它自身通常就足以避免市场不稳定、浪费性竞争、价格战和破坏性竞争。因此，可竞争市场理论的发展为航空业放松管制提供了经济学依据。

4.5.2　航空市场放松管制的主要效应

众所周知，航空公司放松管制确实带来了所期望的福利增益。当然，确定由放松管制带来的准确福利增益并不容易，例如，其全部的效应需要经过一定时间才能实现，同时，我们也不能十分确定票价的下降、成本效益的提高或频率的增加中哪一项在没有放松管制的情况下也会发生。例如，美国航空公司的真实平均费用在1970~1996年一直平稳下降，这说明并不是1978年放松管制后的所有费用下降都应归因于放松管制。然而，1976年以来的票价下降中大概有60%是直接由放松管制造成的，表明其平均费用比不放松管制的情况下低了20%。[1]同时，出行频率平均而言持续提升，主要是因为放松管制使得主要运输公司形成了轴辐式航空网络。美国这种低费用和高频率在消费者效益方面带来的综合年度增益估计将近200亿美元。

但是，航空公司也从放松管制中有所获益：航空业的年度利润预计比行业被管制时的利润高26亿美元。在放松管制之后，航空公司设法将平均负载系数从低于55%提高到将近70%，同时降低劳动力成本，从而提高了成本效率。正如我们提到的，大部分成本效率的提高都是航空公司间竞争的结果，并以低费用的形式转移给了消费者。然而，航空公司自身也设法从放松管制中获利了。

---

〔1〕　本节引用的数字来自莫里森和温斯顿，1999。

简单地回顾一下，航空业的发展很有意思，它们可能对上述福利增益做出了贡献。

（1）轴辐式网络

航空市场放松管制的最主要后果无疑是轴辐式网络的巨大发展。如第 4.2.2 节所述，这使得航空公司可以利用各种类型的规模经济和范围经济，例如使用较大的飞机、增加负荷系数、提高飞机和机组人员的运转频率等。对于消费者来说，主要的效益是可以飞往更多的目的地，并且航班频率也大为增加。轴辐式网络的发展被认为是美国放松管制后效率提高的主要途径之一。与美国相比，欧洲主要航空公司目前也在运营轴辐式网络，但是其全网络中枢机场保留着相对较大的路线数量，因为民族情绪使欧洲各国政府不愿意放弃枢纽机场和旗舰航空公司，而且，当地客户也更忠于自己国家的航空公司。[1]

（2）实际竞争和潜在竞争增加

在放松管制的市场中，新公司有可能进入，而隐含竞争的增加可能会通过降低价格和提高企业的成本效率而带来福利增益。为了评估这是否有助于提高福利，一个富有启发性的做法是观察放松管制期间美国航空公司执业数量的发展情况。1978 年之前，有 36 家航空公司在运营。1978~1987 年，不少于 210 家新航空公司进入市场，表明运营商数量大幅增长，本应至少达到 246 家。然而，在同一时期，168 家航空公司消失了，它们不是相互合并就是破产清算了。这使得 1987 年 7 月的活跃企业总数只有 78 家。[2]根据佩尔斯（2003）的数据，到 1994 年，美国市场上只有 6~7 家主要的航空公司。

航空公司的数量增加可能比预期的要少。这点可以说明，正如可竞争市场理论所预测的那样，潜在竞争可能是实现放松管制福利增益的相对强有力的额外力量。

---

[1]　在欧洲，向轴辐式网络的变化不如美国那么明显，原因在于，早在放松管制之前，每个航空公司的网络已经看起来类似轴辐式的网络，大部分航班（如果不是所有航班的话）都从本土机场起降。在欧洲进行轴辐式网络经营，并不只是服务网络"形态"上的急剧变化，更多涉及营销技术，如以比两个直飞航班的联合票价低得多的费用提供转机飞行。

[2]　这些数据来自巴顿和斯特夫（1999），引用了詹姆斯在华盛顿的 TRB 会议上的宣讲论文（1988）《概述：放松管制前后的美国航空体系》。

但这种说法与实证估值不符。实证估值表明，一个实际竞争者对在位者的影响力是一个潜在竞争者的 3 倍左右。[1]但是要注意的是，潜在竞争者的数量往往要多于实际竞争者的数量，因此潜在竞争的总体影响可能依旧相对较大。

而且，要衡量实际的竞争，仅知道整个市场的航空公司总数是不够的，还要看每条航线上实际竞争者的数量（及其使用的价格加成）。在美国，只由一家航空公司提供服务的航线比例从 1978 年的 77% 下降到 1987 年的 65%。如果如预期的那样，实际竞争的隐含增长主要发生在更繁忙的航线上，实际的竞争可能已经大幅增加。

在解释放松管制后的票价下降以及航空市场的可竞争程度时，潜在竞争的重要性已经受到了严重的质疑。航空市场是"非可竞争"的或至多是"不完全可竞争"的市场，重要原因如下（戈茨，2002）。第一，机场登机口的长期租赁合同使得现有航空公司有权使用登机口，同时有效地阻止了新进入者使用。第二，常旅客计划这类项目使客户对老牌航空公司非常忠诚，但对于那些只提供几条航线的小型新航空公司来说，顾客忠诚是很难建立起来的。第三，新进入者可能无法实现现有大型航空公司拥有的规模经济和范围经济，例如使用轴辐式网络。第四，现有航空公司有可能进行所谓的"掠夺性"定价和航班调度，即它们为应对新进入者会暂时性地降低票价、增加航班频率，旨在用低价格将新进入者挤出市场，同时（或许）建立强硬竞争者的声望。第五，新航空公司的营销和广告费用构成了进入市场时必须承担的沉没成本。事后看来，可竞争市场理论证实了航空业放松管制的正当性，在目前并没有像当初那样令人信服。不过，这并不妨碍消费者从放松管制中得到巨大的效益。

实际竞争和潜在竞争都可能在现实中促成效率的提高，但是前者可能比后者更重要。不过，航空公司数量的增加不足以说明实际竞争的增加，主要航空公司之间竞争的加剧才是主要原因。显然，规模经济和范围经济对于航空公司非常重要，这解释了为什么小航空公司进入市场往往是不成功的。如前所述，轴辐式网络的出现，进一步证实了规模经济和范围经济的重要性。

---

〔1〕　莫里森和温斯顿，1986，引自巴顿和斯特夫，1999。

（3）兼并和联盟

兼并浪潮和（经常是国际）航空联盟的出现也证明了航空业的规模经济及范围经济很重要，兼并与联盟是放松管制的航空市场的重要特点。

兼并和联盟之所以能吸引航空公司，有两个重要原因。第一个原因是当兼并发生或联盟成立后，市场势力增加，竞争减少，这通常会导致社会福利的减少，因为价格和产量会朝垄断的方向发展。第二个原因是，航空联盟可以在更大程度上利用规模经济和范围经济，随着成本效率的提高，这可能会带来社会福利的增加。[1]

研究表 4.1 中 2015 年的全球航空联盟，似乎第二个原因（利用规模经济和范

表 4.1 全球航空联盟（2015 年）

寰宇一家	天合联盟	星空联盟
德国柏林航空	俄罗斯国际航空公司	斯洛文尼亚亚德里亚航空公司
美国航空公司	阿根廷航空公司	希腊爱琴海航空公司
英国航空公司	西班牙欧罗巴航空公司	加拿大航空公司
中国香港国泰航空	法国航空公司	中国国际航空公司
芬兰航空公司	意大利航空公司	印度航空公司
西班牙伊利比亚航空公司	中国台湾中华航空公司	新西兰航空公司
日本航空公司	中国东方航空公司	日本全日空航空公司
智利 LAN 航空公司	中国南方航空公司	韩国韩亚航空公司
马来西亚航空公司	捷克航空公司	奥地利航空公司
澳大利亚澳洲航空公司	美国达美航空	哥伦比亚 Avianca 航空公司
卡塔尔航空公司	印度尼西亚鹰航空公司	比利时布鲁塞尔航空公司
约旦皇家航空	肯尼亚航空公司	巴拿马航空公司
俄罗斯 S7 航空公司	荷兰皇家航空公司	克罗地亚航空公司
斯里兰卡航空公司	韩国大韩航空公司	埃及航空公司
巴西 TAM 航空公司	黎巴嫩中东航空公司	埃塞俄比亚航空公司
	沙特阿拉伯沙特航空公司、	中国台湾 EVA 航空公司
	罗马尼亚 TAROM 航空公司	波兰航空公司
	越南航空公司	德国汉莎航空公司
	中国厦门航空公司	斯堪的纳维亚航空公司
		中国深圳航空公司
		新加坡航空公司
		南非航空公司
		瑞士国际航空公司
		葡萄牙航空公司
		泰国航空公司
		土耳其航空公司
		美国联合航空公司

---

[1] 联盟吸引人的第三个原因是，在限制市场准入的双边协议仍然存在的情况下，与一家航空公司结盟，可以进入其他想进入的目的地，这是进入这些市场的唯一选择。

围经济）比第一个原因（实现垄断地位）更重要。全球联盟的形成往往是为了扩大在全球范围内进行轴辐式运营的收益，如果拥有互补网络的航空公司（如欧洲、北美、南美和亚洲的航空公司）联合起来，这一目标就能得以最好地实现。

如图 4.12 所示，中心城市 H^1 与 H^2 中的经营者可以联合使用它们的网络并从中获益。只要联盟没有获得太多的市场势力，特别是与其他航空公司或联盟的实际或潜在竞争迫使其将价格维持在合理接近平均成本的水平，那么从社会的角度来看，联盟的优势可能就超过劣势。[1]

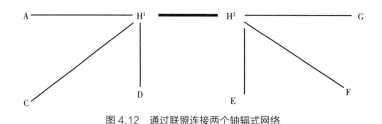

图 4.12　通过联盟连接两个轴辐式网络

对于规模较小的兼并或联盟如在国内航空公司之间兼并或联盟，可能很容易出现相反的情况，特别是当原有的航空网络在很大程度上是重叠的。然而，此类兼并带来的一部分社会效益仍然事关效率，例如避免浪费性竞争以及利用规模经济和范围经济。

图 4.13 总结了我们刚刚讨论的权衡。假设在兼并之前，有两家公司在伯特兰竞争模式下竞争，（为了简单起见）双方都有不变的 $mc = ac$，由 ac^0 给出。市场均衡为 N^0。兼并后，它们实现了规模经济，成本从 ac^0 降至 ac^1。同时，它们获得了垄断地位，因而收取利润最大化价格 P^1，并按 $mc = mr$ 生产产量 N^1。兼并后的消费者剩余损失由三角形 L 表示，而节约的生产者剩余由矩形 G 给出。不能笼统地说总体上这两个区域中的哪个区域面积更大。不过，关于节约的预测是，新兼并企业服务的航线连接的实际或潜在竞争越大，兼并后的成本效率优势越显著，福利增益越有可能超过损失。

---

〔1〕　布鲁克纳和惠伦（2000)的实证研究证实了这一假设。

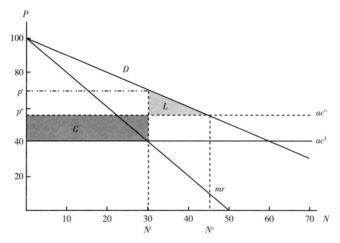

图 4.13 福利增益（G）与兼并损失（L）之间的权衡

注：节选自 McCarthy（2001）。

（4）低成本承运者

仅在放松管制之后才可能出现的一种有趣的现象是所谓"低成本承运者"的涌现。来自欧洲市场的例子包括易捷航空（easyJet）和瑞安航空（Ryanair）。因为这些公司是在放松管制后成立的，所以人们认为它们在一个放松管制的环境中可以与工人、飞机供应商、维修服务公司、餐饮承办公司以及机场进行谈判并且从中获益。因此，租金分享对于这些公司而言可能变得不那么重要了。这就是这些公司现在能以相对较低的成本和票价提供服务的原因。它们在服务、成本及票价方面（例如，不提供免费餐饮，通过互联网销售机票，使用二手机场等）明显不同于既有承运者，在航空市场上细分出一个明显有利可图的子市场。

有趣的是，这些低成本承运者目前并不运营轴辐式网络。这归因于既有的（轴辐式）承运者与低成本承运者之间的成本结构不同。在低成本承运者关注的细分市场上，最好的服务方式是低票价、相对较低的频率以及相对较高的载客率和座位密度，因此运营轴辐式网络的潜在效益大大地降低了。低成本承运者的主要营销目标就是让飞机满载直飞乘客。目前而言，这一策略已被证实在赢利能力和吸引市场需求方面是成功的。

（5）结论

航空市场放松管制的经验成功地表明，对寡头垄断市场的监管即使出于看似正当的经济考虑，实际上也可能降低而非提高经济效率。在放松管制之后整体福利都得以增加，包括消费者与航空公司双方的效益。正如对自然垄断的管制一样，政府在管制寡头竞争市场时也存在失败的风险，这并非凭空想象。具体到航空业，实施管制的主要经济动机，包括对市场不稳定、浪费性竞争、价格战和破坏性竞争的担忧，似乎不如最初想得那样有根据。同时，管制的弊端可能比预期要更严重，特别是会降低大多数航空公司的成本效率、诱发相对较高的票价并带来较低的服务水平。

4.5.3 小结

寡头垄断和自然垄断一样，也将政府推入经济困境之中，这些困境甚至可能比自然垄断的还要麻烦，因为在寡头垄断市场上可能的均衡结果要比自然垄断均衡结果多得多。由此，政府不仅必须决定如何干预以提高效率，而且必须决定是否干预。

"二战"后，大多数西方航空市场受到严格管制，主要的经济动机包括对市场不稳定、浪费性竞争、价格战和破坏性竞争的担忧。此外，民族自豪感促使许多欧洲国家的政府保护其旗舰航空公司免受破坏性竞争之苦。实施的管制阻碍了市场机制的有效运行，票价以及运营路线和频率主要基于政治的考虑，并非经济力量的结果。然而，进入 20 世纪 70 年代以后，人们越来越清楚这些无效率的表现源于严苛的管制，包括大多数航空公司的低成本效率、高票价和低服务水平，这激发了航空市场的放松管制，最初美国在 1978 年开始放松管制，后来欧盟在 1987~1997 年也随之放松管制。

可竞争市场理论的发展为放松航空市场的管制提供了额外的理论依据。它预测，只要固定成本不是沉没成本，由此不能或者很难形成进出市场的壁垒，潜在竞争对现有垄断者施加的约束效应与在"普通"市场上实际竞争的约束效应是一样的。

人们普遍认为，对航空市场的放松管制已经创造了巨大的福利增益。消费者总体上受益于票价降低、航班频率提高，同时可以选择更容易到达的目的地，并在多个航空公司之间进行选择。而航空公司也在没有管制时赚取了更高的利润，至少在美国是这样的。因此，正如对自然垄断的管制一样，政府在管制寡头竞争市场时也存在失败的风险，这不难理解。

这些放松管制的经济效益主要是通过主要航空公司大规模实施轴辐式运营、主要航线上的实际竞争或潜在竞争增加来实现的，在某些情况下，建立全球联盟也对此做出了贡献。

然而，兼并和联盟不一定总能促进经济效率的提高，因为扩大规模经济和范围经济的潜在好处必须与市场势力引发价格升高的潜在损失进行权衡。

尽管轴辐式运营确实有助于赢利，但最近出现的所谓低成本承运者已经说明，其他管理和运营策略也可以在航空业取得成功。

4.6 运输市场的市场势力：一般性结论

本章概述了市场势力的基本经济理论、市场势力的经济效应及政策含义，并将其应用于分析交通运输业的自然垄断（铁路）与寡头垄断（航空）。铁路和航空属于当代社会最重要的交通方式，却向政府提出了巨大挑战，经常引发激烈的政治和社会争论，这些见解本身自有价值。然而，本章的许多见解既可以延伸用于一般性的市场势力经济分析及其相应管制，也适用于诸如电信、电力、供水或互联网等网络市场。因此，如同我们在第 3 章中对交通拥堵的分析一样，此处以一般性的术语综述本章最重要的洞见是有益的。

（1）市场势力的存在通常会带来一系列有利和不利的经济效应。当需要市场势力来产生规模经济和范围经济时，就会产生有利之处；当定价高于边际成本或当市场势力引起寻租、租金分享或"X 非效率"时，就会产生不利之处。因此，从经济角度来看，不能简单断言市场势力的存在总体上是一件坏事。

（2）因此，基本的经济困境就产生了。例如，对于自然垄断企业来说，一个两难问题是，出于成本考虑应选择单一企业提供，而出于定价考虑则要求避免让一家企业为整个市场服务。此外，当规模经济和范围经济的存在意味着边际成本低于平均成本时，等于边际成本的最优定价将导致经营损失。还有一个困境涉及静态与动态成本效率之间的权衡，静态成本效率鼓励只存在一家企业，因为此时固定成本只会发生一次；而动态成本效率由于"X非效率"和租金分享等问题，在没有竞争的情况下通常较低。

（3）更大程度地利用市场势力不一定会加大定价带来的效率损失。一个例子是价格歧视，如果可以实施完美的"一级价格歧视"，企业甚至可以提供有效的产出水平。不过，此时效率虽然恢复了，却可能导致不受欢迎的福利分配方案，因为企业掠走了全部消费者剩余，将其变成自己的利润。但重点是，允许企业在定价政策上更明显、更充分地利用市场势力，当然并不意味着加剧定价的低效率。

（4）如果一个行业变得更加集中，由此产生的市场势力进一步增强（如兼并、收购或联盟）并不必然会降低经济效率。扩大规模经济和范围经济带来的经济效益可能超过偏离竞争性定价所带来的坏处。

（5）当规模经济和范围经济足够强大时，自由市场上经济力量的作用可以自发地产生市场势力。市场势力也可能是政府政策的结果，这些政策由合理的经济依据推动，比如对市场不稳定、浪费性竞争、价格战和破坏性竞争的担忧。

（6）然而，这些关于市场不稳定、竞争性浪费、价格战和破坏性竞争的担忧可能是没有根据的，如果市场实际上是可竞争的，特别是在固定成本不构成沉没成本且进入壁垒因此变小的情况下，潜在竞争对现有垄断者施加的约束效应与在"普通"市场上实际竞争的约束效应是一样的。

（7）存在规模经济或范围经济的原因可能有很多，要确定这些原因，要求经济学家仔细考察生产的技术条件。这个任务可能很复杂，特别是在网络市场上。

（8）不能通过简单地计算供应商数量来预测市场势力下过高定价的程度。在寡头垄断中，如果企业完美地合谋，其价格可能等于垄断价格；如果企业在古诺条件下竞争，其价格可能介于竞争价格和垄断价格之间；如果企业在伯特兰条件下竞争，其价格可能等于竞争性价格；如果企业进行的是破坏性竞争，其价格将低于竞争性价格。即使是垄断者，如果市场是可竞争的，其价格也可能接近竞争性价格。

（9）应当承认，目前还没有明确的经济学对策应对自然垄断带来的挑战。在已经被提出的得到检验的多数政策中，每一项政策都各有利弊。自然垄断管制中政府失败的风险当然不是凭空想象的。然而，经济理论有助于确定这些潜在的优势和劣势，并提出在实际决策中最小化劣势的方法。

（10）寡头垄断带来了类似的挑战，政府在管制此类市场时有失败的风险当然也不是凭空想象。航空市场放松管制后创造的福利增益就是一个例证。

读者可以测试自己是否有能力给出这些结果背后的经济直觉。

本章总结

1. 市场势力会导致市场失灵问题。

2. 有市场势力的公司可能会寻求价格歧视定价策略。

3. 有市场势力的公司有可能赚取超额利润。但是，由于寻租、租金分享、"X 非效率"或资本化的存在，这些垄断租往往会在更长的时间内趋于消散。

4. 运输业的市场势力来源众多：由惧怕市场不稳定、浪费性竞争、价格战或破坏性竞争引发的政府政策，关键投入品的控制，规模经济和范围经济，等等。这带来了经济困境。

5. 铁路运输市场是自然垄断的典型例子，自然垄断带来了三个基本的经济困境。对此的应对政策各有利弊。

6. 航空市场是寡头垄断的典型例子，它经历了管制与放松管制的过程。

Cournot oligopoly　古诺寡头垄断

qualitative welfare effect　定性的福利效应

mark-up　价格加成　　　　　　　　Bertrand competition　伯特兰竞争

price discrimination　价格歧视　　　market power　市场势力

monopoly rent　垄断租　　　　　　　rent seeking　寻租

rent sharing　租金分享　　　　　　　X-inefficiency　X 非效率

market instability　市场不稳定　　　　wasteful competition　浪费性竞争

price war　价格战　　　　　　　　　destructive competition　破坏性竞争

economies of scale　规模经济　　　　economies of scope　范围经济

frequency of services　服务频率　　　hub-and-spoke operation　轴辐式运营

经典资料：铁路自然垄断与政府管制[1]

　　铁路网是大型交通基础设施，其资金投入规模大、周期长、投资回报率低，投入资金具有沉淀性，提供的产品具有公共产品和外部性特征，一旦建成投入运营，增加单位运输活动的边际成本较低，平均单位成本随着运输量的增加不断下降，具有显著的规模经济和范围经济特征。由于铁路产业具有上述技术经济特征，如何管制铁路产业是各国政府面临的重大课题。

　　在运输经济理论界，对铁路产业的管制主要有以下两种方式：一种是准入管

---

〔1〕　Smith, A.S.J. (2012), "The application of stochastic frontier panel models in economic regulation: Experience from the European rail sector", *Transportation Research Part E: Logistics and Transportation Review* 48(2):503-515.

制，另一种是价格管制。准入管制的形式有国家垄断、许可、申报、审批、颁发营业执照、标准设立等；价格管制的主要方式有法定价格、地方政府定价、行业指导、核准等。在铁路产业组织方面，有"网运分离"和"区域公司"这两种典型的改革方案。（1）"网运分离"方案，是指铁路网具有自然垄断性，实行由政府监管下的不以营利为目的的工商企业管理，铁路运营部分可以引入多家货运、客运、维修等竞争性企业。（2）"区域公司"方案，是指铁路网和铁路运营部分实行一体化管理，但构建若干个区域公司。

关于铁路产业的改革重组有多种理论分析，包括交易成本理论、规模经济和范围经济理论、公共物品理论、外部性理论等。随着铁路运输经济理论研究的深入，一些学者发现（Andrew Smith，2012），铁路监管政策以及采取"网运一体"或"网运分离"方案的铁路改革政策，在很大程度上需要考虑铁路效率与影响因素的关系，特别是要考虑铁路运输密度和政府监管强度因素的影响。（1）铁路运输密度。一般的，铁路运输密度越高，铁路"网运一体"的成本效率或生产效率越高。反之，铁路运输密度较低，则"网运分离"更有利于引入竞争，同时也不会丧失过多的密度经济性。（2）政府监管强度。政府监管能力越强，监管强度越高，"网运分离"的效率损失就越低。反之，政府监管能力较弱时，"网运一体"更有利于保持铁路效率，同时对政府监管能力的要求也相对较低。

案例分析：中国铁路垄断力量成因与影响因素分析[1]

随着中国经济社会以及工业化、城市化和运输化进程的不断发展，中国铁路市场份额不断下降（荣朝和，2016）。1995~2015 年这 20 年间，中国铁路货运周转

---

〔1〕　Li, H., Yu,K., &Kun.,W.(2019), "Market power and its determinants in the Chinese railway industry", *Transportation Research Part A: Policy and Practice* 120:261-276.

量市场份额下降了 21.45 个百分点，而铁路客运周转量市场份额较为平稳，上升了 0.04 个百分点。从总换算周转量来看，中国铁路的市场份额相对减少，而公路和民航的市场份额则不断增长。目前，中国铁路产业受政府比较严格的管制，行政垄断和经济垄断并存，并都通过垄断力量表现出来。那么，中国铁路垄断力量总体上究竟是如何变化的，又有哪些因素影响了铁路垄断力量？

总的看来，关于铁路市场结构及垄断力量有四种观点：一是铁路产业具有明显的行政垄断特征，铁路经济垄断和行政垄断混在一起，加强了铁路垄断力量；二是铁路产业由于存在规模经济、范围经济、较高的资产专用性和沉没成本等技术经济特征，再加上公益性与政府保护的影响，属于自然垄断与行政垄断行业；三是铁路业务可以划分为自然垄断业务和竞争性业务，铁路产业只存在局部垄断性；四是铁路产业可以引入竞争，特别是在面临来自公路和民航等运输方式竞争的条件下，再加上产业结构升级和综合运输体系的结构性调整，铁路产业不再具有明显的垄断特性。

关于中国铁路总公司垄断力量的最新实证研究表明（李红昌等，2019），中国铁路总公司具有典型的行政垄断和经济垄断的特征，并且在区域上呈现异质性特点。中国铁路产业在 2005~2014 年具有强烈的非竞争性市场特征，中国铁路仍然具有相当强的垄断势力，可以按超过边际成本的水平进行定价。例如，2017 年 4 月 21 日，中国铁路总公司对东南沿海高速铁路进行票价调整，根据车次、客流等市场需求情况确定区间票价。宁波至深圳段大部分动车组列车一等座票价最高涨幅超过 50%，二等座平均票价涨幅在 16%~20%，沪杭段、杭甬段"D 字头"列车二等座涨幅均超 10%。[1] 同时，中国铁路总公司的规模报酬（RTS）均值为 0.68，说明中国铁路总公司及所属企业具有规模经济与范围经济特征，印证了很多国内外学者对铁路网络经济的判断（荣朝和，2009），也意味着铁路产业改革重组方案设计必须考虑铁路产业内在技术经济属性的约束，避免过度拆分导致铁路网络经济效

---

〔1〕 火车网：《2017 年 4 月 21 日起东南沿海高铁涨价》，https://www.huoche.net/show_506518/，2019 年 3 月 26 日。

率大幅度下降。研究表明，那些主要从事资源性产品运输的铁路局具有更强的垄断力量，说明铁路产业存在核心垄断环节。

综合国内外学者（荣朝和，2009；武剑红，2014；赵坚，2015；史密斯，2018）的相关研究成果，总结得出以下结论与政策建议：（1）中国铁路垄断力量仍然处于较高水平，主要原因是中国铁路仍然有很强的行政性干预并在一些品类产品的供给成本上有比较优势；（2）中国铁路受来自包括公路和民航等在内的其他运输方式的激烈竞争，社会经济的产业结构升级因素和运输市场竞争因素在某种程度上开始影响中国铁路垄断力量，但是，国家铁路局仍需要加强对铁路调度指挥、财务清算、过轨运输等核心垄断环节的市场监管；（3）煤炭等大宗原材料运输和公益性运输领域是铁路垄断力量起作用的主要领域，国家要建立铁路公益性运输补贴政策，形成铁路价格联动机制，避免内部化交叉补贴机制的存在；（4）中国铁路市场化改革必须考虑外部市场竞争环境、铁路规模报酬收益、历史形成存量债务统筹还本付息等问题，既要适度引入竞争，也要避免过度分拆带来的规模报酬损失和高昂的改革成本；（5）考虑到中国铁路具有累积债务多、规模报酬显著、固定成本大等特点，中国未来铁路改革须谨慎推进，在加强监管前提下推进市场化进程，即通过组织市场化和内部市场化来提高铁路资源配置效率，为更大力度的铁路改革奠定坚实基础；（6）我国处于工业化、城市化和运输化发展的中后期阶段，各种运输方式的运力仍然存在一定不足，一方面要大力促进运输基础设施建设，另一方面要重视综合运输方式发展，鼓励民航和高铁形成竞争合作关系；（7）各种运输方式具有不同的垄断力量和外部性特征，既要有针对单一运输方式的运输监管和交通政策，也要推进综合运输监管体系构建和综合交通政策制定及交通基本法立法工作；（8）铁路改革方案除了考虑上述因素外，还需要统筹考虑基础设施投资过程中的政府和市场的事权、支出权问题，政府监管能力和手段问题，以及劳动用工问题等因素。

1. 画出具有固定边际成本的垄断者的市场曲线，并指出存在（一级）价格歧视和不存在（一级）价格歧视两种情况下的均衡价格和产量。在哪种情况下，社会剩余更高，高多少？

2. 以一个小型网络为例，解释为什么网络效应可以产生范围经济效应。以航空市场为背景讨论你的例子。

3. 根据可竞争市场理论，为什么单一厂商供给的结果不一定像第 1 题所描绘的那样？这一理论更有可能适用于哪些成本条件？

4. 用市场曲线说明伯特兰双寡头企业通过合并产生的平均成本降低将给社会带来怎样的增益和损失。用这个例子解释为什么相对于位于同一国家内的航空公司而言，国际航空公司更容易结成联盟？

拓展阅读文献

［1］Basso, Leonardo J., & Hugo E. Silva. (2014),"Efficiency and Substitutability of Transit Subsidies and Other Urban Transport Policies", *American Economic Journal: Economic Policy* 6(4):1-33.

［2］Jan K. Brueckner. (2001),"The Economics of International Codesharing: an Analysis of Airline Alliances", *International Journal of Industrial Organization* 19(10):1475-1498.

［3］Mohring, H.(1972),"Optimization and Scale Economies in Urban Bus Transportation", *American Economic Review* 62(4):591–604.

第 5 章 ｜ 出行时间节约价值的估算

本章提要

　　本章首先解释出行时间节约价值的经济学内涵及意义；其次，从短期和长期两个维度，构建出行时间节约价值的理论模型；再次，介绍随机效用理论，在此基础上，构建出行时间节约价值的估计模型；最后，介绍了荷兰关于出行时间节约价值的最新研究。

学习目标

　　1. 理解出行时间节约价值的理论内涵。

　　2. 掌握出行时间节约价值的理论模型，包括短期和长期模型。

　　3. 掌握随机效用理论的内涵，以及如何利用离散选择模型对出行时间节约价值进行估值。

　　4. 掌握出行方式特定偏好和个体异质性对出行时间节约价值的影响。

　　5. 了解影响出行时间节约价值估算的因素。

5.1 引言

出行时间节约价值（value of travel time savings，VOT）是交通政策的核心概念之一，在过去60年中一直是交通研究的热点。出行时间节约价值对出行时间赋予货币价值。在多数交通模型中（如第1章中分析交通拥堵问题的经济市场方法），一段行程的广义成本等于出行时间节约价值与出行时间的乘积。当出行时间减少时（例如由于道路容量的投资），相应的交通需求变化主要取决于出行时间节约价值。此外，边际外部拥堵成本也取决于出行时间节约价值，因此出行时间节约价值也是我们之前讨论过的最优定价政策和次优定价政策的重要参数。

出行时间节约价值将会在第6章要介绍的交通基础设施投资成本—效益分析中得到广泛运用。通过道路容量投资可以减少出行时间，将其产生的出行时间节约价值转化为以货币衡量的价值，可以方便地对比投资的成本与效益。出行时间节约的货币化效益占总效益的60%~80%，被认为是基础设施投资总效益中的重要组成部分。在许多国家，对运输基础设施进行大规模投资时都要求进行成本—效益分析，这给运输经济学家提出了一项艰巨任务，即如何对出行时间节约价值进行可靠的估计。

为什么出行者愿意为节约出行时间花钱呢？其中涉及哪些权衡呢？这是因为他们不喜欢出行，还是因为他们可以利用出行时间从事其他活动？为了增加对这些权衡的认识，我们在第5.2节中构建了个人出行选择模型。该理论模型认为时间是有限的，个人需要将其时间合理地分配于工作、休闲和出行等活动中。因此，出行时间节约价值取决于其他活动产生的效用。在介绍了理论模型之后，我们在第5.3节中重点介绍对出行时间节约价值的经验估计。首先，介绍随机效用理论（RUT），该理论假设一部分个人效用是可被观测的，而另一部分则不能被观测。该理论为构建离散选择模型提供了一种重要方法，它考虑到我们不能观测主体做出选择的所有原因这一事实。其次，介绍如何根据相关数据估算效用函数，以及如何根据估算出来的效用函数测算出行时间节约价值。最后，介绍荷兰关于出行时间节约价值的最新研究。在结论部分讨论各理论研究关于出行时间节约价值的估算结果不同的原因。

5.2 出行时间节约价值理论

为什么出行者愿意为节约出行时间花费金钱？经济学的答案是：时间是稀缺的。也就是说，每个人每天只有 24 小时，都希望能将时间尽可能好地分配在不同的活动中（贝克尔，1965）。时间可以被用于工作、社交、出行、吃饭、睡觉、独处等活动。随着社会的发展，人们对于不同活动的时间分配也有所变化，平均在各个活动上所花费的时间长度也随之调整，例如，现在工作时间要比过去短，这表明实际工资增加了，休闲变得更加便宜了。凯恩斯在 1931 年大胆预测，未来工作时间仍将持续减少，到 2031 年人们的工作时间将缩短为每天 3 小时（凯恩斯，1931）。虽然目前距 2031 年还有十几年的时间，并且凯恩斯的很多观点都是正确的，但在过去几十年里，人们在工作和休闲上花费的时间几乎保持不变，这使人们对他的预测产生了严重怀疑。例如，荷兰最近的一份报告显示，1975 年以来，荷兰人每周 168 小时中平均有 45 小时用于休闲活动（SCP, 2016）。[1]

鉴于行为主体是在稀缺性约束下对可供使用的时间进行权衡，我们可以将这些取舍界定为在已知所有必要因素下的经济问题，类似消费者选择问题。在接下来的内容中，我们将构建一个时间使用模型，以估计出行时间节约价值。

---

[1] 参见 https://www.h5.scb.se/tus/tus/default.htm，它对 15 个欧洲国家的平均周工作时间做出了详细对比。

5.2.1　基础的短期模型：工作时间和出行时间固定不变

消费者行为的标准模型没有将时间的有限性考虑在内，认为限制个人行为选择的只有个人的货币预算。贝克尔（1965）的重要观点是时间也是稀缺的，并且每个人都试图将时间最优地分配到不同活动中去。为了更加清楚个人的权衡，我们有必要构建一个关于个人行为选择的程式化数学模型。假设一个人叫富兰克林，他从消费 q、出行时间总小时数 T、休闲时间 L（以小时计量）中获得效用。富兰克林的效用函数为：[1]

$$U = V(q, L, T) \tag{5.1}$$

消费的边际效用可以设定为正值 $V_q = \dfrac{\partial V}{\partial q}$，即消费增加将会带来更高的效用；休闲的边际效用也可以设定为正值，即有更多的休闲时间通常被认为是好事情，产生正效用 $V_L = \dfrac{\partial V}{\partial L}$；此外，效用函数反映了出行时间带来的收益，这就是 T 被直接引入效用函数的原因。如果效用函数不能反映个人旅行过程中的收益，出行价值将仅代表在其他活动中损失的时间价值，需要强调的是，效用函数中的 T 并不反映花费时间出行带来的特定负效用；类似的，我们也可以引入一个变量来反映花费在工作上的时间 W 带来的收益，但是，当我们假设用于休闲和出行的时间仅可用于工作时，则不需要引入该变量。此时，工资收入之外的工作收益可以被标准化为 0，富兰克林不再从工作中获得更多的效用。因此，我们应当将附加到出行时间 T 和休闲时间 L 上的效用解释为：出行或休闲所产生的效用超出花费同样时间进行工作所创造的效用。当每增加一单位出行时间所产生的效用高于花费同样时间用于工作所创造的效用时，出行时间的边际效用 $V_T = \dfrac{\partial V}{\partial T}$ 为正，反之则为负。我们以后会看到，这些边际效用对于出行时间价值的估算作用重大。

富兰克林为额外增加的一单位消费支付的价格为 p。为了能够进行该消费，富兰克林需要有收入。富兰克林工作 W 个小时，每小时工资为 ω。除了工作收入之

---

〔1〕　假设富兰克林仅消费一种商品，当我们允许多种商品的消费时，不改变原有结果。

外，他还从其他来源获得其他收入 Y。因此，富兰克林的总收入为 $Y + \omega \cdot W$。

总的出行距离为 D，每单位出行距离的出行成本为 c，则总的货币化出行成本为 $c \cdot D$。此处，假定总出行成本随着出行距离（D）的变化而成比例地变化，而不是随着出行时间（T）的变化而变化，且富兰克林的货币预算和时间都是有限的。若总收入与消费和出行的总支出相等，即为预算约束：

$$Y + \omega \cdot W = p \cdot q + c \cdot D \qquad (5.2)$$

这里假设富兰克林将所有钱都花费在消费和出行两方面。富兰克林还面临时间约束，且其用于工作、休闲和出行的总可用时间为 H：

$$H = W + L + T \qquad (5.3)$$

H 表示总的可用时间（单位为小时）；L 表示用于休闲的时间（单位为小时）；T 表示用于出行的时间（单位为小时），用于出行的时间越长，则可用于工作和休闲的时间就越短。

短期内，富兰克林不能改变其工作时间长短。用预算约束式（5.2）和时间约束式（5.3）改写原来的效用函数。预算约束意味着：

$$q = \frac{Y + \omega \cdot W - c \cdot D}{p} \qquad (5.4)$$

根据时间约束，用于休闲活动的时间可以表达为：

$$L = H - W - T \qquad (5.5)$$

用式（5.4）和式（5.5）分别代替效用函数中的 q 和 L，则效用函数可以表达为：

$$U = V\left(\frac{Y + \omega \cdot W - c \cdot D}{p}, \ H - W - T, \ T \right) \qquad (5.6)$$

式中，公式 V 的第一个参数代表的是 q，第二个参数代表的是 L。接下来，我们用该效用函数分析单位时间价值，式（5.5）表明，出行时间增加则可用于休闲的时间减少。出行时间的边际效用也就是总出行时间（T）的单位变化引致的效用变化量：

$$\frac{\partial U}{\partial T} = V_T - V_L \qquad (5.7)$$

式中，V_L是休闲时间的边际效用，V_T是出行时间的边际效用。总出行时间的变化对富兰克林效用的影响主要表现在两方面：一是出行时间变化对效用水平的直接影响（V_T），出行者越喜欢或越讨厌出行，这种影响效果越大；二是出行时间变化引致休闲时间变化进而产生的影响，由于时间限制和工作时间的总和是固定不变的，则出行时间的增加会使休闲时间的减少，从而导致较低的效用。当休闲时间减少所产生的负效用高于出行时间增加所产生的直接正效用时，出行时间的边际效用为负$\frac{\partial U}{\partial T} < 0$。

为了确定出行时间节约价值，我们需要了解富兰克林愿意为特定出行时间的节约支付多少钱。为了确定这一点，我们要推导最优效用如何随着收入变化而变化。我们通过对式（5.6）求关于Y的微分来推导收入的边际效用：

$$V_Y \equiv \frac{\partial U}{\partial Y} = V_q \cdot \frac{1}{P} \qquad (5.8)$$

当富兰克林从额外一单位的消费获得更多的效用，并且价格较低时，收入的边际效用较高。

出行时间节约价值表明，在保持同样福利水平的前提下，为减少一单位出行时间，富兰克林愿意支付的货币数量，在数学中，这就是两个边际效用的比率：

$$VOT = -\frac{\dfrac{\partial U}{\partial T}}{\dfrac{\partial U}{\partial Y}} = -\frac{V_T - V_L}{V_Y} = \frac{V_L - V_T}{V_Y} \qquad (5.9)$$

式（5.9）被称为边际出行时间节约价值，因为它反映了效用U如何根据T和Y的微小变化而变化。分子表示出行时间增加的边际效用，因此，相应的边际效用是V_L和V_T的差。当V_L和V_T相等时，在家休闲和坐车出行之间没有差别，出行时间节约价值为 0，即改变这两样活动消耗的时间并不能增加效用。相反，当 V_T 等于 0 并且工作时间依旧固定不变时，出行时间节约价值的公式（V_L/V_Y）可以解释为"时间作为资源的价值"，因为它等于每增加一单位时间预算（H）所创造的货币价值（加拉 – 迪亚兹，2008）。

因为出行时间的单位为小时，收入的单位为货币单位，则出行时间节约价值的单位为货币单位 / 小时。

5.2.2 长期模型：工作时间可选

长期来看，当出行时间发生变化时，富兰克林会考虑调整自己的工作时间。这可能会对出行时间节约价值产生影响，因为需要进行的取舍不同了。也就是说，当富兰克林可以自由选择工作时间的时候，总收入是内生变量；当出行时间变短时，他可能会考虑利用这段时间做更多的工作而非全部用于休闲。此时富兰克林通过改变其工作时间 W 使他的效用最大化。式（5.6）中 W 的一阶条件是：

$$\frac{\partial U}{\partial W} = V_q \cdot \frac{\omega}{P} - V_L = 0 \tag{5.10}$$

式（5.10）中的最优条件表明，富兰克林试图在额外工作一小时获得工资收入所产生的好处（$V_q \frac{\omega}{p}$）与失去一小时休闲所产生的负效用（$-V_L$）之间进行权衡。

既然现在可以选择工作时间，我们就可以将休闲时间的边际效用与收入的边际效用联系起来。根据式（5.8）中收入的边际效用（$V_Y = V_q \frac{1}{p}$），式（5.10）的最优条件可以改写为：

$$V_L = V_Y \cdot \omega \tag{5.11}$$

将式（5.11）代入式（5.9），我们得到一个将 VOT 与工资率联系起来的表达式：

$$VOT = -\frac{\frac{\partial U}{\partial T}}{\frac{\partial U}{\partial Y}} = -\frac{V_T - V_L}{V_Y} = \frac{V_Y \cdot \omega - V_T}{V_Y} = \omega - \frac{V_T}{V_Y} \tag{5.12}$$

由于在长期（且只有在长期）富兰克林可以自由选择工作时间，这时 VOT 等于工资率减去出行的货币化收益。当 $V_T > 0$，VOT 低于工资率，这与已经实证研究结果一致。斯莫尔的一份综述（2013）发现，VOT 通常是小时工资的 20%~90%，这表明 $V_T / V_Y > 0$，但是这个结论并不适用于以下情况：劳动力市场存在刚性，不能完全自由地选择工资 ω。例如，当个人的工资 ω 存在制度上限时，式（5.10）仍然是正的，但式（5.11）中 V_L 将低于 $V_Y \cdot \omega$，将其带入式（5.9），令 $V_T = 0$，仍会存在 $VOT < \omega$。

5.2.3 可能的扩展

时间价值模型可以做多种扩展，以更加真实地描述消费者选择行为。例如，工作时间不仅可以创造收入，也可以为富兰克林带来直接的正（负）收益，这涉及第四种未被建模的时间使用形式，既不是工作、休闲，也不是出行（注意，如果第四种时间使用的边际效用不是常数，对此进行建模特别有意义）。此外，还可以将出行时间与给定的工作时间挂钩。还有一种重要的扩展是将对活动的时间安排和与不同活动的次优时间安排关联的影子价格纳入模型（斯莫尔，1982）。分析框架中也可以纳入考虑出行时间多变性和不确定性的影子价格（例如，诺兰和斯莫尔，1995）。该模型可能的扩展还包括考虑所得税税率（福赛斯，1980），纳入短期选择与长期选择的区别（皮尔等，2015）。以上研究成果表明，出行时间节约价值的测算是一个丰富且多方向的研究领域。

5.3 出行时间节约价值的估算

鉴于出行时间节约价值对运输政策制定的重要性，国内外学者在出行时间节约价值的经验估计方面已经做出了很大努力。这一部分我们将先介绍多数此类研究采用的"基本框架"（workhorse），之后介绍荷兰的最新实证研究。

5.3.1 随机效用理论

通过观测个人选择来衡量出行时间节约价值在经济学研究上具有悠久的历史。目前，根据出行选择衡量出行时间节约价值仍至少面临以下两方面的挑战。第一，出行选择通常是在离散的备选方案（如路线或出行模式）之间做出选择，且同时段仅有一种方案被选择，这与标准的 OLS 回归中因变量为连续变量的假设情形不同。第二，和传统的 OLS 回归框架相同，研究者无法观测影响出行者选择的所有因素，回归方程的一部分就是用来捕捉这些未观测因素的。丹尼尔·麦克法登解决了这两个问题，他后来凭借自己在离散选择模型上的成果获得了诺贝尔奖。他将估值研究中最常用的随机效用理论（RUT）引入模型。随机效用理论假设我们可以根据所考察的备选方案中可被观测的特点在一定程度上解释个人做出的选择。然而，效用的其他方面是不能被观测的，在不同的替代方案之间存在某种特定的分布（特雷恩，2009）。假设个人 n 对于备选方案 j 的效用函数为：

$$U_{jn} = V_j(X_j) + \varepsilon_{jn} \tag{5.13}$$

式（5.13）中，向量 X_j 表示潜在影响出行者选择的备选方案 j 的可观测属性，如后面估计时间价值将会用到的出行时间和出行成本。此外，一些反映出行质量的因素也可能起作用，包括列车上 WiFi 的可用性、公共交通中互通式立交桥的数量、车站自行车停车点的便捷度或骑自行车时的天气条件等。$V_j(X_j)$ 被称为系统效用函数，它将观测到的替代方案的属性信息转化为个人效用价值。

效用的其他无法被研究者观测的部分由 ε_{jn} 给出，这被称为"异质性"（即是个人特有的）的效用部分捕捉了个人对于一个特定备选方案的未被观测的偏好。与 OLS 回归一样，在估值时，假设未被观测部分的效用与系统效用不存在相关性。[1]

---

〔1〕 注意，模型假设随机项 ε_{jn} 以加法形式进入方程，也可以规定误差项是乘法形式的，例如 $U_{jn}=V_j(X_j)\cdot\varepsilon_{jn}$。

存在不可观测的效用是随机效用理论的一个有力要素：研究者不必观测决定个人选择的所有因素也可以很好地了解因素 X_i 对效用的影响程度。假设目前存在两种可替代的选择方案：公共汽车（b）和私家车（a），其效用函数分别如下：

$$U_{an} = V_a\,(\,x_a\,) + \varepsilon_{an} \qquad\qquad (\,5.14a\,)$$

$$U_{bn} = V_b\,(\,x_b\,) + \varepsilon_{bn} \qquad\qquad (\,5.14b\,)$$

我们假设出行者均会选择效用最高的交通方式。当 $U_{bn} > U_{an}$，出行者会选择公共汽车出行；当 $U_{an} > U_{bn}$，出行者会选择私家车出行；当 $U_{bn} = U_{an}$，出行者选择两种交通方案没有差异（但在这种情况下，仍然需要做出选择）。当我们能观测个人对于公共汽车和私家车的出行选择时，我们可以更好地了解效用函数。

由于一部分效用是不可被观测的，我们只能确定出行者 n 选择某一种交通方案的概率而不能完全准确地预测他的选择。但是，当知道各备选方案的系统效用与 ε_{jn} 的分布时，我们可以计算此人选择某一特定备选方案的概率。假设出行者可以在 J 个替代方案之间进行选择，ε_{jn} 服从耿贝尔分布（Gumbel distribution），那么出行者 n 在 J 个方案中选择方案 i 的概率为 P_{in}，选择概率的表达式如下（特雷恩，2009）：

$$P_{in} = \frac{\exp\,(\,V_i\,)}{\sum_{j=1}^{J} \exp\,(\,V_j\,)} \qquad\qquad (\,5.15a\,)$$

式中，$\exp(V_i)$ 为 e^{V_i} 的替代符号。因此，logit 概率完全由系统效用 V 决定，较高的系统效用自然会增加被选择的概率。因为出行者能够从多种备选方案中做出选择，该模型也被称为多项 Logit 模型（MNL），当仅存在两种备选方案时，也被称为二项 Logit 模型。[1]

系统效用的改变将导致选择概率的变化。当选择备选方案 i 的系统效用增加，

---

〔1〕 如果假设误差服从多元正态分布，则会带来多元 probit 模型。Logit 模型的好处是有闭式概率，更易于应用。

而其他备选方案的系统效用保持不变时，备选方案 i 被选中的概率将增加。[1]

令式（5.15a）中的分子和分母分别除以 $\exp(V_i)$，我们可以得到选择概率的另一种表达方式：

$$P_{in} = \frac{1}{\sum_{j=1}^{J} \dfrac{\exp(V_j)}{\exp(V_i)}} = \frac{1}{\sum_{j=1}^{J} \exp(V_j - V_i)} \qquad (5.15b)$$

这表明选择概率只取决于系统效用的差异，如果我们将所有的系统效用函数加上一个常数，那么选择概率将保持不变。

我们仍以公共汽车和私家车的选择为例。假设私家车的系统效用为 $V_a=-5$，公共汽车的系统效用为 $V_b=-6$。将上述赋值代入选择概率公式，则出行者 n 选择公共汽车出行的概率为：

$$P_{bn} = \frac{\exp(V_b)}{\exp(V_a) + \exp(V_b)} = \frac{1}{1 + \exp(V_a - V_b)}$$

$$= \frac{1}{1 + \exp(1)} \approx 0.37 \qquad (5.16a)$$

同时，出行者 n 选择私家车出行的概率为：

$$P_{an} = \frac{\exp(V_a)}{\exp(V_a) + \exp(V_b)} = \frac{1}{1 + \exp(V_b - V_a)}$$

$$= \frac{1}{1 + \exp(-1)} \approx 0.63 \qquad (5.16b)$$

因此，系统效用的差异决定了公共汽车和私家车的选择概率。图 5.1 清晰地表示了选择公共汽车出行的概率随私家车与公共汽车系统效用差值（V_a-V_b）变化的特征。

当公共汽车和私家车的系统效用正好相等，即它们的差值为 0 时，选择公共汽车和私家车出行的概率均等于 0.5；当选择私家车出行的系统效用高于公共汽车时

---

[1] 可以通过考察微分 $\dfrac{\partial P_{in}}{\partial V_i}$，推导文中结论。令 $P_{in} = \dfrac{\exp(V_i)}{\sum_{j=1}^{J} \exp(V_j)} = \dfrac{\exp(V_i)}{\exp(V_i) + \sum_{j=1,j\neq i}^{J} \exp(V_j)}$，则

根据商法则，我们有：$\dfrac{\partial P_{in}}{\partial V_i} = \dfrac{\exp(V_i)\left[\sum_{j=1}^{J}\exp(V_j)\right] - \exp(V_i)\exp(V_i)}{\left[\sum_{j=1}^{J}\exp(V_j)\right]^2} = \dfrac{\exp(V_i)}{\sum_{j=1}^{J}\exp(V_j)} - $

$\left[\dfrac{\exp(V_i)}{\sum_{j=1}^{J}\exp(V_j)}\right]^2 = P_{in} - P_{in}^2 = P_{in}(1 - P_{in}) > 0$

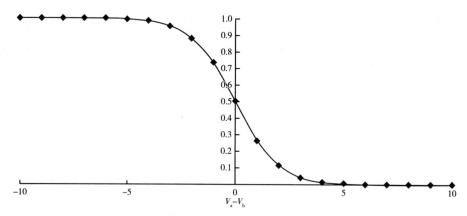

图 5.1　作为系统效用差值方程的公共汽车选择概率示意

（位于纵轴的右侧），选择私家车和公共汽车出行的效用差值为正，则选择公共汽车出行的概率低于 0.5；当选择私家车出行的系统效用低于公共汽车时（位于纵轴的左侧），选择私家车和公共汽车出行的效用差值为负，则选择公共汽车出行的概率高于 0.5。要注意的是，选择概率可以无限接近 0 或 1，但是永远不会等于 0 或 1，也就是说，logit 模型的一个性质是，即使是按系统效用判断非常不受欢迎的备选方案，也总会有一个正的选择概率。

这一部分介绍了不同交通方式的系统效用与其选择概率的关系。下面我们将更详细地介绍系统效用函数。

5.3.2　系统效用：线性效用函数

本节进一步探讨系统效用函数的具体表达形式。假设出行者在做决策时会考虑出行时间和出行成本，并且选择的交通方式的效用与出行时间和出行成本线性相关。则私家车和公共汽车的效用函数可以表达为：

$$U_{an} = \beta_c \cdot C_a + \beta_t \cdot T_a + \varepsilon_{an} \tag{5.17a}$$

$$U_{bn} = \beta_c \cdot C_b + \beta_t \cdot T_b + \varepsilon_{bn} \tag{5.17b}$$

式中，C_a 和 C_b 分别是选择私家车出行和公共汽车出行的货币成本，以货币单位衡量；T_a 和 T_b 为选择私家车出行和公共汽车出行的出行时间，单位是小时。β_c

为出行成本的边际效用，表示某个特定交通方式出行的成本每增加一单位所减少的效用数量，也就是说，这个参数显示了收入每减少一单位所产生的负效用，[1]也可以解释为收入的边际负效用。这些边际效用可以被用来推导出行时间节约价值（*VOT*）：

$$VOT = -\frac{\dfrac{\partial U}{\partial T}}{\dfrac{\partial U}{\partial Y}} = \frac{\dfrac{\partial U}{\partial T}}{\dfrac{\partial U}{\partial C}} = \frac{\beta_t}{\beta_c} \qquad （5.18）$$

式（5.18）中，分子表示出行时间变化一单位时带来的效用变化量；分母表示出行成本变化一单位带来的效用变化量。因此，在其他条件不变的情况下，这个比值表示出行者每节约一单位出行时间愿意支付的货币数量，这和第5.2节的结论相同。

5.3.3　系统效用：出行方式特定偏好

当公共汽车和私家车具有相同的出行成本和出行时间时，我们很可能会观测到人们更多地选择私家车，而不是公共汽车。选择私家车概率较高的原因可能有很多，例如，出行者可能会意识到，花费同样的时间，使用公共汽车出行比私家车出行更劳累。我们可以将这点纳入分析，令出行时间参数也取决于采用的交通方式。私家车和公共汽车的效用函数由此修订为：

$$U_{an} = \beta_c \cdot C_a + \beta_{ta} \cdot T_a + \varepsilon_{an} \qquad （5.19a）$$

$$U_{bn} = \beta_c \cdot C_b + \beta_{tb} \cdot T_b + \varepsilon_{bn} \qquad （5.19b）$$

上面两式分别表示私家车出行时间和公共汽车出行时间的边际效用，分别由 β_{ta} 和 β_{tb} 表示。若出行者感觉乘坐私家车出行比乘坐公共汽车出行更加劳累，则 $\beta_{ta} < \beta_{tb}$。私家车和公共汽车的出行时间节约价值分别为：

---

〔1〕　这实际上是一个对罗伊恒等式的应用，对于最优消费数量 q^*，有 $q^*=(\partial V/\partial p)/(\partial V/\partial Y)$。对于离散选择模型中的一个确定选择来说，有 $q^*=1$。

$$VOT_a = \frac{\dfrac{\partial U}{\partial T_a}}{\dfrac{\partial U}{\partial C}} = \frac{\beta_{ta}}{\beta_c} \qquad (5.20a)$$

$$VOT_b = \frac{\dfrac{\partial U}{\partial T_b}}{\dfrac{\partial U}{\partial C}} = \frac{\beta_{tb}}{\beta_c} \qquad (5.20b)$$

出行者也可能对私家车有内在的偏好，如私家车可能会提升他们的地位。[1] 如果出行者对于私家车有内在的偏好，当乘坐公共汽车和私家车的出行时间、出行成本及其边际效用都相等时，超过 50% 的人会选择私家车出行。因此，我们通过引入出行方式特定常数（Alternative-specific constant, ASC）来表示个人对私家车出行的内在偏好。则私家车和公共汽车的效用函数可以表达为：

$$U_{an} = ASC_a + \beta_c \cdot C_a + \beta_t \cdot T_a + \varepsilon_{an} \qquad (5.21a)$$

$$U_{bn} = \beta_c \cdot C_b + \beta_t \cdot T_b + \varepsilon_{bn} \qquad (5.21b)$$

当私家车对于出行者而言总是比公共汽车更具有吸引力时，ASC_a 为正。由于 logit 模型只用于衡量系统效用差异，当我们只观测私家车和公共汽车之间的选择时，估计私家车出行的 ASC 是无用甚至不可能的。因此，ASC_a 衡量的是当私家车和公共汽车出行的时间和成本相同时，两者的效用差异。内在偏好的货币价值可以用针对性常数（ASC）与成本参数的比值表示，类似出行时间节约价值。该比值（$-\dfrac{ASC_a}{\beta_c}$）将我们对私家车（相对于公共汽车）的内在偏好转变成用货币单位衡量的价值。

由于边际效用是独立于 ASC 的，出行时间节约价值并不会受引入 ASC 的影响。但是，当内在偏好被忽视而这个内在偏好又恰好部分支配了出行者的真实行为时，

---

[1] 就像摇滚乐队女王乐队的罗杰·泰勒唱的那样：我爱上了我的车！我梦想的机器，如此之洁净。参见 https://www.youtube.com/watch?v=gdDNFJpil50。注意，我们假设这个地位效应独立于出行时间。

这些边际效用的估计可能会发生变化。原因就在于，忽略内在偏好将导致遗漏变量的偏差。

5.3.4　系统效用：可观测的异质性

到目前为止，我们假设系统效用对于所有出行者都是相同的。通常情况并非如此，原因是多方面的。出行者可能有不同的时间约束、工作特点、收入等，包括年龄、性别、家庭地位、教育和收入等个体特征。对于存在个体异质性的人群，出行时间和收入的边际效用也可能具有异质性，这就意味着每个人的出行时间节约价值会因此不同。建立选择模型的一个重要任务就是分析个人的可观测特征是否影响和如何影响出行时间节约价值。这可以在多个方面给政策干预提供指导。例如，减少出行时间的政策可能将那些认为出行时间节约价值较大的群体作为目标。同时，它也可以提供更多关于运输政策影响福利分配的信息，因为它可以显示运输政策对于不同群体分别造成的影响。为了将个体特征考虑进去，系统效用函数必须进行调整：

$$U_{jn} = V_j(X_j;\ Z_n) + \varepsilon_{jn} \tag{5.22}$$

式中，Zn 为个体 n 的特征向量。这意味着我们可以同时添加多个个体特征。为了更清楚地说明这一点，第一个例子，假设我们预期收入 INC 对货币成本的边际效用存在线性影响。私家车和公共汽车的效用可以表达为：

$$U_{an} = \beta_c \cdot C_a + \beta_{inc} \cdot INC \cdot C_a + \beta_t \cdot T_a + \varepsilon_{an} \tag{5.23a}$$

$$U_{bn} = \beta_c \cdot C_b + \beta_{inc} \cdot INC \cdot C_b + \beta_t \cdot T_b + \varepsilon_{bn} \tag{5.23b}$$

式中，$INC \cdot C$ 表示收入和出行成本的交互变量。该交互变量导致成本的边际效用与收入呈线性关系，因为收入较高的出行者对出行成本的敏感度较低 $\dfrac{\partial U}{\partial C} = \beta_c + \beta_{inc} \cdot INC$，这看起来很合理，它意味着与低收入人群相比，高收入人群出行成本的边际效用更接近零。这表明 β_{inc} 的理论预测应该大于零，因为收入水平 INC 越高的人，其出行成本的（负）边际效用越接近零。我们按与第 5.3.3 节相同的方法计算出行时间节约价值，即用两个边际效用的比值表示：

$$VOT = \frac{\dfrac{\partial U}{\partial T}}{\dfrac{\partial U}{\partial C}} = \frac{\beta_t}{\beta_c + \beta_{inc} \cdot INC} \qquad （5.24）$$

如果估计结果证实了我们之前的预期，对于较高的收入水平，式（5.24）的分母将接近零，因此，出行时间节约价值将随着收入的增加而增加。出行时间节约价值与收入之间的这种经验关系已经在许多实证研究中得到验证，其中包括我们下文将介绍的荷兰的时间节约价值的最新研究。

在第二个例子中，假设出行的边际效用与年龄有关。更具体地说，我们预测退休人员关于可用时间的压力较小，因此他们出行时间的边际效用可能接近零。为了将年龄变量纳入效用模型，我们增加了一个哑变量 GP (0-1)，即当个人退休时，其值为 1，否则其值设定为 0。效用函数可以扩展为：

$$U_{an} = \beta_c \cdot C_a + \beta_t \cdot T_a + \beta_{tgp} \cdot GP \cdot T_a + \varepsilon_{an} \qquad （5.25a）$$

$$U_{bn} = \beta_c \cdot C_b + \beta_t \cdot T_b + \beta_{tgp} \cdot GP \cdot T_b + \varepsilon_{bn} \qquad （5.25b）$$

式中，系数 β_{tgp} 预计是正数，旨在降低（负）系数 β_t 的边际影响。出行时间节约价值再次由边际效用的比值表示：

$$VOT = \frac{\dfrac{\partial U}{\partial T}}{\dfrac{\partial U}{\partial C}} = \frac{\beta_t + \beta_{tgp} \cdot GP}{\beta_c} \qquad （5.26a）$$

出行时间节约价值现在是哑变量 GP 的函数。退休人员的出行时间节约价值是哑变量值为 1 时（$GP=1$）的边际效用比值：

$$VOT_{GP=1} = \frac{\beta_t + \beta_{tgp}}{\beta_c} \qquad （5.26b）$$

非退休人员的出行时间节约价值是哑变量为 0 时（$GP=0$）的边际效用比值：

$$VOT_{GP=0} = \frac{\beta_t}{\beta_c} \qquad\qquad (5.26c)$$

通过统计检验判断 β_{tgp} 不等于零是否显著，可以确定退休人员的出行时间节约价值比较低在统计上是否显著。值得注意的是，此类分析可同时使用多个交互变量。例如，可以同时将是否退休的哑变量和收入变量纳入模型中。

个人特征与边际效用的交互作用创造了丰富的潜在效用类型，也为出行者的选择提供了新的见解。除了线性参数估计之外，还有很多种效用函数估计方法。研究者可以根据实证数据来判断哪种效用函数能够最好地描述个人的选择。因此，选择最佳的效用函数形式有时候属于经验问题。此外，理论指导了参数的选择和解释，并经常提供关于参数符号的预测。

5.3.5　荷兰的 *VOT* 估计

2010 年的一项研究测算了荷兰出行者的出行时间节约价值。[1]这项研究采用了所谓的陈述性偏好研究方法：受访者填写一份调查问卷，他们需要回答几个简单的问题，在具有不同出行时间和出行成本的备选行程中做出选择。更加详细的陈述性选择问题还包括出行的可靠性和行程时间安排。表 5.1 显示了不同行程目的和出行方式下出行时间节约价值的估计值。

表 5.1　荷兰出行者在各行程目的下的 *VOT*（2010 年）			单位：欧元 / 小时
VOT	私家车	火车	公共汽车、电车和地铁
通勤	9.25	11.5	7.75
其他目的	7.5	7	6

可以从表中观察到几个结论。首先，这些估计值表明，通勤的出行时间节约价值要高于其他目的出行时间节约价值。其他目的包括去运动俱乐部、音乐学校或参

---

〔1〕　http://www.kimnet.nl/sites/kimnet.nl/files/de-maatschappelijke-waarde-van-betrouwbaarheid_herdruk.pdf.

加社会活动（此处不包括商务出行，商务出行的出行时间节约价值还包括雇主对其员工出行时间的估值）。其次，采用火车通勤的出行者的出行时间节约价值要高于采用私家车通勤的出行时间节约价值，也高于采用公共汽车、电车和地铁通勤的出行者的出行时间节约价值。这可能是因为乘坐火车出行的体验更为不舒服，例如拥挤会使人不舒服。这导致与私家车出行相比，乘坐火车出行会产生更多的负向边际效用。城市公共交通（公共汽车、电车和地铁）出行时间节约价值较低的一个原因是乘坐公交出行是个人选择的结果。一般来说，城市公共交通被当作一种慢通勤方式，因此，其使用者通常具有较低的出行时间节约价值。

荷兰的平均净工资率是每小时 15~20 欧元。这意味着，荷兰的出行时间节约价值大约为平均小时工资的 50%，这与国际研究结果是一致的（斯莫尔，2013）。这项研究还估计了每月家庭净收入与出行时间节约价值之间的关系。表 5.2 表明，乘坐火车和城市公共交通出行的出行时间节约价值随着家庭收入的增加而增加。不同收入群体选择乘坐城市公共交通出行的出行时间节约价值的增加比例要大于家庭收入的增加比例，而对于选择乘坐火车出行的群体，此关系并不明显。对于乘坐私家车出行的群体而言，其出行时间节约价值在收入为 3125~4325 欧元时出现了令人意外的下探。这可能是该收入阶层出行者与出行时间边际效用有关的其他特征造成的，例如特定的工作特征可能会导致较低的出行时间节约价值。有一种假说认为，该收入阶层的私家车出行者比低收入阶层的私家车出行者更能有效地利用自己在汽车上的时间，这会降低他们的出行时间节约价值。

表5.2　荷兰出行者在各收入水平下的 *VOT*（2010 年）			单位：欧元／小时
每月家庭净收入	私家车	火车	公共汽车、电车和地铁
<1875 欧元	8.75	9.50	6.00
1875–3125 欧元	9.50	11.00	6.50
3126–4325 欧元	8.25	13.80	7.00
≥ 4325 欧元	10.50	14.25	11.75

5.3.6　各理论研究的出行时间节约价值估值不同的原因

尽管出行时间价值的经验估计有悠久的历史，但即使这些研究关注的是相同或可比较的人口，不同实证研究的估值之间仍然存在巨大的差异。这是由各种各样的原因造成的，其中一些与研究设计有关。因此，本节将讨论不同研究中出行时间节约价值估值不同的方法论原因。

假想的选择与真实世界的选择

国际上几乎所有关于出行时间节约价值的研究都采用陈述性偏好（SP）数据来估算 VOT，就像我们刚才讨论的荷兰研究一样。SP 研究方法使用假想的选择情境，通过对调查者进行问卷调查来估计出行者的效用函数。一个重要的问题是，假想的选择是否与出行者在面对同样情境时所做的真实选择保持一致。随着 GPS 技术的不断发展以及收费公路数据的使用，使用显示性偏好（RP）数据来估计同一类型的选择模型变得越来越可行。

RP 研究方法和 SP 研究方法的结果可能差异非常大。例如，布朗斯通和斯莫尔（2005）发现，对于同一研究区域，采用 RP 数据估计的出行时间节约价值是采用 SP 数据估计的 2 倍左右。这种差异可能既来自出行时间节约价值计算公式的分子，也来自其分母。可能是受访者对于现实货币成本的敏感度要低于假设性问卷调查中成本的敏感度，这将导致基于 SP 数据的出行成本边际效用（以绝对值衡量）相对较高，进而导致其估算的 VOT 要低于基于 RP 数据估算的 VOT 值。在假想的情境下，受访者对于成本更为敏感可能是因为他们想通过自己在选择实验中给出的答案影响未来的通行费和税收水平。这一提示对于那些包括拥堵收费或燃油税在内的实验特别重要。从 VOT 的分子项来看，也可能是受访者对真实出行时间的敏感性高于自己在陈述性选择实验中对出行时间的敏感性。一个重要的原因可能是现实中的出行时间不可能在一个陈述性选择实验中被完全逼真地复制出来。这一提示可能对那些旨在度量拥堵状态下出行时间估值的实验较为重要。这将导致基于陈述性选择的出行时间边际负效用要低一些，因此，基于SP数据估算的*VOT*要比基于RP数据估算的*VOT*要小。

汉修（2010）认为，还存在一些其他原因导致基于SP数据和RP数据测算的*VOT*不同。例如，受访者可能倾向于让研究者认为他们是有社会责任心的，例如他们会选择比自己现实行为更环保的选项。同时，如果更环保的选项恰好也是相对较慢的交通方式，则会导致出行时间节约价值的估值偏低。此外，实验中所提供的选择可能与现实生活中权衡取舍的选项相差很远。例如，实验中所提供的出行时间和出行成本可能与受访者在现实生活中的实际支出差异较大，受访者可能会认为这类权衡不切实际，因此忽视这些选项，这会导致获得的选项数据信息量较少。汉修（2010）建议，可以围绕受访者的一次真实行程展开权衡，这样会在一定程度减少上述问题。这意味着，实验要基于受访者近期的行程，以便更接近现实中的选择，进而使*VOT*的估计值更接近现实情况。

总而言之，人们可能会好奇，既然RP数据具有基于实际行为这一明显的优势，那为什么研究者还如此频繁地使用SP数据呢？第一个原因在于数据的可获取性。对于特定的研究地点，人们并不是总能得到RP数据，例如，没有交通观测数据，或者无法获取不同交通选择的相关货币属性。第二个原因是在RP数据中，各选择之间的不同属性往往有很强的相关性，例如，长距离出行往往意味着出行时间和出行成本都较高。当相关性太强时，这可能会妨碍选择模型的经验估计。此外，SP数据也有自己的优势，受访者可以面对在现实中不存在的选择，例如将出行时间节约价值用于评估投资决策这种不常见的情况。考虑不同的优势，似乎可以肯定的是，将同样的受访者的SP数据和RP数据结合在一起进行研究最终能为出行时间节约价值的估算提供尽可能准确的依据。

挑选受访者和选择背景

最近的研究表明，受访者的选择也会对出行时间节约价值的测算产生强烈的影响。受访者的抽样选择很重要，例如，可以预见，来自互联网抽样样本的受访者能参与问答恰恰是因为他们具有较低水平的 VOT，参与该问答本身就是一个耗时的活动。这种自我选择问题导致估计的 VOT 要小于出行者总体的 VOT 均值。因此，抽样样本选择方法在 VOT 估计中扮演着重要的角色。

采样也是收集 RP 数据时要面临的问题。研究者通常是在一个特定的空间背景内（如城市或乡村）收集数据，这意味着估计结果可能不适用于其他地方，因为样本之间可能在可观测和不可观测的特征上有所不同。此外，样本选择也可能对 RP 数据起作用。例如，皮尔等（2015）使用的数据来自一个错峰激励的实验。由于受访者自愿选择参加该实验，出行时间节约价值的估计值有可能对出行者总体而言并不具有代表性。

建模问题

在过去几十年中，计量经济学和统计方法在离散选择数据的分析方面取得了巨大进展（特雷恩，2009）。在 20 世纪 80 年代和 90 年代，出行时间节约价值的研究主要采用多项 Logit 模型，同时丰富了考虑偏好异质性且带有协变量的效用函数的研究（见第 5.3.4 节）。然而，多项 Logit 模型仍有很大的局限性。

首先，多项 Logit 模型假设各种交通方式之间存在特定替代模式。对于两种交通方式，某一种交通方式被选择的概率独立于选择其他交通方式（本·阿基瓦和莱尔曼，1985）。这可以通过式（5.15a）得到证实，对于两种交通方式，其被选择的概率只取决于式（15.5a）中的分子，因为它们的分母是相同的。这带来一个值得注意的限制性含义，即当新增一种交通方式时，其他所有交通方式将会失去同等比例的市场份额，这个性质被称为"无关选项独立性"（Independent of Irrelevant

Alternatives, IIA）。当某些交通方式相互之间的相似性比其他交通方式大得多时，上述性质就变得不切实际了，典型的例子是"红蓝巴士问题"。当将蓝色公共汽车这一备选项加入已经包含了红色公共汽车和私家车两种交通方式的初始选择集时，如果多项 Logit 模型是有效的，则红色公共汽车和私家车的市场份额会等比例地损失市场份额。然而，现实生活中，人们并不关心公共汽车的颜色，这也就意味着初始选择集中的红色公共汽车将会失去一半的初始份额，而私家车的市场份额将保持不变。这个问题也推动了嵌套 logit 模型的发展，该模型允许某类产品之间（那些位于同一子集的产品，比如红色公共汽车与蓝色公共汽车）比之与其他产品之间（如私家车与蓝色公共汽车）有更强的替代可能性。

此外，多项 Logit 模型也没有考虑未观测到的偏好异质性。边际效用误差往往源于研究者没有观测到全部。因为并不是所有受访者的个体特征都可以被测量，人们之间的差异必然有一部分来自可观测的特征之外。当这种未观测到的异质性被忽略时，对出行时间节约价值的估计就可能出现偏差。一些研究已经表明，忽略未观测到的异质性将会导致出行时间节约价值被低估，以致低于所有出行者的均值（汉修，2001）。感兴趣的读者可以查阅特雷恩（2009）、汉修和格林（2003）关于存在未观测到的偏好异质性时出行时间节约价值估计的计量经济研究进展。

5.4 结论

出行时间节约价值是（交通）经济政策制定的重要影响因素，它是出行时间的边际效用与收入的边际效用的比值，因此，它与休闲时间和工作时间的边际效用密切相关。为了获得经验的估值，我们需要观测人们对出行时间和货币进行权衡的假想选择与现实选择，并从中估计效用函数。离散选择模型尤其是多项 Logit 模型，常被用于此类估算，虽然这些模型在某些方面相当受限制。但是，对该模型的不同修订至少可以在一定程度上放宽这些限制。

本章总结

1. 时间价值指时间的边际支付意愿，可以用时间的边际效用和收入的边际效用的比值来表示。

2. 出行时间节约价值的理论模型主要包括短期和长期两种。短期模型中，假定个体工作时间固定不变，个体在消费 q、出行时间总时数 T、休闲时间 L 三者间进行权衡取舍；长期模型中，假定个体工作时间可选，则个体在消费 q、出行时间总时数 T、休闲时间 L、工作时间 W 间进行权衡取舍。

3. 随机效用理论根据备选交通方案所能被观测的特点来解释个人做出的选择，个体异质性和选择偏好等均会对系统效用产生影响。

4. 出行时间节约价值估计值存在差异的原因包括 SP 数据、RP 数据与现实数据间存在差异，抽样样本选择代表性以及建模问题等。

本章术语

value of travel time savings 出行时间节约价值

generalized cost 广义成本   random utility theory 随机效用理论

shadow prices 影子价格   workhorse model 基本框架模型

discrete choice models 离散选择模型

Gumbel distribution 耿贝尔分布

multinomial logit model　多项 Logit 模型

binomial logit model　二项 Logit 模型

nested logit model　嵌套 Logit 模型

stated preference　陈述性偏好

revealed preference　显示性偏好

案例分析 1：出行时间节约价值的英国研究[1]

英国奥雅纳公司（Arup）、利兹大学交通研究所（ITS）、Accent 咨询公司为英国运输部（DfT）承担的最新研究进行了一系列 SP 实验和 RP 实验，总结并修订了一系列近年来汽车出行的出行时间节约价值的估计成果。

该研究在构建理论模型时，强调在运输评估的背景下，传统的"时间价值"并非可能在旅行过程中花费的时间总价值，而应该被视为相对于运输设施投资发生基期的"出行时间变化的价值"（value of changes in travel time）。出行时间节约通常是运输基础设施项目和政策货币化收益的重要组成部分，此外，出行可靠性和公共交通过度拥挤也需要通过出行时间节约价值的乘数来衡量。该模型以支付意愿的视角，基于随机效用理论的改进模型（$U=V \cdot \varepsilon$），分别以商务出行和非商务出行者为研究对象，探究影响价值变化的因素，包括出行模式、出行目的、收入、出行距离或时间以及有效利用出行时间等。随后，构建了三类 SP 实验，SP1 提供出行时间和金钱之间的二元选择；SP2 对每一个出行方案提供了五个可能的出行时间；SP3 在 SP1 和 SP2 的基础上，针对每一种交通方式加入了（汽车）驾驶条件、（轨道交通）拥挤程度等，从而更加贴近现实的出行环境。研究共设计了 315 个代表

〔1〕　Batley, R., Bates, J., & Bliemer, M., et al. (2017), "New appraisal values of travel time saving and reliability in Great Britain", *Transportation* 2017: 1-39.

方案，每个受访者会收到一个最接近他们参考行程的设计方案，为了减少顺序效应（ordereffects）的影响，每一位受访者会先进行 SP1 实验，SP2 和 SP3 将随机出现。此处，通过汽车出行的出行时间节约价值估计其他出行方式的出行时间节约价值。

在实证分析中，该研究在英国 30 个代表性地点进行问卷调查，通过 80% 的街头拦截招募和 20% 的电话招募，一共搜集了 8623 个反馈，调查范围覆盖英国全境。最后采用距离加权后，通过反复的模型测试和模型修正，得出的部分结果如下表（以通勤为例）。

表 5.3　英国的通勤时间节约价值实验结果			单位：英镑 / 小时
出行距离	出行目的		
	非工作出行	商务出行	通勤
所有距离	5.12	18.23	11.21
小于 20 英里	3.62	8.31	8.27
20~100 英里	5.49	16.05	12.05
大于等于 100 英里	9.27	28.62	

从研究结果可以看出，所有出行方式都对距离敏感，但是程度不同，出行时间越长，出行时间节约价值越高。通勤对距离最不敏感，其次是非工作出行，而商业出行对距离最为敏感。这些都是社会经济属性和出行特征随着距离和距离弹性的变化而发生系统性变化所致。与 2003 年的估计值相比，这项最新的研究具有更强大的功能性和更出色的拟合度，进一步完善了出行时间节约价值的研究。

案例分析 2：塞内加尔出行时间节约价值的估算[1]

由于传统 RP 数据获取难度较大，英国利兹大学在一项最新研究中创新性地将

---

[1]　Bwambale, A., Choudhury, Charisma F. & Hess S .(2018), "Stephane Modelling long-distance route choice using mobile phone call detail record data: A case study of Senegal".

移动电话呼叫详细记录（CDR）纳入 RP 数据集，从而将移动电话数据的应用扩展到出行行为建模和政策分析中。

该研究在构建理论模型时，基于路线选择视角的随机效用理论计算出行时间节约价值。由于塞内加尔境内没有铁路，因此研究对象仅为汽车出行。通过建立个体 n 关于路线 r 的离散选择模型（$U_{nr}=V_{nr}+\varepsilon_{nr}$），评估出行时间、出行费用、起始点间的距离等因素对出行者效用和路径选择的影响，从而计算出行时间价值。出行时间通过塞内加尔的后勤能力评估网（the website of Logistics Capacity Assessment）和谷歌地图评估，出行费用基于公路设计和维护标准（HDM-Ⅲ）模型评估汽车运行的燃料成本而求得。

该研究在进行实证分析时，采用 2013 年 1~12 月塞内加尔的匿名 CDR 数据，为了避免路径重叠问题，分别用 MNL 模型、c-logit 模型和基于路径长度的 logit 模型进行估算，得出的出行时间节约价值分别为 1.7251 美元 / 小时、1.6534 美元 / 小时和 0.8673 美元 / 小时，其中基于路径长度的 logit 模型拟合程度最好。将该结果与特耶等（2017）的荟萃分析研究结果（4.29 美元 / 小时）进行对比，可以发现利用 RP 数据计算的出行时间节约价值更贴近塞内加尔 2012 年的小时工资中位数（0.70 美元 / 小时），因此研究者认为该值更为合理。研究验证了 CDR 数据可以成功地用于研究长途跨区旅行的路线选择行为，同时这项研究也为发展中国家的运输研究和数据搜集提供了新的思路。

复习题

1. 请分别从文字描述和经济概念的比率关系两方面对时间价值给出准确的定义。采用经济概念的比率进行定义时，请解释人们的期望时间价值是随着收入增加而增加呢，还是正好相反？为什么？

2. 为什么说多项 Logit 模型是一种重要的随机效用模型？

3. 多项 Logit 模型的一个特性是 IIA，怎么理解这点？请解释如何从该模型采用的选择概率中推出这个属性？同时，请解释为什么 IIA 在现实中并不总是可行的？

4. 给出一个最简单可行的线性间接效用函数的例子，该函数可以使用多项 logit 模型来进行估计以确定时间节约价值，进一步说明如何根据估计系数计算时间节约价值。

拓展阅读文献

［1］Ben-Akiva, M. E. & S.R. Lerma (1985), "Discrete Choice Analysis: Theory and Application to Travel Demand", *Journal of the Operational Research Society* 38(4):370-371.

［2］Brownstone, D. & K.A. Small (2005), "Valuing Time and Reliability: Assessing the Evidence from Road Pricing Demonstrations", *Transportation Research Part A: Policy and Practice* 39(4):279-293.

［3］Small, K.A. (2012), "Valuation of Travel Time", *Economics of Transportation* 1(1-2):2-14.

第6章 | 成本—效益分析 *

本章提要

政府在进行投资决策时，需要从社会的角度对政策的利弊进行全面衡量，而成本—效益分析是最常用的政策评价方法。本章首先介绍成本—效益分析的一些基础概念，包括计算公式、判断原则、分析步骤以及对时间价值的考虑等。成本—效益分析中效益的衡量是难点，需要用"一半规则"计算项目的效益。项目效益会有扩散效应，需注意不应重复计算。除了前面提到的直接效益，项目还会有外部性，主要表现为外部成本，这也应该在计算项目效益时加以考虑。本章最后谈到了成本—效益分析在实践中遇到的一些常见问题。

学习目标

1. 理解和掌握成本—效益分析的基本计算方法，即项目净现值计算公式。

2. 理解和掌握项目效益的计算方法——"一半规则"。

3. 理解项目更广泛的经济效益是什么。

4. 了解项目外部成本的评估方法。

5. 了解成本—效益分析在政治决策实践中的作用。

---

* 卡尔·库普曼斯参与了本章内容的编写。

6.1 引言

政府的一项重要政策工具是投资决策权，也就是对是否投资、在哪里投资和怎样投资进行决策。政府投资各种不同类型的设施，包括医院、文化服务设施、堤坝等各种基础设施，其中交通运输是一个重要的类别。事实上，在过去几十年里，我们看到运输能力随着运输需求的增长而增长。这些投资本身并不违背经济逻辑：一个日益增长的"外移需求"[1]通常意味着更多的均衡供给，运输服务的需求和供给并没有什么特殊之处。当然，正如我们在第2章中看到的那样，基础设施的供给自身还不足以取得最有效的结果，通常，它至少同时需要供给优化和定价优化。但是，无论是否采用最优（也许是次优）定价，政府决策的有效性和合理性都取决于能否深刻地洞察某些行为的利弊。

从社会的角度来看，一个政策通常情况下不会只带来好处或只带来坏处，需要全面衡量。除了要了解政策的种种利弊，我们还需要掌握评估方法，从而客观地权衡这些不同的效应。本章的主题成本—效益分析（Cost-benefit analysis，CBA），正是这样一种方法。与其他评估方法（包括多准则分析MCA）不同的是，成本—效益分析旨在尽可能地遵循社会剩余最大化的原则。它用货币计量一个项目或政策的效益和成本，通过加总效益再减去成本，由此得到该项目或政策产生的社会剩余增益（当增益为负值时为亏损）的总度量。虽然这通常并不是制定政策时参考的唯一信息，但毕竟是一项重要依据。事实上，2000年以来，成本—效益分析一直是荷兰大型基础设施项目筹备过程中的强制性要求。

就其性质而言，成本和效益之间的比较是成本—效益分析的核心，这种方法本身完全符合我们前面在第1~4章中所做的分析模式（事实上，正如第5章所讨论的那样，试图用货币价值衡量时间收益也是如此）。例如，在第2.1节讨论的情况下，寻求确定价格和交通容量最优组合的成本—效益分析，如果运用得当，会找出和最

---

〔1〕 外移需求指需求增加，则需求曲线整体向右上方移动，也即向外移动。

优选择理论所确定的通行费与交通容量组合完全一样的结果。不过，实践中交通基础设施项目的成本—效益分析涉及的范围远不止我们在第 2.1 节所考虑的使用者效益、时间成本和交通容量成本。表 6.1 提供了一个大致框架，描述了当选择是否要在两座城市之间建立一条新的高速铁路时，有关该项目人们可能需要考虑的各种效应。

表 6.1　两个主要城市之间拟建新高速铁路时需要考虑的效应	
正向效应	**负向效应**
• 新线路带来的出行时间节约	• 投资成本
• 诱发出行的效益	• 运营成本
• 运营商的利润	• 视觉侵扰和社区隔离
• 搬迁和住房市场	• 搬迁和住房市场
• 劳动力市场	• 劳动力市场
• 减少汽车使用对环境的效益	• 增加列车运输的环境影响
• 减少某些地方的交通拥堵	• 增加其他地方的拥挤
• 减少某些地方的重大车祸	• 增加其他地方的重大车祸
• 其他	• 其他

表 6.1 的清单还可以增加很多，但是已经明确的是，做出最终决定时要考虑的影响因素是多样的、不确定的，也难以相互比较。举例来说，应当如何权衡节约一小时的效益与减少一吨二氧化碳排放量的效益之间的关系？成本—效益分析的一个核心要素是，通过尽可能地对项目可能产生的各种类型的效应进行货币赋值来明确这种权衡。换句话说，它把项目为社会带来的好处尽可能地表示为效益，把项目为社会带来的坏处则表示为成本。

在本章中，我们将重点介绍一些在成本—效益分析中起作用的重要经济问题。我们不可能对所有在分析时起作用的技术细节都详加说明，我们选择了那些在解释成本—效益分析的结论时最重要的问题，这些问题从经济理论角度来看也具有挑战性和趣味性。6.2 节将首先确定成本—效益分析的一些基本概念，6.3 节讨论直接效益的衡量，6.4 节讨论间接效益，6.5 节讨论外部成本的估值，6.6 节简要讨论成本—效益分析在政治决策中的作用。

6.2 成本—效益分析：概念基础

成本—效益分析背后的基本理念看似简单。基本思想是通过贴现项目产生的所有社会效益 B 和社会成本 C 来计算这个项目的净现值（NPV），进而将其与没有此项目情景时的结果对比。我们可以用下面这个直观且大多数读者都很熟悉的数学表达式来计算 NPV：

$$NPV = \sum_{t=0}^{T} \frac{B_t - C_t}{(1+r)^t} \qquad (6.1)$$

其中 t 表示连续的时间段（例如年）；B_t 和 C_t 是在 t 期发生的社会效益和成本；T 是计划期，通常是（非常）远的未来；r 是相关贴现率。根据这个标准，如果一个项目的净现值是负值，那么这个项目对社会而言就没有吸引力；如果一个项目的净现值较高，那么这个项目就会变得更加可取。

尽管基于式（6.1）的决策规则显得简单和透明，但是在实践中应用它却面临许多挑战。其中一个就是，只要备选方案之间存在部分重叠，各备选方案的效益和成本就会彼此相关，因此并不是每个 NPV 为正的项目都是应该实施的。举一个简单明了的例子，一座跨河桥梁的两个备选位置方案的 NPV 都为正值，但是一旦其中一个位置已经建起桥梁，另一个位置建桥的 NPV 就会变成负值。除此以外，在实践中应用 CBA 方法时还需要考虑更多的方面。在本节中，我们将讨论一些与式（6.1）背后的基础概念相关的问题。

6.2.1 使用总剩余：帕累托准则和卡尔多—希克斯准则

关于等式（6.1）第一个需要注意的特点是，在比较项目时，它考虑的是社会效益的总值和社会成本的总值，与谁承受这些效益或成本无关。虽然这一特点乍看起来既符合逻辑又务实，但是它反映了社会决策的根本困难之一，即没有客观的方法来比较个人之间的效用。这就产生了社会决策制定上众所周知的"严格帕累托准则"，这个准则把帕累托最优定义为这样一种状态：没有人能够变得更好，除非至少让其他一个人的情况变坏。这个原则的实际适用性是有限的，因为实际上任何政策或项目都会至少让一些人因此遭受损失。如果放弃每一个违反了严格帕累托标准的项目，包括那些使数百万人变得更好却同时让几十人受损的项目，那么大多数人会认为这过于严格了。

式（6.1）反映的 CBA 基于"潜在的帕累托准则"，也可以称为"卡尔多–希克斯准则"，这一准则是"严格帕累托准则"的修改版。根据卡尔多–希克斯准则，如果那些在某种变化中增加了效用的人在理论上可以通过一次性货币转移来补偿那些效用下降的人，从而最终没有人的效用会下降，那么这种变化就是社会所需要的。如果这种一次性财务补偿在操作上是可行的，并且在实际中真正得到执行，则在补偿发生之后，这个变化会带来严格的帕累托改进。需要注意的是，并非财务补偿必须真实发生，这一变化才是符合社会要求的。

因此，卡尔多–希克斯准则以货币形式或支付意愿来表示效用的变化，这使得不同人之间的效用变化具有可比性，进而，这些效用变化的大小将被用于确定所需的一次性转移补偿额的大小。因此，CBA 旨在确定和比较社会对于某项政策措施或项目产生的各种影响的支付意愿。例如，如果机场扩张产生了额外的噪声，对避免这种噪声的支付意愿估值将作为一部分成本计入总成本。我们将在之后讨论各种计算方法，不过，一种方法是将有噪声房屋的价格与没有噪声的类似房屋的价格进行比较，这被称为"享乐价格法"。

卡尔多–希克斯准则的一个重要特征是它只考虑到了福利总量，而忽略了其分配。因此，这个准则可以说对较富裕人群的偏好给予了更高的权重，通常其收入边际效用更低，因此，在其他条件不变的情况下，对各种项目影响的支付意愿更强（可以对比上一章对时间价值的定义）。因此，如果某项措施对富人有利，而损害了贫困群体，那么富人在原则上有可能对穷人进行补偿，以便人人都能过得更好。显然，如果这种补偿并没有真的发生，最终结果是穷人的福利减少，而富人的福利增加。

再以拥堵收费为例。正如我们在第 5 章中所看到的那样，更富裕的人（和企业）

有更大的时间价值，因此更愿意支付拥堵费，从而得以在拥堵程度降低的道路上行驶并从中受益，而穷人则可能被迫放弃开车上路。尽管正如我们在第 1 章中所看到的那样，那些不能上路的人的剩余损失比那些仍然在路上的人要小，这仍会引发人们关注政策的分配效应，恰当地使用拥堵收费带来的收入可以解决这类问题。

一些分析者建议在 CBA 中增加福利权重，以便给予低收入群体更高的权重，但这并没有被广泛接受，因为它将经济分析和政治偏好混合在一起，尽管可能产生对每个人来说都改善的政策，但这本来是可以通过收入再分配实现的。也就是说，比起通过前述对社会有正的净效益的社会政策和项目来实现收入和财富的再分配，有更有作用、更有效率的方式（例如所得税）来实现收入和财富的再分配。此外，一些 CBA 指南建议除了显示总福利效应，还应显示特定群体的福利效应，这可以让政治家在既考虑总福利效应又考虑福利分配的情况下做出选择。

6.2.2　界定项目备选方案和基准方案

CBA 的一个重要步骤是准确界定那些将被研究的措施，也就是政策的各种备选方案。只有当一项措施的所有相关特性都被准确定义时，其成本和效益才能得到恰当的估计。为确保能选出最优的项目或政策方案，很重要的一点是要有一个足够广泛的备选方案集合。例如，在考虑道路建设或扩建时，备选方案集合中应该包括不同的路线和不同的道路容量，而且还要有对道路定价体制的不同假设，否则就可能出现这样的情况：一个项目符合 CBA 标准，但实际上还有更好的备选方案没被注意到，而且一旦实施了这个符合 CBA 标准的方案，那个更好的方案将变得不再适宜。

此外，需将不采取任何政策措施时的方案界定为基准方案[1]。政策备选方案的影响、成本和效益就是该政策备选方案与基准方案之间的差异。此类基准方案通常需要设定一个或多个涉及未来发展不确定性的情景，因此敏感性分析是 CBA 的一个重要方面，项目选择中 *NPV* 的大小、正负符号及备选方案排序需要有较好的可靠

---

〔1〕　CBA 一般进行"有措施"和"无措施"两种情况的对比。

性。此外，涉及基准方案情景界定的一个重要问题是，除了 CBA 中研究的措施以外，其他可行的措施是否被假设是最优化或非最优化。这依旧应该是一个敏感性分析问题。在现行交通政策下，建立某座桥梁在社会上是可取的，这是一回事；在所考虑的区域实施道路拥堵收费（这是一个更优的政策），那么道路将变得没有那么拥堵，则是否会对建桥梁的决定感到"后悔"，这是另一回事。这是一个需要考虑的重大因素，特别是对于不可逆转的措施来说。新基础设施的建设通常就属于这类不可逆转的情况。

6.2.3 贴现

政府的措施往往会在很多年内产生影响，先引发成本，然后才产生效益。投资项目确实如此。因此，CBA 需要比较在不同时间点发生的货币价值。适当调整未来效益或成本的价值的过程称为贴现。它应该与纠正通货膨胀区别开来。如果出现了通货膨胀，未来的效益和成本以未来价格表示时会看起来人为地变大了。在 CBA 中，所有货币价值都应该以实际价值表示，并用同样的货币单位[1]。未来的成本和收益在经过上述修正之后，依旧应该被贴现，如式（6.1）所示。

式（6.1）中的贴现率 r 与实际利率密切相关。例如，为了支付一个两年以后的实际成本 C_2，在当前利率为 ρ 时，只要将金额为 $C_2/(1+\rho^2)$ 的钱存入储蓄账户即可。政府通过发行政府债券来为投资和当前的经常性支出提供资金，即以特定利率借钱。这个利率因此可以被作为贴现率。然而，这种做法并不普遍，因为政府项目也会带来风险，如效益会低于预期。假定已经正确地计算了预期效益，那么风险厌恶会降低风险性效益的价值。这可以通过给贴现率增加一个"风险溢价"来反映。例如，荷兰政府在 2015 年决定使用 3% 的实际贴现率。这个利率是"无风险"实际利率 0%（政府债券的实际利率）与"风险溢价"3% 的总和。

---

〔1〕 例如，欧元、美元或人民币等。

贴现尽管有其经济逻辑，但仍备受争议，特别是考虑到它对环境的长期影响。使用2%或更高的贴现率，未来几代人的长期成本与目前的成本和收益相比往往变得微不足道。图6.1说明了这一点，它显示了当贴现率为4%时，从现在开始第100年的成本对现行政策来说几乎没有任何影响。如果我们认为长远的未来更重要，尤其是考虑到未来潜在的环境风险，我们可能会向下调整贴现率；不过，这也会影响不远的将来成本和效益的相对权重，使它们不合时宜地与政府在资本市场（按市场利率）借入或贷出的能力相矛盾。有人建议对环境商品采用不同的贴现率，或者采用并非一直保持不变的贴现率，如让贴现率随着时间流逝而逐步下降。不得不说，这个问题还没有得到解决，而社会贴现问题似乎在一段时间内仍将留在环境经济学家的议题中。

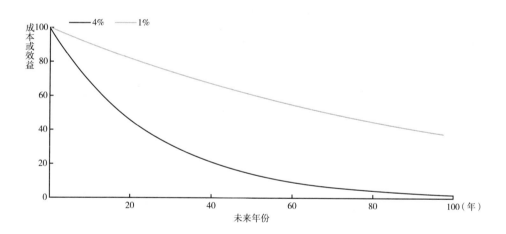

6.3 衡量效益

一个项目涉及的成本往往相对容易衡量，至少当其未来（价格）变化的不确定性不太大，并且在成本能够用市场价格恰当地加以衡量的情况下（见第6.5节）。一个项目的效益似乎更难评估，因为这涉及度量支付意愿，因此需要对（反）需求函数进行经验识别。如果一个项目不只为当下主要考虑的市场创造了效益，也为相关的其他市场带来了效益，那么这个度量任务将变得更加具有挑战性。例如，考虑在两个城市 A 和城市 B 之间即将修缮一条公路，它不仅会为两个城市间的公路交通带来好处，也会对相关市场造成影响，比如这两个城市间的铁路交通，或者从城市 A 到第三个城市 C 的交通，由于公路修缮使城市 B 相比城市 C 变得更为吸引人，城市 A 与城市 C 之间的交通量也将有一部分转移到修缮后的公路上。很明显，尤其是在运输等网络市场上，这种溢出效应是直接相关的，不过，显然类似的机制也在其他公共政策中起作用。

6.3.1 "一半规则"：一个简例

图 6.2 说明了在没有任何其他市场溢出的情况下确定公共投资效益的基本方法。为了说明这个问题，假设使用一条不拥堵的道路，通过修缮道路表面，可以将之变成一条通行速度更快的道路。平均出行成本从 c_0 下降到 c_1，同时，使用量从 N_0 增长到 N_1。根据第 1 章的讨论后，显而易见的是，这种净社会效益的改善由阴影区域给出，我们将对它与所需的投资成本进行权衡取舍。它可以分解成较浅灰色的矩

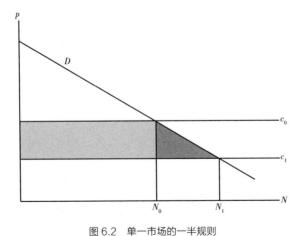

图 6.2　单一市场的一半规则

形与较深灰色的三角形两部分，前者代表那些继续使用道路的人们的成本节约，后者代表了由于道路修缮而新进入道路的人们新增加的消费者剩余。为了便于以后参考，明确新进入者之间的增益不同这一点很重要：对是否使用道路无差异的司机的增益从最初（c_0-c_1）一直下降到 0。

由于我们假设反需求函数是线性的，社会剩余的增益可以写成：

$$\Delta S = N_0 \cdot (c_0-c_1) + \frac{1}{2} \cdot (N_1-N_0) \cdot (c_0-c_1)$$
$$= \frac{1}{2}(N_1+N_0) \cdot (c_0-c_1) \qquad (6.2)$$

第二个表达式将第一个表达式重写为被称为"一半规则"的等式。它将社会剩余的增益表示为成本降低与平均使用量二者的乘积，此处平均使用量是对道路改善之前和之后的使用取平均值（1/2 表示计算平均值）。应用研究经常使用"一半规则"来计算此类消费者剩余的增益。这既完全适用于反需求函数是线性的情况（就像图 6.2 描绘的一样），也适用于近似线性的情况。考虑到围绕 CBA 的种种不确定性，其中的近似误差往往被认为极小从而可以忽略。当 N_0 相对较大而成本降低幅度相对不太大时，情况就更加如此，此时真实的非线性需求函数与其近似线性函数之间的 N_0 到 N_1 区域的面积相比阴影区域的总面积来说较小。

6.3.2　"一半规则"：一般化结论

"一半规则"在成本—效益分析应用中受欢迎的原因，不仅在于其适用于单一市场环境（如上所述），而且在于它在考虑多个市场时（包括不完全替代品的情况）仍是一个恰当的线性近似。在一般化的情况下，一项政策变化导致多个市场发生反应进而带来的社会剩余增益，"一半规则"给出的估值如下：

$$\Delta S = \sum^i \frac{1}{2} \cdot (N_1^i+N_0^i) \cdot (c_0^i-c_1^i) \qquad (6.3)$$

此处，上标 i 表示不同的市场。关于式（6.3）值得注意的是，它显示，一旦确定了旧的和新的需求水平以及相应的成本水平，我们就可以对如何在网络中改善一段联接的社会剩余增益做出线性近似。

引用巴顿（1992）的小型网络例子来验证式（6.3）。图6.3为包括两段联接的网络，从A城市到两个可能的目的地B和C之间都有道路相通。通往B的道路有所改善，这不仅吸引了A和B之间的额外交通（G_B），而且，由于B的可达性改善了，还有一部分原来从A到C的客流（R）现在重新选择路径转移了过来。这样，通向C的道路上的拥堵降低了，因此我们看到通向C的道路也产生了新的交通（G_C）。当然，尽管道路有所改善，仍然会有出行者（T_B和T_C）坚持原来的目的地选择。如图6.3所示，道路改善之前和之后的总使用水平N（符号"'"表示"之后"）可以被确定为这5组客流的总和。

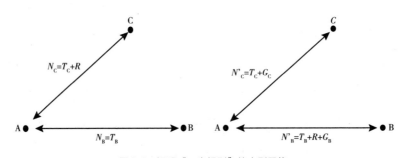

图6.3　阐明"一半规则"的小型网络

使得效益评估变得复杂的是，出行者重新选择路径R代表出行者对目的地B的反需求函数向外移动，而出行者对目的地C的反需求函数则向内移动。图6.4显示了相应的需求—供给，我们立刻就会清楚，最起码两个阴影区域的总和——它们一起组成了"一半规则"所量化的效应，就是社会剩余总增益的线性近似，并不是那么一目了然。

请注意，用符号"'"表示的函数和变量指的是"之后"的情况。假设平均成本函数从c_B移动到c_B'，满足自由通行时间和道路容量都得到改善这两个条件。如果没有路径重选，新的均衡需求将处于D_B和c_B'的交叉点，但由于部分出行者重

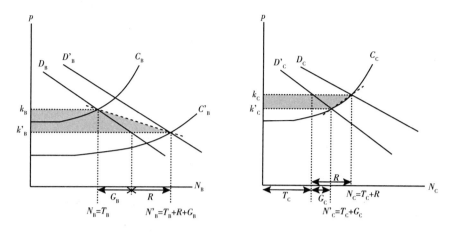

图6.4 阐明"一半规则"的小型网络的供需分析

选路径，新的均衡成本水平 k'_B 将略高，由此诱发需求是 G_B。由于有路径重选，反需求函数将向外移动，新的均衡点变为 D'_B 和 c'_B 的交叉点。新的交通量自然满足 $N'_B=N_B+R+G_B$。在路径 C 上，重选路径 R 使反需求函数向内移动，导致平均成本下降，进而诱发新增需求 G_C。此处，新的交通量满足 $N'_C=N_C-R+G_C$。在这两条路线上，均衡成本 k 都降低了。两个目的地的均衡成本不相等强调了这两个市场被出行者视为不完美的替代。如果第二个市场不是指另一个目的地，而是指另外一种交通模式（例如公共交通），我们也可以画出同样的图。

在这个例子中，我们可以通过计算 5 种道路使用者的剩余变化来验证"一半规则"所确定的社会剩余增益是正确的：

· T_B：均衡成本的减少：$T_B \times (k_B - k'_B)$

· G_B：新的边际使用者对应 0，旧的边际使用者对应 $(k_B - k'_B)$：$G_B \times \dfrac{1}{2} \times (k_B - k'_B)$

· T_C：均衡成本的减少：$T_C \times (k_C - k'_C)$

· G_C：新的边际使用者对应 0，旧的边际使用者对应 $(k_C - k'_C)$：$G_C \times \dfrac{1}{2} \times (k_C - k'_C)$

· R：在新境况中对于继续留在 C 道路或转而使用 B 道路之间无差别的用户对应 $(k_C - k'_C)$，在旧境况中对于留在 C 道路或转而使用 B 道路之间无差别的用户对应

$(k_B - k'_B) : R \times 1/2 \times [(k_B - k'_B) + (k_C - k'_C)]$。[1]

将以上五组数据进行加总，并合并各项，我们发现：

$$\Delta S = (T_B + \frac{1}{2} \cdot G_B + \frac{1}{2} \cdot R) \cdot (K_B - K'_B) + (T_C + \frac{1}{2} \cdot G_C + \frac{1}{2} \cdot R) \cdot (K_C - K'_C)$$

$$= \frac{1}{2} \cdot (N_B + N'_B) (K_B - K'_B) + \frac{1}{2} \cdot (N_C + N'_C) \cdot (K_C - K'_C) \qquad (6.4)$$

此处，等式的第二行证实了一半规则，这是因为对于两个市场来说，第一行中的 T、$1/2 \cdot G$ 和 $1/2 \cdot R$ 这些项都代表了道路改善之前与之后的车流量平均值。

因此，这个例子确认了"一半规则"可以扩展到更一般化的情境中，包括不完全替代和需求函数相互依存的情况。后者并不是显而易见的，而且这一结论背后的直觉值得强调。这个直觉就是，个体的最优化行为意味着转换市场的行为人可以享受的剩余增益有其上限和下限，这使得我们可以用那些代表各种备选方案广义价格变化的项来线性地估计他们的增益。

"一半规则"成为评估网络投资增益的常用方式，并不是因为其信息需求最少。当交通模型已经合理地估计出某项投资对整个网络交通量的影响时，可以很直截了当地应用"一半规则"，以获得在整个网络范围进行度量时的相关效益的线性近似值。尽管它只是一个近似值，但对于大致了解社会剩余增益的规模已经足够准确，进而可以相当可靠地显示该项投资效益与成本的差值是否为正。

6.4 更广泛的经济效益

交通投资通常解决现有的或未来的交通问题。如果获得了成功，经济活动就可以更容易、迅速地开展，因此也就更便宜。通过这种方式，交通措施可以帮助

---

[1] 有必要对这些极端值做进一步解释。如果新的无差异使用者的剩余增益本来小于 $(k_C - k'_C)$，则其最好继续留在 C 道路上，不可能对使用两条路无差异。如果其剩余增益本来大于 $(k_C - k'_C)$，则其不可能是新的无差异使用者而肯定更喜欢使用 B 道路。转向另一极端，如果旧的无差异使用者的剩余增益本来小于 $(k_B - k'_B)$，则其不可能是旧的无差异使用者，因为继续使用 B 道路会产生剩余增益。如果这个剩余增益大于 $(k_B - k'_B)$，则其从 C 道路转向 B 道路肯定会带来增益，不可能最初对两条路线的使用保持无差异。

企业保持其在国外市场的地位，也可以鼓励外国企业在本国设立企业或开展业务。这样的考虑可能带来这样一些论点，即适当的成本—效益分析也应该考虑更广泛的经济效应，此类经济效应可以被定义为发生在运输市场之外的其他市场的效应。

6.4.1 交通效益的涓滴[1]

对成本—效益分析非常重要的一个见解是，发生在非运输市场的所谓基础设施扩建的经济效应，实际上不过是重复度量了在运输市场中衡量的效益。衡量两者并将之加总，在最极端的情况下会导致同一效益的完全重复计算。显然，这会夸大社会总效益，从而导致成本—效益分析出现严重的偏差。

之所以如此，是因为运输需求几乎总是其他市场的空间不平衡带来的需求。虽然也有例外，例如海上邮轮，但运输活动通常不会由自身产生内在效益，而是通过改善引起运输活动的其他市场的功能来提供效益。不过，这些基础市场中的效益会转化为对运输的支付意愿，也就是我们在前面章节中曾经使用的反需求函数。结果是，这些相同的收益在运输市场和派生运输需求的基础市场都可以被测量。可见，将经由两个渠道衡量的效益加总起来就会产生我们刚刚提到的那种双重计算。讲到这里可能还有些抽象，举个例子可以说明这一点。

图 6.5 给出了一个例子，运输需求来源于对劳动力的需求与供给。换句话说，如第 1 章所考虑的那样，早高峰时有一条满是通勤者的道路。假设有一个功能完善的劳动力市场，没有任何扭曲。竞争性企业按照反需求函数 D_L 所示存在劳动力需求，而家庭根据 S_L 供给劳动力。D_L 向下倾斜表示随着产出的增加，市场价格下降；而 S_L 向上倾斜表示由于供给量越大，闲暇的边际估值就越大，因此实现一定的总劳动力供给，所需的工资也就越多。在无摩擦的劳动力市场中，均衡当然是 L_0，此时劳动力对雇主的边际效益等于工资 w（未显示），并且由 S_L 给定的放弃闲暇的边际

---

〔1〕 本节基于艾汉拉姆、库普曼斯等《基础设施项目的评估：成本效益分析指南》，海牙：交通和水运管理部，2000。

价值等于该工资。但是，如果供给劳动力时必然需要交通，则工资应该既包括放弃闲暇的边际价值，也包括通勤成本 C。因此，如果通勤的广义价格是 c_1，劳动力市场上的均衡应发生在 L_1，而通勤的广义价格是 c_2 时相应均衡则发生在 L_2。由此，按照这种方式，我们就可以把劳动力供给的均衡量及（由之产生的）通勤总量与通勤的广义价格联系起来。实际上，我们从劳动力的需求和供给中推导出了对通勤行程的需求。更确切地说，如果每单位劳动需要一单位运输（即劳动单位表示为工作日，每个工作日对应一次通勤行程），那么我们可以将 L 等同于行程次数 T，找出运输的反需求 D_T，它由劳动力需求 D_L 和供给 S_L 之间的垂直距离给出。图 6.5 也在左侧图中显示了交通的反需求函数。显然，当单位不同或者不是每天工作都需要一次出行时，我们需要对之进行更加复杂的变形，但讨论的问题本质上都是一样的。

图 6.5 的右图显示了相互依赖的结果，运输市场中可以衡量的剩余反映了基础市场享有的剩余。在右图的上部，我们看到在交通广义价格为 c_1 的均衡中，劳动力市场的需求方享有剩余（上面的三角形，代表高于工资率的超额劳动力支付意愿），供给方也享有剩余（下面的三角形，代表高于所需最低补偿的超额工资收益减去交通的广义价格）。在右图的下部，我们看到在运输市场中，对于广义价格为 c_1 时的同一均衡，如何确定出行带来的剩余。由于运输的反需求 D_T 是由劳动力需求 D_L 与供给 S_L 之间的垂直距离得出的，因此劳动力市场中三角形的组合面积与运输市场中

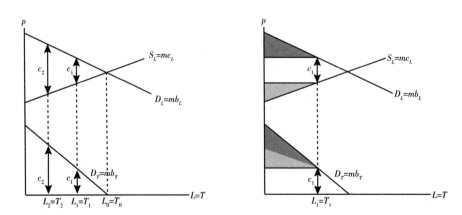

图 6.5　劳动的需求与供给派生运输需求：效益评估的含义

的三角形面积相同。这反映了运输市场出现剩余完全只是因为劳动力市场出现了剩余，并且，事实上前者完全反映了后者，正如运输市场的需求完全是基于劳动力需求（与供给）而产生的一样。

现在应该清楚了，由于基础设施的改善，运输成本从 c_2 下降到 c_1 导致运输市场和劳动力市场的剩余增加，如果对这两个剩余计算正确的话，将会得到与上文同样的答案，因为测度的是相同的剩余。把它们加起来就是完全的重复计算，而且显然是错误的，夸大了投资带来的社会增益。无论"除了计算运输投资带来的运输市场效益之外，'当然'还要计算劳动力市场从运输投资中获得的效益"这样的论点看起来多么吸引人，也不应该重复计算。

我们甚至可以把这个观点进一步加以拓展。图 6.5 中的劳动力需求本身也是一个派生需求，它是从对使用该劳动力和所有非劳动力投入品生产出来的商品的需求中派生出来的。在保持完全竞争假设的前提下，左图展示了如何以类似我们刚才的方式得到对劳动力的反需求函数 D_L，它是最终产品需求 D_Q 和劳动前边际成本 mc_Q（不包括劳动力成本的边际成本）之间的垂直距离，当然此处再次假定通过选择单位可以使 Q 和 L 的单位互换使用。因此，D_L 表示劳动力的需求量是工资 w 的函数，而 D_Q 和 mc_Q 表示消费者的边际效益和供给者的边际非劳动力成本，这些成本取决于产出 Q；通过为 Q 选择合适的单位将之表述为单位劳动的产出（注意单位劳动的产出不一定是常数，以让我们构建这些曲线），D_Q 和 mc_Q 可以表示为 L 的函数。与我们刚刚看到的相似，可以在劳动力市场中测量的企业剩余，也就是左图下部的组合三角形，包括了产品市场中消费者剩余（左图上部曲线中的上三角）和生产者剩余（左图上部曲线中的下三角）。结果是，除了运输市场和劳动力市场中的效益之外，产品市场中的效益也将成为重复计算的来源，即三重计算。

现在应该清楚的是，在衡量相关市场的效益并将其加入运输市场的效益中时应该小心谨慎。完全的双重甚至三重计算的风险绝非空想。虽然如此，应该强调的是，如果发生了市场失灵，就不可能有完全的重复计算了，因此，其他市场的社会剩余也应该被计算进来。图 6.6 的右图显示了生产过程造成（假设不变的）边际外部成本 mec（如来自污染）的情况。边际私人成本 mpc 和边际社会成本 msc 之间会有差异，（在没有矫正税的情况下）前者会推动市场行为。因此，上半部分的真实剩余小于 D_Q 和 mpc 所计算出的。因此，它们之间的垂直距离 D_L 也会高估劳动力的真正社会效益。以此类推，从 D_L 派生的运输需求 D_T 将高估运输的真正社会效益。高估的原因是生产中的污染价值并没有反映在这些派生需求函数中。图中，Q_1 处的真实剩余不是由左图中的三角形给出的，而是来自右图中较浅灰色三角形减去较深灰色三角形。

因为在对交通基础设施进行投资时应考虑到这种影响，所以在 CBA 中必须明确考查基础市场是否存在市场失灵。实际上，对于相关市场的任何类型的市场失灵都是如此，这个见解在概念上与第 2 章中提出的观点相同，即只要相关市场运转失灵、效率低下，基于效率原因，就应当偏离针对外部性的标准庇古税。

6.4.2 其他额外效益

除了上文讨论的效益通过市场涓滴可能产生的更广泛的经济效应之外，基础设施投资也可能产生其他类型的更广泛的经济效应。一类额外效益涉及国家之间的溢出效应，类似第 3 章讨论的支出外部性，可以使得全球福利和国家福利之间出现差异。例如，鹿特丹与德国之间的伯图沃线货运铁路，其中的一部分效益将最终转移给德国公司和德国消费者。另外，降低运输成本意味着降低生产成本，这可能会提高一个国家相对其他国家的竞争地位。再次以伯图沃线货运铁路为例，鹿特丹可能以减少安特卫普或汉堡的货运量为代价吸引更多的货运量。我们注意到，此类增益可能会因为劳动力市场的效应而降低，第 6.4.3 节将对之进行讨论。

与运输市场社会剩余的正确计算相比，市场失灵也可能带来额外效益。图 6.6 的右图提供的例子侧重于环境的外部成本。但是，市场失灵可能有多种表现

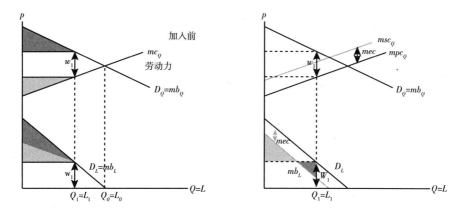

图6.6 产品市场的供求状况派生劳动力需求

形式。改善运输的可能性可能会刺激空间经济集群活动。如果这些集群内的企业彼此之间有正的外部效应（例如知识溢出），集群增长将通过扩大这些正外部效应而产生额外效益。由于市场失灵，运输成本降低的后果可能会变得更有利，也可能更不利，这是因为它们可能会刺激或阻碍市场失灵导致的生产过剩或生产不足。

使用空间一般均衡模型的研究表明，市场失灵和竞争性带来的额外效益通常不会超过直接运输效益的50%。考虑到更广泛的经济影响极为复杂，荷兰通常使用的经验法则是：将额外的广泛经济效益设定为交通效益的0%~30%，不用说明具体的额外效益。

交通基础设施投资项目需要进行建设，这提供了更多的工作岗位。如果还产生了额外的广泛经济效益，也会提供额外的工作岗位。这些可能是政治上赞成投资的重要考虑因素。然而，从长远来看，这些额外的工作岗位可能会消失，原因有几个：首先，建设期限有限；其次，劳动力需求的长期增加可能会推高工资，进而减少其他经济活动；最后，劳动力可能大多时候只是从一个地方转移到另一个地方，总就业人数只有小幅度增加。较高的工资可以算作一种效益，但应该牢记的是，最初的就业增长中只有一小部分（如果有的话）是永久性的。

6.5 外部成本

运输造成了许多外部效应。图6.7展示了其中最重要的一些外部效应。图中横轴区分了车辆使用（行程）的外部效应、车辆保有的外部效应以及基础设施存在和使用的外部效应。纵轴给出了同一运输模式下的效应（例如拥挤）、对其他运输模式的效应（例如交通事故）、对社会环境的效应（例如噪音）和对自然环境的效应（例如道路穿过生态系统）。这些效应主要分三大类：拥堵、交通安全和环境效应。在CBA中，这些效应的所有变化都应该被考虑进去。然而，外部效应并不在市场上进行交易，因此，需要具体的方法来估算这些效应的货币价值。

为此，研究者已经发展出了各种各样的估价方法，旨在对未定价商品数量或质量改善的边际"支付意愿"进行估计。人们现在认为，其中一些方法为确定这些效应的价值提供了合理的指导原则，尽管在所估的价值上还存在不确定性和分散性。表6.2简要总结了当前使用的各类估值方法。

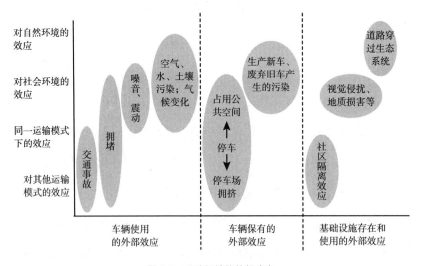

图6.7　公路运输的外部成本

资料来源：维尔赫夫，1996。

表 6.2	外部成本评估方法分类			
估值方法				**简便方法**
行为方法		非行为方法		• 预防成本：假想的防御、减排或修复项目 • 实际的防御、减排或修复项目
替代性市场法 （显示性偏好）	假想市场法 （陈述性偏好）			
• 享乐价格法 • 出行成本法 • 家庭生产函数	• 各种形式下依情况而定的估值 • 陈述性选择	• 损害成本（建筑物，农作物等） • 疾病成本		

资料来源：维尔赫夫，1996。

表 6.2 从行为方法开始，这些方法以经济理论为基础，通常比其他方法更受欢迎。正如第 5 章所讨论的，估计支付意愿时有两类行为方法：显示性偏好和陈述性偏好。一个显示性偏好的方法从通常是替代性（相关）市场上的实际行为推导外部效应的价值。这个类别的主要方法是享乐价格法，它将在市场上观察到的价格与外部效应联系起来，通常采用的是房屋价格。例如，机场周围噪声的社会成本可以通过比较有噪声和无噪声的同类房屋的销售价格来估算。如果每座受噪声影响的房屋的平均效应值是 3000 欧元，同时 10000 座房屋受到影响，则噪声总成本是 3000 万欧元。请注意，这不是一个年度成本，它还包括未来干扰的净现值。另一个显示性偏好的方法是出行成本法。如果有人访问自然保护区，或一座古迹，那么他对该目的地的估价就至少等于那里出行的广义价格，这可以用来确定自然保护区的价值下限。

显示性偏好方法本质上只能用来评估诱发行为的外部成本，例如用享乐价格法评估搬迁。如果这样行不通的话，可以尝试使用非行为方法来直接计算损害。对于研究如全球变暖这样的环境效应来说，这可能是更实际的做法。

陈述性偏好方法依靠问卷调查研究假想中的行为。如果一种商品没有使用价值但是非常重要，这是估量价值的唯一办法，例如，我们要避免一些异域深海生物的灭绝。但是，陈述性偏好研究的应用要比上面所说的更为广泛，例如，对解释变量的相关性进行很好的控制，或对尚不存在的情况进行估值。问题是，给出的答案可能并不能反映真实的偏好。这对条件价值评估法（CVM）来说是一个很严重的问题，采用这个方法时，人们被直截了当地询问他们的支付意愿是什么。但是，这可能会导致策略性的回答。例如，如果一个受访者不想在家附近建一条新路，她会试图表明很强的不修路的支付意愿，这个支付意愿可能超过其一生的财富。陈述性选择法通过让人们在提前定义好的可能选项之间进行选择来降低上述风险。例如，人们要选择是新建道路还是市政税每年增加 500 货币单位。这削弱了策略性回答造成的困扰，但是并没有完全解决这个问题。

研究者有时使用某些简便方法进行估值，例如选择使用"避免成本"（Avoidance Cost）。这些方法基本上陷于循环论证中，政府认为外部效应越重要，则减排成本就越高，用这个方法测量的外部成本越高。因此，如果有人迫切需要一个估算值，这种做法可能是一种务实的最终手段，不过我们难以或不会称之为估值方法。

我们已经使用了几种方法来估计运输的外部成本。这些估计值在驾驶条件、车辆类别等方面差别很大，图 6.8 显示了汽车使用的边际外部成本的近期估计值。在最好的情况下（农村地区、安静而不拥堵的道路、开一辆新车），此时所估计的边际外部成本大大低于最坏情况下（各方面都相反）的边际外部成本估值。

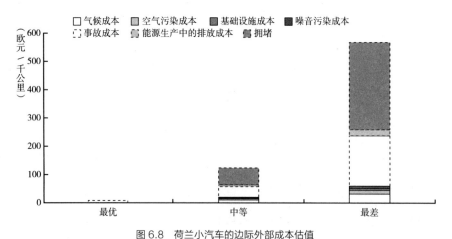

图 6.8　荷兰小汽车的边际外部成本估值

资料来源：CE Delft/VU (2014).

6.6 政策制定实践中的 CBA

运输项目的成本—效益分析在现实生活中的确影响了运输项目的决策，但这种影响显然不应当被估计得过高。尽管这些方法的背后存在经济逻辑，但并非所有具有正的成本效益余额的项目都能够执行，同时，也不是所有得以实施的运输投资都有正的余额。埃利亚松和伦德贝里（2012）更深入地研究了这个问题，发现在瑞典，规划者对投资的排序受到成本收益率的影响，而政治家的排序则不然。他们也发现 CBA 在投资选择上发挥了一定的作用，迫使投资设计更具成本效率。欧戴克（2010）研究表明，在挪威，大部分影响决策（例如投资成本、交通效应、环境效应）的项目效应都纳入成本—效益分析中，然而，决策者会以非货币单位考虑这些效应，而不是以成本收益率或净现值来考虑。在荷兰，林斯特拉（2008）发现 CBA 对决策有一定影响，CBA 结果为正或为零的项目几乎都得以实施了，不过，在 CBA 结果为负值的项目中，也有 2/3 以上得以推行。而库普曼斯（2010）的研究表明，由于 CBA 结果为负，一些大型、昂贵的项目被停止了。

不足为奇的是，影响政策选择的因素除了评估成本效益平衡之外还有很多。政治决策受到公民与组织的影响，其试图说服政府做出有利于自己或者选民的决策。例如，运输公司相关组织往往提议建设新基础设施或者改善旧的基础设施。但是，担心环境影响的人经常反对投建新的基础设施。政策提案的发起者和反对者都会进行游说活动，一些人比其他人更为成功。不同的政党也有不同的社会利益。议会、报纸、推特、会议与集会上的各种讨论就是不同观点的大碰撞，这些不同观点往往基于社会中不同团体的特定利益。

从科学角度来看，关于新政策效应的信息应该是中立、客观的。但是，对于那些宣扬特定利益的人来说，这些信息是可以用来支持自己观点的工具。一个很好的例子就是新建基础设施。弗利夫布耶赫（2007）调查了这一点，他发现遍布世界各地的 258 个交通基础设施项目的成本往往是被低估的，而不是被高估。事实上，在阿姆斯特丹乘坐过南北地铁线的学生应该不会对此感到意外。铁路项目的平均成本超支44.7%，桥梁和隧道的平均成本超支33.8%，道路的平均成本超支20.4%。铁路项目的运输效益被高估，平均实际旅客流量比预计流量低51.4%。弗利夫布耶赫指出，基于这样的成本和交通流量预测而做的成本—效益分析显然会产生误导作用。他为这些不准确性提供了三个解释。

（1）技术解释。如不可靠或过时的数据，不恰当的预测模型，预测者缺乏经验，等等。

（2）心理解释，特别是"乐观偏见"。按照这类解释，规划者根据乐观的而非理性的增益、损失及概率权重来做出决定。

（3）政治经济学解释。规划者和发起人刻意高估效益并低估成本（"策略性失实陈述"，或者直白地说是撒谎），他们这样做的目的是增加其项目获得批准和资助的可能性。

弗利夫布耶赫注意到，如果预测中的错误是由技术解释类因素造成的，则误差将分布在零附近。然而，大多数估计是强有偏的，特别是铁路项目。心理解释和政治经济学解释都与数据吻合。弗利夫布耶赫和其他人的进一步研究表明，策略性失实陈述似乎是成本低估和效益高估的主导原因。为了补救此类不良预测，弗利夫布耶赫建议"参考同类预测"：使用来自以前的类似项目的成本和交通量数据。他指出，参考同类预测估计的成本大大高于传统预测的成本估值。

6.7　结论

成本—效益分析提供了一个牢固扎根于经济理论的评估工具，但这并不意味着它可以直截了当地应用于实践，虽然它有简单的基本出发点。在本章中，我们讨论了在实施好的CBA时会遇到的一些挑战，一个挑战是衡量效益以及在衡量效益时避免重复计算；另一个是对未定价的项目效应进行估值，特别是外部成本估值。即使如此，正如我们所看到的，CBA 在政治决策过程中的作用并不总是直截了当的。经济学家应该意识到 CBA 在实际决策中的真实作用。一方面，从理论上讲，它可能是一种最透明的方式，可以用一个共同的标准即货币价值来权衡一个项目可能带来的各种利弊；另一方面，即使不考虑任何可能的策略性操纵，我们也绝不能忽略 CBA 的偏差风险和在估值方面受到的挑战。如果我们能够做些什么，那么除了在评估社会剩余的不同组成部分时要谨慎地建立经济模型以外，还需要进行广泛的敏感性分析。

本章总结

1. 从社会的角度来看，通常情况下一个政策不会只带来好处或只带来坏处，需要全面衡量。

2. 成本—效益分析 (CBA) 旨在尽可能地遵循社会剩余最大化的原则，它用货币计量某些项目或政策的效益和成本，再通过加总效益减去成本得到该项目或政策产生的社会剩余增益（或亏损）的总度量。

3. CBA 基于"潜在的帕累托准则"即"卡尔多－希克斯准则"：如果那些在某种变化中增加了效用的人在理论上可以通过一次性货币转移来补偿那些效用下降的人，从而最终没有人的效用会下降，那么这种变化就是社会所需要的。

4. CBA 的一个重要步骤是准确界定那些将被研究的措施，也就是政策的各种备选方案，此外，还必须界定无措施的基准方案。政策备选方案的影响、成本和效益就是该政策备选方案与基准方案之间的差异。此类基准方案通常需要设定一个或多个涉及未来发展不确定性的情景，因此敏感性分析是 CBA 的一个重要方面。

5. 政府的措施往往会在很多年内产生影响，CBA 需要比较不同时间点的货币价值，适当调整未来效益或成本的价值的过程称为贴现。

6. 项目的效益评估采用"一半规则"来计算：它将社会剩余的增益表示为成本降低与平均使用量二者的乘积，此处平均使用量是对道路改善之前和之后的使用量取平均值。

7. 基础设施投资的效益通过市场涓滴可能产生更广泛的经济效应，不过在衡量相关市场的效益并将其加入运输市场效益时应该小心谨慎，避免双重甚至三重计算的风险。

8. 运输造成了许多外部效应，包括拥堵、交通安全问题和环境影响，在 CBA 中这些效应的所有变化都应该被考虑进去。

9. 影响政策选择的因素除了成本效益之外还有很多。

本章术语

Cost-benefit analysis (CBA)　成本—效益分析

"outward-shifting" demand　外移需求

multicriteria analysis (MCA)　多准则分析

social benefits　社会效益　　　　　　social costs　社会成本

Net Present Value (NPV)　净现值

strict Pareto criterion　严格的帕累托准则

Pareto optimum　帕累托最优

potential Pareto criterion　潜在的帕累托准则

Kaldor-Hicks criterion　卡尔多 – 希克斯准则

aggregate surplus　总剩余　　　　　social surplus　社会剩余

sensitivity analysis　敏感性分析　　　hedonic price method　享乐价格法

经典资料：经济评价理论的发展历程[1]

之前，自由放任的经济学说支配着西方国家特别是英美的经济思想和政府政策。那时人们相信，政府的主要任务是维护社会秩序以及提供少数不可或缺的公共设施和服务。在那种情形下，除了公共财政、劳动力保障、贸易促进和其他少数有益公众的事业外，没有政府投资和公共项目的社会效益问题，这时所有的投资项目评价实际就是私人投资的财务评价。经济大萧条时代，形势出现重大变化，人们开始重新审视自由放任的经济思想，一些国家政府（以美国为代表）运用新的财政政策、货币政策和公共建设工程来挽救萧条的经济。这类短期的措施，日后逐渐成为宏观经济管理的常规手段，并取得了某种成效。各国政府在第二次世界大战期间，为了应对军事需求，以及在战后为了经济重建和恢复，采取了多种政策和措施来干预经济事务，动员人力和物力实现国家规定的目标。基于各国政府管理公共事务的经验积累和人民要求改善生活的强烈愿望，政府干预社会经济的需要和作用逐渐加强。在这种情况下，社会普遍要求在进行投资项目经济评价时，从区域及国家经济发展的角度考虑项目的经济可行性。

西方国家早期进行投资项目经济评价所采用的方法主要是成本—效益分析，该方法起源于法国工程师杜比特于 1884 年发表的《公共工程项目效用的度量》一文，他提出了消费者剩余标准。消费者剩余标准是消费者从各项投资项目中得到的满足，其度量的基础是物品和服务的效用，效用是各消费者为了获得某个物品所愿做出的最大牺牲。希克斯于 1940 年在《消费者剩余修正》一文中提出了社会效益由消费者剩余、生产者剩余和其他商品潜在的剩余损失构成。在此基础上，西方国家逐步形成以社会效益为基础的经济评价理论体系。

---

[1] 李开孟：《工程咨询业务知识讲座（续）——第十七讲 经济评价》，《中国工程咨询》2001 年第 12 期，第 31~41 页。

第二次世界大战后，许多发展中国家进入经济稳步发展时期，而且其中大部分国家采用宏观管理、中央计划和公共投资等手段加速经济发展。这些发展中国家的项目评价主要是随着国际组织和发达国家的资金和技术援助一起引入的。世界银行和联合国工业发展组织（UNIDO）都在其贷款项目中同时使用财务评价和经济评价这两种方法。1968年，牛津大学著名福利经济学家利特尔和经济数学教授莫里斯联合为经济合作和发展组织（OECD）编写了《发展中国家工业项目分析手册》；1972年，联合国工业发展组织出版了一本重要著作《项目评价准则》；1974年，利特尔和莫里斯又联合发表了《发展中国家项目评价和规划》；1975年和1979年，世界银行研究人员出版了《项目的经济分析》和《项目规划和收入分配》两本重要著作。1980年，日本国际开发中心编写了《工程项目可行性研究的理论及实践》。这些作品代表了西方国家建设项目经济评价的主要观点。

1978年以后，随着改革开放政策的实施，建设项目前期工作开始在中国受到重视，可行性研究被正式纳入基本建设程序。在此阶段，国内开始引进和使用西方国家的项目评价方法，并结合国情开展了较为广泛、深入的研究。1986年，原国家计划委员会发布《建设项目经济评价方法与参数》（第一版）；1993年，原国家计划委员会与建设部联合发布《建设项目经济评价方法与参数》（第二版）；2006年，国家发展和改革委员会与建设部联合发布《建设项目经济评价方法与参数》（第三版），至此，我国形成了较为完整的项目评价标准和规范。

经济故事：瑞典交通运输投资计划（2010~2021年）[1]

瑞典的交通运输投资计划通常每五年修订一次，期限约为十年。2010~2021

---

〔1〕 Eliasson, J. & Lundberg, M. (2012), "Do Cost–Benefit Analyses Influence Transport Investment Decisions? Experiences from the Swedish Transport Investment Plan 2010–21", *Transport Reviews* 32(1): 29-48.

年的投资计划由公路和铁路管理局于 2008~2009 年共同编制。该计划一部分为国家公路和铁路投资，另一部分为 21 个县区域计划。公路和铁路管理局将 CBA 及相关材料移交给负责编制投资计划提案的委员会。该委员会组织许多国家和地区的利益相关方进行磋商，并由铁路和公路管理局做出最后决定，将投资纳入该计划的国家部分，而各县组织则决定了该计划的各区域部分。整个计划提案在修订后最终提交政府决定。

在 700 项投资提案中，有 479 项投资是在实施了完整的 CBA 的情况下进行的。其中，政府在最初阶段选定了 90 个必须列入计划的项目，即初始计划（Initial Plan），总成本大约为 1150 亿瑞典克朗。公路和铁路管理局以及各区域组织又选择了 149 项投资，总费用为 410 亿瑞典克朗，与初始方案中的投资一起构成了基本计划（Base Plan）。此外，政府还提出一个扩展计划（Extended Plan），新增 71 项投资提案，列入预算比基本方案多 15% 左右。在所有已完成 CBA 的投资中，扩展方案排除了 169 项投资。

在瑞典 2010~2021 年投资计划中使用 CBA 的投资（2009 年成本现值、消费者价格）						
	投资数目			投资成本（十亿瑞典克朗）		
	铁路	公路	合计	铁路	公路	合计
初始计划（政府决定）	23	67	90	44	70	115
基本计划中的附加部分 （不包括对初始计划的投资）	17	132	149	16	25	41
扩展计划中的附加部分 （不包括对基本计划的投资）	15	16	71	7	12	20
排除	7	162	169	28	21	49
合　计	62	417	479	96	128	224

资料来源：瑞典国家交通投资扩展计划。

瑞典在进行 CBA 分析时，使用的交通运输模型为 SAMPERS（人）和 SAMGODS（货），然后在此基础上使用 CBA。收益估值、贴现率等参数由若干部

门代表根据委托研究人员的建议和研究审查来决定，力求价值和实践与 HEATCO
报告[1]（HEATCO，2006）中相应的欧洲提案一致。

瑞典交通运输 CBA 分析中使用的部分参数		
时间价值	私人出行 <10 千米	51 瑞典克朗 / 小时
	私人出行 >10 千米	102 瑞典克朗 / 小时
	商务出行	275 瑞典克朗 / 小时
生命和伤害的价值	生命	22.3 百万瑞典克朗
	重伤	4.15 百万瑞典克朗
	轻伤	0.2 百万瑞典克朗
排放	二氧化碳	1.50 瑞典克朗 / 千克
	颗粒物	11 494 瑞典克朗 / 千克
	可挥发性有机物	68 瑞典克朗 / 千克
	二氧化硫	333 瑞典克朗 / 千克
	氮氧化合物	36 瑞典克朗 / 千克
一般参数	贴现率	4%
	生产者 / 消费者	
	价格换算系数	1.21
	考评期	40 年

资料来源：SIKA, 2008。

　　瑞典在 CBA 中使用的标准测度指标是净收益 / 投资成本比（NBIR），即所有
收益和成本（包括投资成本）的净现值除以投资成本。如果决策者在给定固定投资
预算的情况下，面临选择福利最大化投资组合的问题，则该测量给出项目的最优排
序。这虽然主要是一个排名标准，其绝对值也具有意义：若 NBIR>0，那么投资会
增加福利。预算约束实际上只是作为对投资成本的约束而制定的。下图为按递减排
序的四组不同投资的 NBIR。

　　从图中可以明显看出，CBA 结果本身并不能解释选择哪些投资项目会被纳入计
划。在三种计划中都存在明显低 NBIR 值的投资项目，同时每个计划也都排除了一

---

〔1〕　HEATCO (2006), "Developing Harmonised European Approaches for Transport Costing and Project Assessment",
　　　　Available at http://heatco.ier.uni-stuttgart.de/hstart.html.

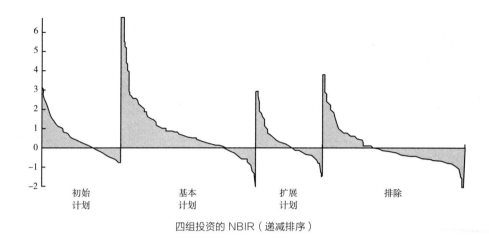

四组投资的 NBIR（递减排序）

些明显高 NBIR 值的投资项目。基本计划中甚至有些投资项目的 NBIR 小于 -1，这意味着这些投资会产生负收益，甚至可以说它们无视投资成本。下表显示了投资项目在 NBIR 不同取值区间的分布情况。可以看出，初始计划和基本计划附加部分的平均 NBIR（0.45 和 0.91）显著高于排除的提案（0.01），这意味着政府的确避免了许多 NBIR 小于 -1 的投资；扩展计划附加部分的 NBIR 均值（0.21）明显小于基本计划，一个可能的原因是最好的投资应该已经列入基本计划，扩展计划再追加项目时，NBIR 高的项目已经所剩不多。很显然，尽管有一小部分 NBIR 大于 1 的投资被排除在计划之外，政府对投资的选择与 CBA 排序（以 NBIR 衡量）之间仍然显示出相当强的相关性。

各投资组 NBIR 各区间的投资分布

NBIR	数目	平均 *	合计 **	<-0.5	-0.5-0	0-1	1-2	>2
所有提案	479	0.41		18%	25%	38%	11%	9%
初始计划	90	0.45	0.0	11%	28%	38%	16%	8%
基本计划附加	152	0.91	0.7	10%	14%	45%	13%	17%
扩展计划附加	74	0.21	0.1	12%	31%	45%	8%	4%
排除	163	0.01	-0.2	33%	29%	27%	7%	4%

* 此类别中的所有投资未使用成本加权。

** 投资使用成本加权。

北京地铁 15 号线（以下简称 "15 号线"）是中心城区连接顺义新城的轨道交通线路，也是北京东北部新城与中心城的连接通道。15 号线一期工程线路全长 41.4 公里，共设 20 座车站。本案例选用 15 号线京包铁路至机场南线段采用的不同线路敷设方式进行成本—效益分析。

（1）高架线路方案。当 15 号线以地下线路出五环后，线路在京包铁路与来广营东路之间爬升，线路由地下转为高架运行。沿规划的望京北扩路中部向北延伸，在香江北路与望京北交叉口转弯，沿香江北路方向向东行驶，高架段轨道在香江北路南侧，通过马泉营西路口后，以高架桥形式跨过机场南线道路。该区段设崔各庄、马泉营站两个高架车站，崔各庄站为路中岛式站台，马泉营站为路边侧式站台。（2）地下线路方案。15 号线出五环后，继续采用地下方案。通过马泉营西路与香江北路路口后，轨道开始爬升，然后以高架桥形式跨过机场南线道路。该区段设崔各庄、马泉营站两个地下车站，均为地下岛式站台。地下线路方案的线路平面走向与高架站方案相同。

关于成本—效益分析，其实质是把项目的成本与效益放在一个共同可比的标准下进行比较。城市轨道交通是为全社会服务的基础设施，其项目收入只占其总效益很小的一部分。为得到更为准确的计算结果，需要对其所产生和引发的外部成本和效益进行全面梳理，完善成本—效益分析的各个组成内容。

---

〔1〕 朱红梅:《城市轨道交通费用效益分析及应用研究》,《2015 年中国城市科学研究会数字城市专业委员会轨道交通学组年会论文集》, 2015。

城市轨道交通项目的效益及成本组成	
效益	成本
· 节约旅客在途时间	· 拆迁费用
· 节约旅客接驳和换乘时间	· 土建工程费用
· 节约出行费用	· 轨道工程建设费用
· 乘坐舒适性提高	· 机电设备工程费用
· 减少交通拥堵	· 建设工程其他费用
· 减少交通事故	· 道路立交设施建设费用
· 空气污染的变化	· 行人过街设施建设费用
· 噪音的变化	· 其他相关费用
· 震动的变化	· 运营维护费用
· 景观的变化	· 固定资产折旧费用
· 能源消耗的变化	
· 土地资源的变化	
· 人防功能	
· 客票收入	
· 其他收入	

　　纳入评价体系的成本与效益的各个组成要素的全面性，会直接影响评价的结论。方案一高架线路方案的建设成本要低于方案二地下线路方案，而且两个方案完成的项目运输能力基本相同，如果影响因素考虑不全面，可能会得出方案一更优的结论，然而，这并不准确。成本一效益分析要求人们综合考虑使用者的时间节约、舒适、安全等诸多因素，并进一步考虑对评价结论影响重大的噪音、震动、景观等环境因素以及土地占用、人防功能等因素。在经过全面的评估和计算后，得到方案二地下线路方案更优的结论。

两方案的对比		
方案	方案一：高架线路方案	方案二：地下线路方案
效益净现值（万元）	152,898	206,587
费用净现值（万元）	128,482	143,215
效益费用比	1.19	1.44

通过进行成本—效益分析，15号线京包铁路至机场南线段线路敷设方式推荐采用地下线路方案。15号线一期工程已于2014年12月28日全线建成通车。

复习题

1. 成本—效益分析有时会受到批评，因为相对于低收入者，高收入群体被赋予了更高的权重。请解释为什么有这种批评？如果我们为了消除这种影响，对不同的收入群体重新赋权，容易导致社会效率低下的决策，这是为什么呢？

2. 什么是"一半规则"？请给出一般化的表述，并解释如何将其用于评估基础设施改进的效益。

3. 假如一位交通政策顾问在一个国家工作，那里所有市场都能有效地完美运转，他对运输基础设施的改进项目进行了成本—效益分析，计算出运输市场的效益、劳动力市场的效益以及最终产品市场的效益。你如何看待其结果的有效性？

4. 解释享乐价格法的含义。

拓展阅读文献

［1］Eliasson, J. & Lundberg, M. (2012), "Do Cost–Benefit Analyses Influence Transport Investment Decisions? Experiences from the Swedish Transport Investment Plan 2010-21", *Transport Reviews* 32 (1): 29-48.

［2］Small, K. (1999), "'Project Evaluation' in J.A Gomez-Ibanez, W. Tye and C. Winston (eds)", *Transportation Policy and Economics: a Handbook in Honor of John R. Meyer*:137-177.

[3] Venables, A.J., Larid, J. & Overman H. (2014), "Transport Investment and Economic Performance (TIEP): Implications for Project Appraisal", *UK Department for Transport Commission.*

第 7 章 | 行为经济学理论在交通出行中的应用

本章提要

　　本章首先介绍了行为经济学的发展与其在交通出行领域的应用概况；其次从有限理性、前景理论、社会偏好三个维度出发探讨人们出行行为中可能存在的偏差；最后探讨了如何将助推等行为经济学理论运用到交通政策的制定中。

学习目标

　　1. 掌握新古典经济学中的理性行为假设，以及行为经济学理论对该假设的颠覆与挑战。

　　2. 理解有限理性的类型以及出行者由于有限理性产生的出行行为偏差。

　　3. 理解前景理论及其在出行行为选择中的应用。

　　4. 理解社会偏好的类型以及出行者由于社会偏好产生的出行行为偏差。

　　5. 了解行为经济学理论在交通政策制定中的应用。

7.1 行为经济学与交通出行行为

7.1.1 行为经济学的兴起与发展

近几十年，随着人类经济活动的日趋复杂与多样化，以及人们对经济世界的认识不断深化，以新古典理论为核心的主流经济学日益受到现实经济世界的冲击与挑战。主流经济理论假定人是具有"经济理性"的，从而认为决策个体或群体具有行为的同质性。然而，现实经济活动的参与者普遍存在异质性，理性经济人的自利性、同质性和个人利益最大化原则均遭到了不同程度的质疑，这使得经济研究假设越来越偏离实际。

行为经济学正是在这个背景下应运而生的。它借鉴心理学和社会学的研究成果，放松了主流经济学的一部分假设，包括人的理性、自利、完全信息、效用最大化及偏好一致，拓展了标准的经济学分析框架。行为经济学对主流经济学进行了解构与重组，把个体行为的异质性纳入经济学的分析框架，并将理性假定下个体的行为同质性作为行为异质性的一种特例，从而增强了行为经济学对新问题和新现象的解释与预测能力。行为经济学将个体的行为异质性浓缩为两个基本的假定：有限理性和社会偏好。有限理性是指个体可能无法对外部信息形成完全正确的认识，或可能无法做出与认识相一致的理性选择，而这将导致不同的个体或群体的异质行为；社会偏好是指个体存在善良、公平和互助的特性，在关心自身的物质利益之外，还关心他人的利益，人们不能总是完全理性地权衡利弊、趋利避害，他们会受到各种情绪或暗示的诱导，从而做出与理性经济人不符的决策。

这种行为偏差也会影响政策的制定。事实上，已经有学者将行为经济学中的一些理论运用到了政策规则的制定之中，其中最值得注意的就是"助推"（Nudging）。助推是一种影响人们选择的手段，它采取比较隐蔽的方式，帮助人们做出有效率的选择，在这个过程中当事人不一定能够感受到自己被诱导。实现助推的途径通常既不会妨碍人们自由地做出选择，又不会增加选择者的负担，它通过改变一些小的因素，诱导人们做出有利于干预实施者的选择，也被称为"自由主义的温和专制主义"（Libertarian Paternalism）。助推的方式包括激励、启发式思维、提供默认选项、提供反馈信息等。

7.1.2 行为经济学理论在交通出行领域的应用背景

交通科学的规划者和研究人员常常需要研究出行者的行为。而大部分行为数据依赖调查、访谈和焦点小组。在调查获取数据的过程中，我们一般认为通过直接观察法获取的出行数据最为真实可靠，即调查人员亲临现场对出行者行为进行测定、度量，并加以登记，以取得第一手资料。但是在实际研究中进行大规模现场研究的成本是极高的，所以这种方法往往很少被采用。还有一种可行的方法是陈述性选择调查。陈述性选择调查方法向参与者呈现一组可供选择的情境，这些情境可能具有不同交通方式、出行路线、出行时间、拥堵收费情况等变量，进而通过参与者的情景选择来调查其偏好。陈述性选择方法成本低廉，为研究人员提供了大量基于假设的出行选择数据。但是，这种研究方法同样存在弊端，例如，调查结果一般只能说明参与者的历史行为，或者只是在假想的交通情境下没有任何实际后果的预期行为。这导致行为反馈可能与实际行为并不相符，存在偏差。而访谈和焦点小组，是通过半结构访谈的形式，调查一组从所研究的目标人群中选择来的被调查者的意见与观点，从而获取对一些有关问题的深入了解。这种方法的调查结果一般用于大规模调查前对已有观点的补充。

新兴的实验经济学研究方法已经进入交通运输问题的研究领域，可以解决上述调查方法存在的问题。实验经济学具有三个优点：一是可以直接观察实际的选择结果；二是能够按照陈述性选择的方法控制和操纵交通环境；三是成本较低。实验经济学与陈述性选择研究的相似之处是它们都可以控制环境和背景，也可以直接获取行为选择结果。值得注意的是，实验经济学的发展已经比较成熟，也已成为经济学家方法论工具箱中的重要工具之一。本章在引入案例分析时，将重点关注实验经济学在交通行为研究中的应用。

7.2　出行偏差 I：有限理性

7.2.1　有限理性简介

经济学是研究欲望无限条件下的稀缺资源配置。同时，标准的微观经济学模型假设人们在进行决策时的唯一目的是改善自己的福利。我们通常将标准的经济决策者模型称为理性选择模型（Rational Choice Mode）或简称为理性模型（Rational Model）。然而，经济学家经常发现一系列对理性模型的系统偏离，传统经济理论很难对它们进行解释或建模，部分现象甚至完全违背标准经济模型的预测。我们称这种偏离为行为异象（Behavioral Anomaly），简称异象（Anomaly）。因此，行为经济学家利用心理学、社会学或人类学领域的理论扩展理性选择模型，尝试用其来解释行为，重点研究人们如何系统地偏离最优理性决策。

在理性模型中，古典经济学家假设决策者仅关心自己的福利，对其生存的世界有充分的了解，在完备和符合逻辑的偏好条件下具有确定最优选择的认知能力，完全有能力做出其希望采取的行动。这种全知全能假设作为描述人类行为的起点具有非常重要的作用，但是在现实生活中，决策者往往会违背上述假设。即便如此，传统经济学家仍有两种方法应对这些偏离。一种方法是，通过对模型进行扩展以考虑这些偏离，进而产生满足理性条件的新模型。另一种方法是，将设计的模型作为对真实世界的抽象，可以将决策者的行为近似看作在最大化某个效用函数。事实上，如果人们的行为模式并未太过偏离理性模型的描述，则理性模型可能是最优的选择。行为经济学的很多应用，也都可以用某种类型的理性模型来表示，然而通常会得出一个难以处理且在实践上很难使用的模型，虽然它可能更具有一般性。

赫伯特·西蒙最早提出了有限理性（Bounded Rationality）的概念来解释上述行为异象出现的原因，并由此简化决策问题，为行为经济学的形成打下了基础。他认为，虽然人们希望找到最优决策结果，但他们在认知能力和信息获取方面存在限制，在进行决策所必需的其他资源方面也可能存在限制。由于这些限制的存在，人们并不是进行优选择，而是通过缩小选择集合减少所考虑结果的特征，或者通过简化选择和结果之间的关系来简化决策问题。因此，有限理性的个体使用某些简化的决策框架进行优化，而非通过做出最优选择进行优化。自然的，这种简化的决策框架直接依赖个体可获得的决策资源。因而个体决策与理性最优之间的接近程度不仅依赖问题的构建方式和可得信息，还依赖决策者的特征。因此，情绪、经验、压力等都可能影响个体决策的正确性。

行为经济学家主要通过两种方法对有限理性行为进行建模。一种方法是行为模型（Behavioral Model），利用某些函数或附加某些因素来描述观测到的对理性决策的偏离，进而对理性行为模型进行扩展。另一种方法是程序理性模型（Procedurally Rational Model），是对决策机制的动机进行建模。两种方法相辅相成，前者描述观测到的行为，后者了解隐含在决策背后的实际决策机制，为处理决策者的行为偏差提供了更好的方法。

7.2.2　出行行为中的有限理性

情绪化的出行决策

经济学家对于情绪的关注可以追溯到古典经济学时期亚当·斯密的《道德情操论》。现代经济学家中擅长对情绪进行经济分析的应该是凯恩斯，他曾在《就业、利息和货币通论》一书中指出，若无事实根据而无从做理智盘算时，"未加理智考虑"、受情绪支配的市场预期及行为仍"可说是合理的"。考夫曼（1999）也指出，情绪是有限理性学说的一个重要因素，尤其是极端的情绪状态会提高或降低认知能力。例如，一个人如果对某个问题不感兴趣或对其感到恐慌，他在解题能力或效率上要明显低于情绪正常者。麦克里奥（1996）的类似研究亦证实了情绪状态对于认知能力和决策的影响。他基于对大脑受损病例的临床观察资料的分析发现，探索与解决问题的能力在很大程度上受制于情绪，并据此以探索性决策模型修正了传统的最优化决策模型。巴利雅和奥利弗拉（1996）则研究了谈判中情绪与决策过程的相互影响，揭示了情绪与决策之间的渐进互动关系。汉诺赫（2002）则更强调情绪与推理之间的相互联系，尤其是情绪积极的一面。他认为，情绪与理性思考只是以两种不同的方式共同作用于行为。在信息处理方面，情绪通道较短但不精确，而理性通道较慢但更精确，但在面临危险时，我们更多地需要求助于情绪来迅速做出反应而非繁复的精密计算（郭旭新，2003）。

行为经济学认为情绪会影响人们的推测偏向。推测偏向是指对我们在某个未来时刻的感觉的推测。而推测偏向的一个特殊类别是由乔治·罗文斯坦给出的本能因素（Visceral Factors）产生的结果。本能因素包括情绪以及生理驱动因素或感觉。而本能因素明显会影响偏好和决策，此外，这些因素对我们的偏好的影响是可以预测的，并且会导致某些系统性行为（大卫，2017）。

个体的出行模式选择同样也受到情绪影响。以开车出行为例，开车对于出行者来说既会带来积极情绪，也会带来消极情绪。首先，驾驶汽车会使人们产生快乐、满意、兴趣、自豪等积极情绪。在现实中，汽车的销售商及广告媒体常常会利用人们驾驶汽车产生的积极情绪增加汽车销量。其次，私家车出行也会产生消极情绪。当人们对自己污染环境的行为（在这里指开车）产生羞耻感、内疚感等消极情绪时，人们的亲环境价值（Pro-environmental Values）就会被激发出来，进而触发个体的道德责任感和个人规范意识。此时，在消极情绪的影响下，人们的行为会更多地表现为热爱环境，从而减少开车，转乘公共交通出行。宾夕法尼亚大学曾于2002年对宾夕法尼亚州中部的623名居民做过一项调查，研究他们对于政府反化石燃料举措的支持度以及他们自愿节能减排的倾向。该研究发现，那些能够准确知道气候变暖的原因并且能预测气温改变造成的负面影响和巨大风险的人，更倾向于支持环保政策，且能够自发地做出节能环保的行为。这恰好体现了消极情绪对人们环保倾向性的正向影响（奥康纳等，2002）。

维持现状且往往选择默认选项

自然学家认为，人是一种懒惰的动物。人们不仅很珍惜自己所拥有的物品，而且不愿轻易改变已有的状态。出行情境下也是如此。习惯于驾驶私家车出行的人，往往不愿意轻易改变现有的出行方式。此外，人们在做选择时还易受到默认选项的影响。在日常生活情景中，我们不难发现，当存在默认选项时，许多人会倾向于选择默认选项，不管这个由政府或商家提供的默认选项是否对自己有益。比如，在安装电脑软件时，我们通常会保留已经在选项框前打钩的某个选项而不会自己收集资料后重新选择来完成安装过程。这种保留事先被选定的选项的倾向性，说明存在默认效应，即当存在默认选项时，个体在决策时倾向于保留默认选项而不做出改变。人们倾向于认为舍弃默认选项的损失大于选择备选选项的获益，由于损失引起的个体主观感受更强，因而为了避免舍弃默认选项造成的心理损失，人们通常会保留默认选项而不愿意改变，导致默认效应的产生（黄宝珍，2011）。因此，当污染项如汽油或柴油车以及带停车场的住宅区为主流或默认选项时，人们由于维持现状和选择默认选项的惯性，会更多地选择传统汽车，从而对自然环境造成影响。

约翰逊和戈德斯坦在 2003 年的一次研究中发现，默认选项会对结果产生意想不到的巨大影响。他们发现欧洲各国的器官捐献同意书有不同的默认选项，导致各国捐献同意率的巨大差异。因此，他们进行了三组研究来调查默认选项对捐献同意率的影响。在第一组中，参与者被告知默认选项是不捐献器官，并且他们有一次机会可以改变选择；在第二组中，参与者面对的默认选项是捐献器官，其他条件相同；

第三组是参照组，参与者没有被给予任何默认选项。结果发现，问题表述的具体形式对参与者的捐献同意率产生了显著的影响：参照组的捐献率为79%；默认不捐组的捐献率为42%；而默认捐献组的捐献率为82%，大约是默认不捐组的两倍，略高于参照组。为进一步探讨默认选项对实际捐献率的影响，他们又通过多元回归分析了更多国家1991~2001年每百万人的实际遗体捐献数，并以各国提供的默认选项作为自变量，控制变量包括各国的捐献意愿、交通设施、教育等级、信仰以及一个与年份相关的变量参数。结果发现，尽管各年份之间没有变化，但默认选项的影响非常大：当默认选项是捐献时，实际捐献率多了16.3个百分点，数量为1640万份，而默认选项是不捐献时捐献的数量仅有1410万份。可见，默认选项的设置会影响人们的实际决策。

出行者的心理账户

一个和固定成本相关但不相同的概念是沉没成本（Sunk Costs）。沉没成本是指已经付出且不可回收的成本（范里安，2014）。在进行消费或生产后不管做出什么选择都会出现沉没成本，它们是不可避免的。在传统经济学中，一个理性的人会忽略沉没成本，因此在理性选择模型中，沉没成本不会对未来的决策造成影响。但是在人们的实际投资、生产经营和日常生活中，广泛存在着一种决策时顾及沉没成本的非理性现象：在某一方面一旦投入了金钱、努力或时间之后，就会呈现继续投入的倾向（阿克斯和布鲁默，1985）。

为解释个体在消费决策时为什么会受到"沉没成本"的影响，著名的行为经济学家理查德·萨勒建立了一个"心理账户系统"理论。他认为，在这一系统中，人们做出消费决策时会把过去的投入和现在的付出加在一起作为总成本，来衡量决策的后果。这种对金钱分门别类进行分账管理和预算的心理过程就是"心理账户"的估价过程。在"心理账户"中，人们根据财富来源与支出建立不同性质的多个分账户，每个分账户有单独的预算和支配规则，金钱难以轻易地从一个账户转移到另一个账户，也就是说不同账户中的金钱存在"非替代性"。

卡尼曼和阿莫斯在 1981 年的一篇研究认知心理规律的文章中，介绍了一个非常有趣的"演出实验"。实验情境 A：你打算去剧院看一场演出，票价是 10 美元，在你到达剧院的时候，发现自己丢了一张 10 美元的钞票，你是否会买票看演出？实验结果表明，88% 的调查对象选择会；12% 的调查对象选择不会（调查对象共 183 人）。实验情境 B：你打算去看一场演出而且花 10 美元买了一张票，在你到达剧院的时候，发现门票丢了，如果你想看演出，必须再花 10 美元，你是否会买票？实验结果表明：46% 的调查对象选择会，54% 的调查对象选择不会（调查对象共 200 人）。卡尼曼和阿莫斯认为，这两种情境下决策结果出现反差的原因在于，在考虑情境 A 的决策结果时，人们将丢失的 10 美元钞票和买演出票的 10 美元区别开来，分别进行考虑；而在情境 B 中，人们则把已经购买演出票的钱和后来要买票的钱放在同一个账户里进行估价，一部分人由此觉得"太贵了"，从而改变了自己的选择。

在日常出行中，出行者使用不同的心理账户计算交通出行可能产生的成本：固定的时间成本、可变的时间成本以及货币成本。其中，固定的时间成本是指出行者在自由流状态下必需耗费的出行时间成本；可变的时间成本是指除固定的时间成本之外，由于道路拥堵额外耗费的时间成本；货币成本是指出行中耗费的燃油费、票价等货币成本。相较于固定成本来说，人们对可变成本的增加更为敏感。因此，相较于增加固定成本而言，增加开车的可变成本时，或许更能减少私家车的使用频率。同时，这一差异也解释了人们为什么往往会低估开车的成本。这是因为驾驶汽车的开销更多为购车时产生的固定成本，而公共交通工具需要按次购买车票，因此人们更容易获取每次乘公共交通出行的成本信息。由于心理账户的存在，人们普遍会低估私家车驾驶相对于使用公共交通工具的成本，从而不利于公共交通出行。但是，需要注意的是，对于尚不明确的费用类型，心理账户的自我控制机制可能会失效，因为人们可能会将费用分别放入几个不同的心理账户，从而认为该支出是合理的。

出行模式的自我选择偏差

出行者会选择有利于他们偏好的出行模式的住宅地点。人们如果喜爱开车出行，就会趋向于选择私家车导向的居住环境，如果喜爱步行或骑自行车出行，就会选择行人导向的居住环境。人们的这一行为特征被称为自我选择效应。当然，除了出行模式对居住地选择的影响之外，居住地反过来也会对人们的出行模式产生影响。居住在建有大量停车位的住宅区时，人们可能更倾向于开车出行。因此，有学者建议建设不带停车场的紧凑型住房（加西亚－塞拉利昂等，2015）。

启发式的思维模式

启发法是人们根据一定既往经验，在问题空间内进行较少的搜索，以找到问题近似解法的一种方法（彭聃龄，2012）。这种解决问题的方法虽然省力，但可能经常导致判断错误。在启发式的思维模式下，出行者经常会面临两个效应的影响。首先是"汽车效应"，即出行者在选择交通方式时，基本忽视其他替代出行模式，简单地选择私家车出行。就像穿过一片草地时，人们往往会选择已经有脚印的路线，而不会主动踩出一条新路。尤其是一些已经习惯了驾驶私家车出行的人，他们会简单地基于过往经验而选择开车出行，根本不会花费心思去考虑其他公共交通出行模式，结果往往造成时间和空间上的浪费，特别是在道路交通高峰期。其次是"热炉效应"，即人们经历过一次公共交通系统罢工或拥挤后，对公共交通服务的可靠性和舒适度产生怀疑，就会尽力避免乘坐公交。这时就需要合理地运用信息工具，使出行者做出最优的出行选择。但是，由于出行者行为惯性的存在，提供信息产生的效果可能会受到一定的制约。

行为反馈影响出行者决策

行为反馈也是影响出行者行为的重要因素之一。出行者的每一个行为都会产生相应的反馈，他们会根据反馈做出行为调整，这是强化学习和条件反射的一种典型表现。现实情况下，出行者可以获得实际出行时间和出行费用的直接反馈，特别是在乘坐需要按次支付车票的公共交通工具的情况下。直接反馈会让出行者做出直接反应，例如，公交票价上涨会使很多人转换交通方式。但是，在驾驶汽车的情况下，出行时间和出行费用对人们的影响较低。原因在于，汽车的保险费、停车费、油费等信息并不能直接反馈给出行者，这些都需要较长的反馈时间，因此影响不及时，不如直接反馈效果显著。但是，出行者通过经验学习接受出行环境信息的影响是有限的，没有经验的出行者从信息中获取的收益要多于经验丰富的出行者。

此外，一些间接反馈对出行人的影响有限，主要是因为反馈链条过长。例如，旅客在选择出行模式时，并不能得到关于实际二氧化碳排放量的即时反馈，人们就无法直观体会到自己的排放量，学习过程将变得非常复杂。在这种情况下，适当提供外部反馈和信息是很有必要的。

案例分析 1：实时信息与路径选择[1]

为了研究出行时间的实时信息对人们出行选择的影响，本·埃利亚等设计了一个实验。他们为参与者提供了三种路径选择，每个都有快速路线和慢速路线，这些路线的出行风险也不同。在第一种选择中，提供的是"安全快速"（Safer-Fast），即快速路线比慢速路线更安全。在第二种选择中，提供的是"风险快速"（Risky-Fast），即快速路线比慢速路线更危险。在第三种选择中，提供的是"低风险"（Low-Risk），即两条路线都相对安全。

每个参与者完成了 100 轮路径选择任务，每一轮中这三种选择的路径组合随机出现。在实验开始前，工作人员为每位参与者提供一定额度的初始报酬，在整个实

〔1〕　Ben-Elia, E., Erev, I., & Shiftan, Y. (2008), "The combined effect of information and experience on drivers' route-choice behaviour", *Transportation* 35 (2): 165–177. Ben-Elia, E., Ishaq, R., & Shiftan, Y. (2013), "If only I had taken the other roadEllipsis: regret, risk and reinforced learning in informed route-choice", *Transportation* 40 (2): 269–293. Ben-Elia, E., & Shiftan, Y. (2010), "Which road do I take? A learning-based model of route-choice behaviour with real-time information", *Transportation Research Part A: Policy and Practice* 44 (4): 249–264.

验过程中参与者每分钟的出行时间成本为 2 美分，由于假定每组中两个路径的预期出行时间相差 5 分钟，因此，选择较慢路径的预期成本为 10 美分。

研究者将全部参与者随机分成两组：一组为没有任何关于出行时间实时信息的控制组；另一组为接收到实时信息的实验组。研究者所提供的信息包括每条路线的最短和最长的出行时间，并且在做出每轮的路径选择后两组都得到关于实际出行时间的反馈。

结果表明，最初提供信息的效果与前景理论相一致，比如当出行时间被限定在损失范围内时，通勤者是风险偏好的。在前 10 次实验中，参与者的行为表现出更多的风险偏好而不是风险厌恶，在"安全快速"和"风险快速"道路之间更倾向于选择后者；但随着经验的积累，参与者的选择更加符合收益预期，在 50 轮之后，参与者倾向于风险规避而不是风险偏好。因此，在参与者对出行时间分布缺少认知时，提供信息可以有效改变他们的出行行为选择。进一步来看，信息增加了人们最初的风险偏好行为，减少了人们最初的探索过程。

损失厌恶与负面框架效应

有限理性理论认为人们对损失往往更敏感，也就是说，人们在面对同样数量的收益和损失时，往往认为损失更加难以忍受（韩国文等，2014）。例如，当公交票价降低 1 元时，人们会嫌降价幅度太小，但是，如果公交票价上涨 5 角，人们就会抱怨票价昂贵，认为每月积累的生活成本增加过多，从而转乘其他交通工具。

行为经济学认为对一个问题的描述方法不同，也会产生不同的框架效应。框架效应（Framing Effects）是指人们对一个客观上相同问题的不同描述导致不同的决策判断。框架效应的概念由特韦尔斯基和卡尼曼于 1981 年首次提出。例如，一共100 人患病，如果描述为"成功拯救了 90 人"，这就是一个获得的语境，但是，如果描述成"悲痛地失去了 10 人之多"，这就是一个损失的语境。虽然是同一件事情，描述方法不同,给人带来的直观印象完全不同。由于损失厌恶的存在,人们对于负面框架更为敏感。因此,如果能把一件事情的反馈描述成负面框架,也就是损失的语境,就能够使人们对这个反馈更敏感,从而更愿意避免此事的发生。但是,负面框架也可能具有副作用:人们往往把改变行为当成一种损失,因此更不愿意改变现有行为。

阿维内里和韦德古德(2013)使用二氧化碳排放量的"更低"和"更高"分别表示出行模式的"更好"和"更坏",对比了不同框架信息对自行车、轿车以及SUV车辆这三种出行模式使用量的影响。结果发现,当提供正面框架的语境时,即出行模式 Y 比出行模式 X 排放量更低,认为两种出行模式的二氧化碳排放量有显著差别的参与者占比不超过50%;然而,当提供负面框架的语境时,既出行模式 Y 比出行模式 X 排放量更高,认为两种出行模式有显著差别的人数占比远超过50%,甚至达到约90%。因此,相较于正面框架,负面框架在强调不同出行模式的二氧化碳排放量差异方面的作用更强。

但是,负面框架也存在副作用(德里森,2003;纳什,2006;哥斯特鲍尔,2011),尤其是在定价机制的描述方面。纳什(2006)通过研究不同环境管制措施的框架效应以及这些框架对消费者、选民、企业和非政府环保组织的影响,探讨了价格机制的副作用。他发现当通过排污税激励企业做出环保行为时,由于政府给予的是"惩罚"即负面的描述,这种价格机制(排污税)会被人们理解成政府给予"污染权",即缴税就可随意排污。这种观念将会降低价格机制的有效性。

出行行为具有惯性

社会心理学认为,行为产生包含过去的行为、意向和情境(或环境)三个潜在因素(伊格雷和柴肯,1993)。其中,意向是去达成某一个已经做出承诺的目标的意愿,往往包括信息搜集、选择和构建备选方案、评估备选方案等信息处理过程。一般情况下,行为的产生必须经过信息处理形成意向,但要通过大量重复形成习惯，意向可以不经信息处理而被无意识地激活。因此习惯被定义为不需要深思熟虑、重复出现的行为（耶林和克斯霍森，2003）。我们生活中许多行为都是由这样无意识的重复动作构成的，比如，每天早上起来习惯先打开手机看新闻，往往会选择图书馆的同一个位置学习，等等。此外，行为发生的环境包括物理环境和基础设施，还包括促使行动的空间、社会环境和时间线索等。从行为学的角度说，人们往往会将某种行动和特定的背景环境建立关联，经过大量的重复，大脑系统中与过程和行动控制相关的部位将会变化，这些变化使行为从决策转变为由刺激控制的条件反射，在相同环境下该行动会自动被触发。但是，一旦环境发生变化，与该环境相关的习惯也会被打破，这时就有可能产生新的选择和决策，这被称作习惯的不连续性假设（Habit Discontinuity Hypothesis）。

习惯也是影响人们出行行为的一个重要因素。在耶林等（2001）进行的实验室实验中，参与者被反复要求在商品价格和距离不同的商店之间做出包括出行模式和目的地的组合选择，并且被诱导选择距离更远但更有吸引力的商店，在改变商店位置后，参与者仍然选择了较远的目的地，从而可以证明出行惯性存在。同样的，李军等（2018）研究发现，旅客在选择普铁、大巴、高铁这三种城际出行方式时，心理潜变量对行为意向的解释方差分别为 62.3%、71.9%、62.3%，说明在城际出行方式中也存在明显的习惯倾向。

案例分析 2：短期激励与长期行为改变[1]

近些年来，越来越多的研究者尝试通过实施短期经济激励来改变人们的长期行为习惯。例如，新加坡实施了"全国健步大挑战"（National Steps Challenge），

---

〔1〕　Long, L. Y. (2017), "Temporary incentives change daily routines: evidence from a field experiment on singapore's subways", *Management Science* 64(7): 3365-3379.

每个报名参与者都会得到一个计步器，完成步数挑战的人可以获得对应金额的购物券。在政策施行两年内，新加坡居民日平均总运动量在 150 分钟以上的比率平均每年增加 6 个百分点。虽然医疗领域已经表明以短期激励改变长期行为是可行的，但是该想法在交通领域还一直没有得到有效应用。新加坡陆运管理局为了缓解地铁高峰拥堵，于 2013 年 6 月发起了一项"早出行、免费乘"的活动，在高峰前的时间段为一些繁忙地铁站的通勤者提供免费车票。从政府数据只看到了该经济手段在当期取得的政策效果。为了检验短期经济激励对通勤行为的长期影响，杨和朗于 2014 年在新加坡选取政策涵盖之外的地铁站进行了地铁错峰实验。他们的实验激励与现实政策类似，第一个实验组的被试者在 7:45 之前离开地铁站可以获得全额票价返还，而另一个实验组的被试者在 8:00 之前完成地铁通勤可以获得全额票价的折扣，同时这两个实验组的被试者如在免票时间点结束后 15 分钟内离开地铁站，也可以获得 50 分的票价折扣。实验从 2014 年 9 月 22 日到 11 月 28 日持续进行了两个月。与预期相符，两个实验组的被试者不仅短期错峰出行的比例都有了显著的提高，而且在一年之后仍然有较高的错峰出行比例，此外，两个实验组之间没有显著的差异，这表明了提供错峰奖励的具体时间对通勤者的错峰行为并没有显著影响。该研究验证了新加坡政府"早出行、免费乘"的公共政策是有效的。同时，它也发现了习惯等行为因素在公共交通补贴政策中发挥着作用，而短期的经济激励在长期也会影响人们的行为。

7.3　出行偏差 Ⅱ：社会偏好

　　行为经济学认为人们在做出选择时不仅会受经济学收益和成本的自利特征影响，还会受亲社会特征的影响。在出行领域，这一特征十分明显，例如，当政府提出征收道路拥堵费时，会有人认为拥堵费是一项不公平的政策而反对征收；当你身边的人都选择遵守交通规则时，你会更容易选择遵守"红灯停、绿灯行"的要求。在社会偏好理论中，公平、互惠利他、社会规范、社会地位、同伴效应等概念是行为经济学主要考虑的因素，我们将在下面一一详述。

7.3.1 公平

人们通常不喜欢不公平的分配，在政策实施过程中，人们期望政策可以实现社会收益的再分配，目的就是维持社会的公平。在交通政策制定过程中，公平是政府必须考虑的因素。例如，限行政策实施之前，有些人就不喜欢在同一天内受到不同的待遇，并因此而忽视政策为缓解城市道路拥堵带来的正面效果，从而反对限行政策。

案例分析 3：交通政策与公平性[1]

公平性一直以来都是经济学和社会学关注的重点话题，尤其在涉及交通政策时更不可忽视。交通出行作为一种派生需求，是人们其他经济活动的基础，因此出行权可以视为公民的一项基本权利。

交通拥堵费自出现以来就饱受争议。一方面在于交通拥堵费解决城市高峰拥堵问题的效果；另一方面在于公平的问题。卡斯特罗姆（2009）从早高峰通勤者的出行行为改变和福利变化两个方面评估了斯德哥尔摩城市交通拥堵费的公平性。作为斯德哥尔摩试验官方评估的一部分，他分别在 2004 年（拥堵费政策实施前）和 2006 年（拥堵费政策实施后）向居住在斯德哥尔摩市的同一人群发放了问卷调查。

---

〔1〕 Karlström, A., & Franklin, J. P. (2009), "Behavioral adjustments and equity effects of congestion pricing: Analysis of morning commutes during the Stockholm Trial", *Transportation Research Part A: Policy and Practice* 43(3): 283-296.

结果发现，政策实施前后这些调查者的交通方式结构没有转变，基尼系数也没有显著差异，但是该政策使得低收入群体和高收入群体都损失了福利。因为前者需要转换出行方式，后者需要承担大量拥堵费用。

不只交通政策，每一种新的交通载体出现也会影响不同人群的福利。如无桩共享单车对于正常人来说是一种非常方便的出行方式，但是并不在残疾人的考虑范围；网约车使得人们打车的时空匹配更加有效率，但是对于不经常使用手机和互联网的群体如老年人，也不是一种最优选择；高铁的修建使得城市间经济交流更加频繁，但是会带走虹吸能力弱的小城市的大量劳动力。因此政府在扶持这些产业时，也必须考虑公平性问题。

7.3.2　互惠利他

人们的价值取向有三种：利己性、利他性和生物性。具有利己价值取向的人会在感知成本大于收益时选择以自己利益为先，在感知成本小于收益时才会考虑可持续行为；具有利他价值取向的人在进行选择时会首先考虑环保问题，并且不以个人的成本和收益为标准，他们会选择更加可持续的利他行为。

利他行为也分为纯粹的利他行为、非纯粹的利他行为。纯粹的利他行为是不追求回报的，即我们常说的"施恩不图报"，而非纯粹的利他行为需要得到回报，如互惠利他行为。互惠利他主义有以下准则：首先，利他主义的行为必须能够带来合作的盈余，也就是说，受益人所得的收益必须显著大于捐助者的成本；其次，如果后来情况逆转了，初始受益人必须要报答这一利他主义行为，如果不这样做，通常会导致原来的捐助者在未来撤销利他主义行为。可以考虑一下共享单车的无序停放问题。当一个人使用一辆无桩共享单车之后，他的停车会影响其他人的使用，把单车停放在正确的地点有助于下一人找到车辆并且顺利使用。如果他不但停放位置正确，而且摆放整齐，那么还有助于其他共享单车用户停放车辆，不会扰乱停车秩序。因此在无桩共享单车市场上，互惠利他是在发挥作用的。如果每个人都能够为其他使用者考虑，那么就不会有车辆乱停放的情况发生，显然目前市场上还没有达到这种均衡。

7.3.3 社会规范

社会规范是人类模仿他人行为来获得来自群体的认同，包括身边的家人朋友。群体中的一致性行为是社会关系的具体化。在交通出行领域，社会规范有很大的影响。经济学家北村的团队在 1999 年的实验证明，当个体周边的人群具有减少开车出行的趋势时，个体也会有减少开车出行的倾向，人们对交通拥堵费的接受度会受对周边人行为预期的影响。

社会规范的作用在于约束当事人的行为。交通拥堵费研究学者雅各布森于 2000 年在瑞典进行过问卷调查，结果表明，社会规范对拥堵费越支持，公众对拥堵费的接受性越强，即两者有正相关关系。社会规范的效果受周边人（家人、朋友）的观点和个人对他人观点重视度的影响。

社会规范的存在也会增强信息的使用效率。在期望人们改变某一行为时，应该采用禁令标准性信息（比如，不要踩草坪）；在鼓励人们某一行为时，应该采用描述标准性信息（比如，很多人都会选择公共交通工具出行）。因此，在私家车使用者占大多数时，应该使用禁令标准性信息，相反，如果大家都使用公共交通，那就需要使用描述标准性信息。

7.3.4 社会地位

社会地位包括一个人的声誉、信用等社会评价内容，通常基于对个人的财富水平的衡量。社会地位对消费者影响的一个重要表现是炫耀性消费。炫耀性消费指人们通过购买比自己收入水平更高的商品，从而获得高于其收入水平的社会评价，满足虚荣的需求。像汽车这样的出行方式在使用性（时间和金钱成本）和社会地位（声誉和地位）上都有价值，因此会有人为了显示社会地位而增加对私家车出行的需求。社会地位不仅与物质财富有关，也与社会声望有关。一些社会团体从自己表现出来的环保态度中获得了效用，例如，这些人会因为环保而受到夸奖与赞扬。

7.3.5 同伴效应

同伴效应指出行人受到身边朋友、家人和同伴（也就是相关的人）或其偶像行为的影响，即"近朱者赤，近墨者黑"。同伴效应产生的原因可能是信息不充分，在部分选择过程中，人们有可能会因为没有足够的信息做判断，从而选择和其他人相同的选项。同伴效应应用最多的地方是教育领域，比如家长希望孩子可以多和受评价较高的同学（如邻居家的优秀小孩）相处、学习。在交通领域，同伴效应也会影响出行人的行为选择。例如，如果一个人身边的朋友选择步行或骑行等低碳环保的出行方式，这个人在选择出行方式时会更多地考虑步行与骑行。

榜样是同伴效应的进一步体现。因为渴望与偶像或榜样靠拢，人们会更加容易受偶像或榜样人群的影响，进而做出与其相同或相似的选择。这一效应在很早就被应用于营销学中，特斯拉公司的营销就是其中之一。特斯拉营销团队不同寻常的举措是对目标客户的定位。它和绝大多数汽车生产厂商不同，一般的厂商在起步的时候往往会致力于打造"走进寻常百姓家"的新能源汽车定位，而特斯拉摒弃"大众路线"，以高端人士为目标。特斯拉的首批购买者名单上几乎全是明星，甚至包括谷歌的两位创始人、施瓦辛格等社会名流，其中也不乏中国的企业家，如新浪总裁、汽车之家总裁等。这些人在互联网时代具有一定的影响力，由他们作为购买特斯拉电动车的榜样，比单纯的品牌广告更具说服力。

7.4 前景理论及其在出行行为中的应用

交通系统是典型的不确定性系统，不确定性条件下的出行行为呈现有限理性的特征。前景理论是一个有限理性决策理论,更加符合现实中出行者的实际行为特征。但是我们也应该认识到,对于具体的出行行为研究而言,前景理论是否适用不仅取决于决策问题的性质,而且要看出行者的个性特征以及所考虑的选择方案的属性是否具有不确定性。本节重点讨论前景理论在交通出行行为中的应用。

7.4.1　前景理论简介

冯纽曼和摩根斯特恩提出的期望效用理论长期以来在不确定性决策研究领域占据统治地位。然而,现实中人们往往并不按照期望效用理论的预测结果行事。双面女间谍悖论、埃尔斯伯格悖论、最后通牒博弈等行为经济学实验都对期望效用理论及其完全理性假设提出了质疑。为了寻求对人们真实决策行为的合理解释,卡尼曼和特韦尔斯基从认知心理学的角度,对人类决策过程中普遍存在的"代表性""易得性""锚定和调整""框架效应"等启发式策略及其导致的认知偏差进行了系统的总结和分析,并在一系列心理学实验的基础上提出了前景理论,较好地解释了一些期望效用理论所无法解释的"异象"。

前景理论的主要观点如下。(1)参照点依赖:人们在决策时往往会预先设定一个参照点,并依据参照点来衡量收益或损失,人们更加看重财富的变化量而不是最终量。(2)风险偏好逆转:在参照点附近,人们的风险偏好会发生逆转,人们面对收益倾向于风险厌恶,面对损失倾向于风险追求。(3)损失规避:面对同等数额的收益和损失,人们对损失的规避程度要大于对收益的偏好程度。(4)敏感性递减:越远离参照点,收益或损失的边际变化对人们的心理影响越小,类似边际效用递减规律。(5)非线性概率权重:人们在决策时将事件发生的原始概率转化为一个非线性的概率权重,并且时常高估小概率事件而低估大概率事件。

卡尼曼和特韦尔斯基将人们的决策过程分为编辑和评价两个阶段:在编辑阶段,决策者设定一个参照点,并将决策的各种可能结果编辑为相对于某个参照点的收益或损失;在评价阶段,决策者依据价值函数对收益和损失进行主观评价,并依据决策权重函数测度主观概率风险。卡尼曼和特韦尔斯基给出了一个"S"形的价值函数和倒"S"形的决策权重函数（见图 7.1 和图 7.2），具体形式分别如下：

$$g(x)=\begin{cases} (x-u_0)^\alpha & x \geq u_0 \\ -\lambda(u_0-x)^\beta & x < u_0 \end{cases} \qquad (7.1)$$

$$w^+(p)=\frac{p^\gamma}{[p^\gamma+(1-p)^\gamma]^{1/\gamma}} \ ; \ w^-(p)=\frac{p^\delta}{[p^\delta+(1-p)^\delta]^{1/\delta}} \qquad (7.2)$$

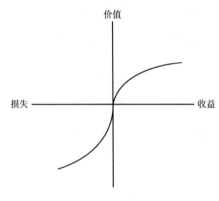

图 7.1　价值函数

资料来源：卡尼曼和特韦尔斯基，1979、1984。

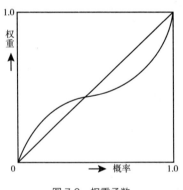

图 7.2　权重函数

资料来源：卡尼曼和特韦尔斯基，1979、1984。

式中，u_0 表示参照点；x 表示备选方案结果；α，β（$0 < \alpha$，$\beta < 1$）表示风险偏好系数，值越大表示决策者越倾向于冒险；λ（$\lambda \geq 1$）表示损失规避系数，值越大表示决策者对损失越敏感；p 表示 x 发生的概率；$w^+(\cdot)$、$w^-(\cdot)$ 分别表示

收益区域和损失区域的决策权重函数;决策权重函数呈倒"S"形,参数 γ 和 δ($0 < \gamma$,$\delta < 1$)越小,则函数形态越弯曲。价值函数和决策权重函数中的相关参数取值并不固定,它们会在一定范围内发生变化,这取决于具体决策情境,并且因人而异。根据前景理论,备选方案前景可以表示为:

$$V(x) = \sum_{i=1}^{n} w^+(p_i) g(x_i) + \sum_{j=1}^{m} w^-(p_j) g(x_j) \qquad (7.3)$$

前景理论在函数形式上与期望效用理论存在如下区别:一是用决策权重函数代替了期望效用理论中的客观概率;二是用价值函数代替了期望效用理论的效用函数。此外,参照点的引入也是前景理论与期望效用理论的一个明显不同,参照点是"收益"和"损失"的分界点,也是决策者风险态度的中性点,参照点设定的不同将直接影响最终决策结果。普拉特和阿罗等认为,不确定状态下影响个体决策的两个主要因素是风险偏好和风险认知。从这个意义上讲,价值函数实际上反映了决策者的风险偏好,而决策权重函数则是个体对风险事件发生概率的判断,即风险认知,价值函数的敏感性递减程度和决策权重函数的非线性程度共同反映了个体的风险态度。由于备选方案前景由价值函数和决策权重函数加权构成,人们的风险态度由二者的曲率共同决定,呈四分模式:在小概率收益和大概率损失下呈现风险追求,在小概率损失和大概率收益下呈现风险厌恶。

7.4.2　前景理论在出行行为选择中的应用

前景理论基于博彩实验并以货币来度量相对于参照点的收益和损失,它在对金融市场中的投资者行为和商品市场中的消费者行为进行研究时显示了较好的解释和预测能力。然而,出行决策情境不同于博彩实验,出行决策一般并不涉及财富的得失,潜在的收益和损失无法直接用货币来衡量。在应用前景理论进行出行行为研究时,需要弄清楚其边界条件或情境限制,以及具体的研究对象是否满足这种条件或情境，即我们要先验证理论的适用性。

目前，前景理论在出行行为研究中的应用主要在出行路径选择和出行时间选择这两个方面。这些实证研究表明，不确定性条件下的出行决策行为尤其是出发时间和出行路径的选择，符合前景理论的基本观点。在出行路径选择方面，阿维内里和普拉斯克（2003、2005）的实验结果显示，出行者的路径选择行为具有非线性概率权重和损失规避效应。周和陈（2013）利用中国台湾地区高速公路驾驶员基于利用实时交通信息的出行路径选择行为数据，实证估算了累积前景理论中的所有参数，验证了累积前景理论在路径选择中的适用性。在出行时间选择方面，藤井和北村（2004）使用实证数据验证了汽车通勤者在选择出发时间时的参照点依赖特性，反驳了之前期望效用理论关于出行时间是主观连续分布的结论。周等（2009）通过出行日记数据发现汽车通勤者在出行时间选择中表现出参照点依赖和损失厌恶的特征，符合前景理论。

然而，出行选择行为不仅包括出行路径和出发时间选择，还包括出行方式、目的地以及出行与否等选择行为，是出行者进行的一个复杂决策过程。关于前景理论是否适用于其他出行选择行为的研究，目前尚缺乏充足的证据。此外，已有研究所考虑的选择方案属性大多基于时间因素，通常以行程时间来度量收益和损失，对于其他属性则较少涉及。实际上影响出行决策的选择方案属性众多，其中有些是不确定性因素，有些则是确定性因素，前景理论是否适用关键要看决策者主要考虑哪些属性。例如，关于出行方式选择问题，出行者考虑的影响因素有行程时间、可靠性、舒适度、安全性、可达性、出行费用等，如果出行者主要考虑出行费用，而费用又是确定的，前景理论则不再适用。

虽然相较于期望效用理论来说，前景理论是一个有限理性决策理论，更加真实地刻画了决策者的认知和心理特征，较好地解释了一些期望效用理论所无法解释的"异象"。然而，前景理论也并非一个完全成熟的理论，它自提出以来即引起一些经济学家的批评：①决策权重函数是基于客观概率定义的，现实中事件发生的客观概率往往无法预知；②前景理论中的参数取值通常并不固定，受具体决策情境的影响且因人而异，这给实际应用带来了困难；③参照点的形成是一个复杂的心理过程，目前人们对于参照点的形成机理和影响因素尚不甚清楚，参照点的选取在很大程度上取决于研究者的主观偏好；④前景理论是一个静态决策理论，无法刻画决策行为适应、学习和调整的动态过程；⑤由于实验存在外部效度问题，基于心理学实验得到的前景理论未必具有普遍解释力。

为了增强前景理论对现实的解释和预测能力，一些研究者在继承前景理论基本假定和观点的基础上对其进行了发展。例如，为了解决多个结果的排序依赖和随机占优问题，卡尼曼和特韦尔斯基用事件的累积决策权重函数代替决策权重函数，对前景理论进行了修正，提出了累积前景理论。前景理论在交通研究领域也可以有更广的应用范围，例如，对于交通违章、噪声及尾气污染、拥堵收费、信息响应机制等问题，如果选择方案属性存在不确定性，就可以考虑将前景理论应用于对出行决策过程的分析。例如，汉等（2005）研究发现，出行者对信息的响应不仅取决于信息内容与主观信念的一致性，而且取决于提供信息时的陈述方式，这表明出行者对信息的响应具有框架效应，而框架效应作为一种启发式决策规则，可以用前景理论来解释。

案例分析 4：前景理论与接孩子行为[1]

施瓦恩和艾特玛（2009）运用前景理论分析了双职工家庭中的父母在不确定性交通网络下到幼儿园接孩子回家的行为。他们通过设计陈述性偏好实验，收集实际行为选择数据，对价值函数和权重函数中的参数进行估计，并计算前景值。

〔1〕 Schwanen, T. , & Ettema, D. (2009), "Coping with unreliable transportation when collecting children: examining parents' behavior with cumulative prospect theory", *Transportation Research Part A Policy and Practice* 43(5): 0-525.

前往幼儿园接孩子回家的父母来对于迟到是非常敏感的，其时间的灵活度甚至比上班通勤还要低。对于父母来说，幼儿园的关门时间比公司要求的上班时间更严格，这是因为大多数人都会担心自己的孩子会因他们的迟到而受到不利影响。因此，当父母中的一方需要去接孩子时，会估计自己准时到达幼儿园的概率，当面对加班以及交通拥堵等情况，认为自己很难准时接到孩子时，就会请求配偶帮忙去接孩子。当然，父母接送孩子的决策也与他们的性别、公司和幼儿园的距离、幼儿园的关门制度等因素有关。

为探究父母接孩子的行为偏好，施瓦恩和艾特玛设计了如下表情景实验。

施瓦恩和艾特玛的实验设计			
A. 自己接孩子		**B. 让你的配偶接孩子**	
你可能做的	发生概率	你的配偶可能做的	发生概率
· 刚好在你的孩子应该被接走的时间到达	1/2（50%）	· 刚好在你的孩子应该被接走的时间到达	4/5（80%）
· 比你的孩子应该被接走的时间晚 5 分钟到达	1/2（50%）	· 比你的孩子应该被接走的时间晚 10 分钟到达	1/5（20%）

参与者需要回答他们将如何应对在接孩子途中由于运输问题（道路拥堵、火车晚点、汽车/自行车故障）可能发生的意外延误。他们将看到上图中的实验情景，包括两种可用的选择方案，每种方案中都介绍了可能发生的意外延误、发生概率以及面对的时间参考点。参与者将在两个方案中进行选择：自己去托儿所接孩子或者让配偶代替自己去托儿所接孩子。假设参与者的选择基于他们对自己和配偶到达幼儿园的预期时间，家长在孩子应该被接走的时间之前到达托儿所被视作一种收益，其他情况为损失。共有 455 位家长参与本次调查。

实验中的三个参照点如下。

（1）基于事件的时间，即大多数其他孩子的父母接孩子的时间设定为 17：35。

（2）托儿所规定的孩子们应该被接走的时间设定为 17：45。

（3）托儿所正式关门的时间设定为 18：00。

施瓦恩和艾特玛通过遗传算法进行参数估计，得到了风险态度参数的取值为1.09~1.10，这意味着价值函数对于收益（早到或准时到达）是稍凸的，对于损失（晚到）是凹的。这一结果支持莱维和莱维（2002）提出的反"S"形函数。它表明随着迟到程度的增加，迟到者变得更加令人反感。损失厌恶参数的取值为1.27~1.37，估计结果确实为损失厌恶提供了证据，尽管其幅度远远低于特韦尔斯基和卡尼曼（1992）得出的结果（2.25）。概率权重参数的取值为0.82~0.84，大于特韦尔斯基和卡尼曼（1992）提出的0.61~0.69。这表明在施瓦恩和艾特玛的研究中，参与者对概率感知的失真程度较低。同时，根据权重函数的形状，他们也发现了小概率被高估而大概率被低估的现象。这些结果表明，参考点依赖、损失厌恶、风险寻求以及对概率和非线性偏好的扭曲感知也发生在关于出行时间改变的陈述性偏好研究中。此研究的参数估计值与以往研究有所不同，可能是参与者面对的决策任务、对损失和收益的定义、实验设计以及参与者个人特征导致的。他们的研究也表明，除了预期效用理论以外，运用前景理论的分析框架描述不可靠、可变以及不确定情况下的出行行为也是一种可行的选择。

7.5　政策应用

随着城市规模的扩大、城市交通结构的转变、小汽车拥有量的增长，城市交通实现可持续发展面临更严峻的挑战。为了解决城市交通中日益增长的拥堵、污染和事故等诸多问题，城市交通政策必须引导居民减少小汽车的使用，尽量转向环保的出行方式。然而，由于上面章节中介绍的有限理性和社会偏好的存在，城市居民的出行选择往往会偏离理性人范式。因此，基于出行者的理性行为假设制定的交通政策，往往会忽视出行者行为的异质性以及偏好的不稳定性，不能真实描述和反映出行者选择行为，从而无法达到预期效果。这就要求我们从行为经济学的角度，更真实地描述出行者的出行选择，同时，在行为经济学的指导下通过公共政策改变出行者行为并纠正这些行为偏差，从而更有效地引导城市交通的可持续发展。

7.5.1　针对有限理性行为的政策引导

1. 情绪化的出行者

在交通出行中，人们常常将汽车的使用与积极情绪联系起来。例如，市场营销、广告媒体通过媒介宣传，利用人们对汽车使用的积极情绪，促进人们购买大能耗汽车等高污染产品，不利于环境保护。为解决这一问题，可对类似的"污染"广告收税，对"清洁"广告进行补贴，从而在一定程度上减少人们对污染产品或服务的购买，转向购买清洁环保的产品或服务。

当人们对自己污染环境的行为产生羞耻感、内疚感等消极情绪时，人们就会更偏向于采用公共交通方式出行。这种道德义务和个人规范感可以由人们的亲环境价值触发，从而使人们表现得更加环保。因此，可以通过教育提高人们对环境的关注度，从而使其对节能减排、环境保护持积极态度。此外，如果环境目标和社会目标保持一致，人们越多地从事环保等亲社会活动，他们的自我社会价值就越得以体现，这也有利于人们自发地保护环境。

既然亲环境价值有利于人们节能环保，我们是否应该用金钱奖励亲环境表现？事实是，当利他行为被奖励时，人们做好事的满足感被剥夺，从而会失去做好事的内在动力，反而产生有权不做出亲环境行为的错觉，即认为自己"有权污染"。也就是说，货币激励会产生挤出效应，影响人们的道德义务感，从而影响其亲环境表现。为解决这一问题，我们可以重新参考没有货币激励时人们的行为依据。在没有货币价格时，人们的选择和努力都受社会原则的指导，而这一社会原则对补贴并不敏感。因此，当人们的环境道德感很高时，可用社会激励代替货币激励，但当亲环境行为不足以解决相关问题时，还应加入货币激励。

2. 维持现状和选择默认项的出行者

由于在交通出行中，人们的出行模式选择有维持现状的倾向。通常，由于污染项（汽油或柴油车、带停车场的住宅区）为默认选项，人们会更多地消费高污染产品。一种解决方法就是让环保项即电动汽车或混合动力汽车以及不带停车场的紧凑型住房，变成整个社会的默认选项。

政府也可通过设置默认项向公众传递环保信息，从而促进人们表现得亲环境。例如，政府可以通过规划低排放区，向出行者发出明确信息，使其改变出行模式、出行时间和出行路线，或者如图7.3，向出行者发出绿色出行要求，鼓励出行者做出改变，选择绿色低碳的出行模式，从而进一步鼓励人们选择特定的出行时间和路径，最终缓解交通拥堵。此外，当默认选项得到社会道德规范支持的时候，默认选项对人们行为的影响效果将会增强。例如，要求零售商多公布和展示绿色车型，在宣传新车的广告中规定电动车和汽车的展示比例，这意味着将实际增加电动汽车和混合动力汽车的市场份额。

倡导文明绿色出行，创建生态发展之城！

图 7.3　绿色出行公益广告

资料来源：中国交通运输部官网，http://www.mot.gov.cn/zhuanti/jtysgygg/pingmianlei_gygg/201805/t20180527_3025548.html。

3. 拥有不同心理账户的出行者

价格措施作为一种经济激励手段，通过给予公共交通模式和新能源汽车一系列价格优惠政策，同时增加私家车出行成本的方式，可以达到减少私家车使用、改善城市环境的目的。影响私家车出行成本时，要更多地考虑增加可变成本，如燃油税、行驶公里税、道路收费、拥堵收费、停车费、保险税等。此外，增加汽车购置税虽然会降低汽车拥有量，但是也有可能延长每辆车的使用年限，从而加重污染。因此，提高燃油价格、设定行驶每公里的排放税或道路收费计划，可能是减少汽车使用的好方法。但是值得注意的是，当人们对费用的认识尚不明确时，这种自我控制机制有可能失效。因此，从政策制定角度来看，相比于引入新的定价方案，简单地提高当前的燃油税或收费等可能是更恰当的策略。

4. 自我选择偏差

出行者倾向于选择有利于其采取偏好的出行模式的住宅地点。因此，为了设计鼓励大家减少汽车使用的政策，建立相应的居住地选择机制十分重要。但是，居住地选择和周围环境（如是否支持汽车使用）对人们的出行模式也有影响。因此，政府可通过限制低居住密度建筑数量影响汽车使用。此外，还可通过制定土地规划政策，设计不鼓励居民购买和使用汽车的环境，进一步限制汽车使用。

5. 启发法与信息提供

由于人们使用启发法处理问题时可能会产生错误或偏差。因此，政策的制定者可以通过调整对所提供信息的表述配合出行者进行推理，从而提高信息的有效性。例如，可以将汽车油耗表示成"升／公里"即单位距离内的耗油量，这可能比"公里／升"更能提高人们的环保意识，因为这样可以使油耗信息与人们的线性推理保持一致（加西亚－塞拉利昂等，2015）。

在公共交通的正常运作受到影响时，信息可以有效避免"热炉"效应。信息降低了不确定性，并且简化了人们的决策过程，使出行者能够做出更好的出行选择。但是，如果出行者具有十分固定的开车出行习惯，或十分偏好汽车带来的荣誉和社会地位，那么，信息在提供有关其他替代出行模式时能够发挥的效果将受到限制。事实上，只有其他出行模式在时间、成本、形象、信息获取成本以及最终适应方面明显优于汽车时，信息的提供才会有影响。在这种情况下，"启发法"作用有限，有必要实施更加严厉的政策，从而强制要求出行者改变出行模式。

案例分析5：信息卡片提升开车安全[1]

在行为经济学中，提醒可以对人们产生重大影响，从而改变人们的行为方式。人们常常因为懒惰、拖延以及轻度的健忘而不做出某种行为，及时的提醒可以确保人们改善自己的行为，看似微不足道，却十分有效。

在交通领域中，提醒对于人们行为的"助推"也有很大的改善作用。共享汽车公司为了避免车辆损坏带来的出行风险，要求共享汽车用户在出行前检查车辆状况和损坏情况，以确保安全。据此，纳马苏等（2018）在哥伦比亚大学进行了一项提醒实验。

实验者在哥伦比亚大学的A、B两个区域分别进行观察，一个区域作为干预组，其中每个汽车挡风玻璃上都有提醒卡，提醒用户在使用共享汽车之前进行车辆检查；另一个区域作为控制组，所有的汽车都没有提醒卡。为了排除了位置和外部天气的影响，实验每天交替进行：第一天，区域A为干预组、区域B为控制组；第二天，区域B为干预组、区域A为控制组。为了避免用户交互作用的影响，实验者进行远程观测。

研究结果表明，提示卡可以显著增加用户在使用共享汽车前检查汽车的行为。并且这一影响效果是长期有效的，在实验两周后，即使两组都不加提示卡，用户提

---

[1] Namazu, M., Zhao, J., & Dowlatabadi, H. (2018), "Nudging for responsible carsharing: using behavioral economics to change transportation behavior", *Transportation* 45(1): 105-119.

前检查车辆的行为也有所增加。

一张小而简单的提醒卡就可以改善用户的行为，可见，以提醒为代表的"助推"工具对于改善人们的行为可能会有很大的促进作用。目前，"助推"已经被运用在越来越多的场所以规范人们行为，带来了不小的社会和经济效益。

---

6. 信息反馈对出行者学习行为的影响

由于对模式转变的高度抵制及有限的模式选择，人们在选择出行时会认为可靠性、时间和成本比环境问题更为重要，因此忽视汽车的排放问题。有趣的是，人们通常会指责他人在私家车出行时增加了排放。要解决这一问题，有两个有效途径。

第一，在汽车安装时加入排放量表。库尔特等研究了碳排放计算器在塑造人们的认知、态度和行为上的作用。实验参与者被允许使用一系列碳排放计算器。在以前从未使用过碳排放计算器的参与者中，那些对使用碳排放计算器表示出积极态度的参与者显得更加环保。显然，碳排放计算器有助于提高个体的环保意识。但是，他们也认识到大多数人对排放相关概念的认知有限，无法很好地将排放与个人行为联系起来。同时，那些感觉自己已经做出足够多的环保行为的参与者，便可能不再改变他们的行为。

第二，在新的汽车导航系统中，加入节油路线信息。研究发现，提供节油路线信息有助于减少汽车行程中的二氧化碳排放量。在瑞典隆德的试点结果显示，通过计算最低总燃料消耗（和最低排放量）优化路线，可使燃油消耗平均降低8.2%。而隆德所有超过5分钟的旅程中，有46%的出行者都没有调整到最省油的路线。由此可见，这一创新应用的潜在收益非常大。

案例分析 6：环境信息促进可持续出行[1]

在缺乏经验和信息的领域，或在选项过于复杂多样的情况下，人们更容易受到选择框架的影响。以更加醒目直白的形式披露有关公共目标和个人利益的各类信息，可以帮助人们做出更优的选择。因此，为了解决气候变化问题，有关温室气体排放的相关信息被越来越多地呈现给人们，例如，有关二氧化碳排放量的标签或标志出现在交通出行计划选择、汽车广告甚至餐馆菜单中。

盖克尔等（2013）在加州大学伯克利分校进行了一项偏好路线选择实验，主要研究披露这些有关环境影响的信息是否能够对人们的选择产生影响。在实验过程中，所有受试者都被给予相同的假设场景——与朋友一起出行休闲。受试者可选择三条路线，每条路线都包含出行时间、出行费用、温室气体排放量和安全性四方面信息，每个受试者被要求从三条路线中选择一条。结果显示，25% 的受试者受路线温室气体排放量信息的影响十分显著，他们会在做出决策的时候考虑温室气体排放量。

实验说明，我们可以通过提供有关用户行为对环境影响的相关数据，来促使用户做出可持续发展的行为。

7. 损失厌恶与负面语境

通勤者不喜欢损失。为了说服出行者做出有助于实现预期效果的选择，我们可以把选择的结果描述成一种损失，例如，"当你开车出行时，就会比公交车出行多花费 20 元"，这时人们便会更加谨慎地对私家车出行的成本进行考量。

---

[1] Gaker, D. S. J. (2013), "The value of green in transportation decisions", *Dissertations & Theses – Gradworks* 71(10): 15-35.

在强调不同出行模式下二氧化碳排放的区别时，负面框架比正面框架更有效。但是需要注意的是，负面框架的描述有副作用，特别是在涉及价格机制的时候。"排放污染的惩罚"会比"排放污染的权利"效果更好，但是这种描述带有的"规制"意味会让人们认为前者限制了他们的自由，因此人们可能更加反对前者。

8. 出行者是习惯的动物

较强的出行习惯是出行行为改变的障碍之一，但是，可以采取几种方法来应对。首先，"思维干预"（Deliberation Intervention）可以使人们产生"有意识的思考"去"解冻"习惯，从而改变他们的行为。例如，有意识地引导参与者考虑其他的替代出行模式（盖维尔等，2003；埃里克森等，2008）。这种干预对那些有开车的习惯且具有较强的环保动机或个人规范的出行者更加有效，会降低他们的私家车使用率。

其次，环境的改变也会使人们有意识地重新考虑过去的习惯，激活他们内在的亲环境价值，从而选择更节能环保的绿色出行方式。弗利普兰肯等（2008）发现搬家会使得人们重新思考过去的习惯，激活其环保的本能，从而引导行为转向可持续选择。班贝格在2006年研究了居住地改变以及思维干预影响人们出行方式的协同效果。实验中的干预措施是提供一天免费车票和量身定制的公共交通信息。他们发现这种干预措施非常有效，搬家后人们使用汽车的习惯显著降低，公共交通分担率从18%增至47%。而且无论是否有开车习惯，人们的出行行为都发生了变化。此外，在提供免费车票和公共交通信息之后，参与者对使用公共交通出行的可行性和适当性的看法也发生了重大改变。

最后，习惯也可以通过货币激励来改变，并且这一影响具有长期效应。查尼斯和格尼茨（2008）在芝加哥大学做了一个关于货币激励与健身习惯养成的实验。他们给予参与者25美元，如果参与者每周能参与至少去一次健身房，并且在未来四周至少去八次健身房，则还可以得到额外100美元的奖励。结果发现，在给予货币激励后，32%的参与者每周增加健身房出勤次数超过一次。货币激励有效改变了参与者以往的健身习惯。此外，直接打断习惯反应的干预措施，如临时封路或停车位关闭也会导致出行模式的改变。在这两种情况下，人们的出行行为更容易发生变化。

7.5.2　基于社会偏好和自我认同的政策引导

1.以规范为使命和跟随他人行为

那些环保行为可以被解释为人们期望表现得体从而融入自己所处的社会环境而进行的努力。在社会心理学中，学习如何举止才算恰当和观察、模仿他人是适当的行为心理，被称为"社会证明"。伦敦拥堵费政策正是减少私家车使用这一行为的社会证明，强调了使用可持续交通方式的行为。但是，这种价格机制型政策具有争议性，因此实施起来有一定的困难，因为人们不确定这一政策会给他们的日常生活带来多大的损失。

社会规范的存在也会增强所提供信息的有效性。恰尔迪尼于 2003 年和 2007 年的两个研究表明，在试图改变非环保但是有社会延伸性的行为时，应该提供指令性规范（Injunctive Norms，即应该怎么做）信息，即对社会认可的行为（环保行为）的看法；在增强环保行为的覆盖面时采用描述性规范（Descriptive Norms，即已经做了什么）信息，即对社会延展性行为（不环保）的看法。因此，为了减少私家车出行的频率，政府可以通过设置禁止排量过高的汽车上路行驶等指令性规范信息来限制私家车的使用；或者利用描述性规范信息，通过公开披露的形式对大排量汽车贴标签甚至公布个人排放和资源使用情况等。由于公布个人信息涉及隐私问题，因此贴标签更具可行性。不过，盖克儿等在 2010 进行的一项实验研究发现，同伴遵守行人法规对行人安全行为的影响，要大于描述性信息（如事故统计或引用率）。但是，有些人可能觉得自己对交通事故发生率的影响和别人的影响相比是无关紧要的。

2.追求社会地位并关心自我形象

存在寻求地位的行为意味着需要提高对环境污染商品（即私家车）的矫正税水

平（豪沃思，1996）。在交通运输领域，维尔赫夫和范威（2002）提出一种征收车辆税的方法：基于车辆的排放或油耗征税。也就是说，税额的高低取决于车辆相对油耗的大小。而且，该税只适用于污染较严重的车辆，污染较轻的车辆则应给予经济奖励，即税额抵扣。此外，激发地位驱动力也是促进环保行为的有效途径。利用地位驱动力可以增加在公共场合中购买绿色产品（包括混合动力汽车和电动汽车）的欲望。当绿色产品的成本高于非绿色产品时，绿色产品可以同时代表一个人"关心"环境并拥有"财富"。环保研究进一步指出这种"显而易见的慷慨"是人们显示社会地位的一种途径。

本章总结

1. 理性行为假设认为，人们根据效用最大化原则做出出行决策。

2. 由于人们并不具有充分的感知力、判断力，且容易受其他主观信息的干扰，因此其出行决策存在偏差。这些偏差主要体现在两方面：有限理性和社会偏好。

3. 出行行为中的有限理性偏差主要包括情绪化、心理账户、默认选项、自我选择、启发式思维、损失厌恶、受行为反馈影响以及行为惯性的存在。

4. 前景理论认为个体基于"框架"和参照点收集和处理信息。人们面对收益倾向于风险厌恶，面对损失则倾向于风险追求。

5. 出行行为中的社会偏好主要源于人们在进行决策时会考虑公平、互惠利他、社会规范、社会地位以及同伴效应等因素。

6. 将提供社会和货币激励、合理设置默认选项、提供反馈信息、运用负面语境等"助推"手段融入交通政策的制定过程，有助于纠正人们在交通出行中的行为偏差。

本章术语

Bounded rationality　有限理性　　　　Weighting function　权重函数

Self-selection　自我选择　　　　　　Risk aversion　风险厌恶

Default options　默认选项　　　　　　Loss aversion　损失厌恶

Mental accounting　心理账户　　　　　Status quo　维持现状

Habits　行为惯性　　　　　　　　　　Reference Dependence　参照点依赖

Prospect Theory　前景理论　　　　　　Fairness　公平

Framing effect　框架效应　　　　　　Altruism　利他主义

Value function　价值函数　　　　　　Social norms　社会规范

Peer effects　同伴效应

经典资料 1：赫伯特 A. 西蒙 [1]

　　赫伯特·A. 西蒙（1916~2001 年），1943 年在芝加哥大学获得博士学位，先后在加利福尼亚大学、伊利诺斯理工学院和卡内基-梅隆大学担任教职。虽然最先学习的是工程学，西蒙将自己的人生目标确定为"硬化"社会科学并增进自然科学和社会科学的联系。他认为自己在描述和建模表示人类决策过程局限性方面的努力是这一任务的中心，建立更加严谨的行为科学的关键是数学建模。然而，他的成果与同时代同样追求经济学严谨性的其他学者有所不同。他认为通过假设剔除"人性"太过草率。虽然西蒙主要因对决策科学的贡献而被经济学家熟知，但他在其他许多领域都有公开发表的成果，例如，认知心理学、人工智能和经典力学。他被认为是人工智能的创始人之一，因在经济学、计算机科学、心理学、自动化和公共管

---

[1]　大卫·R.贾斯特：《行为经济学》，机械工业出版社，2017。

理等方面的成果获得过多个知名奖项。他相信，经济学还有很多东西需要向其他社会科学学习，其成果对纯粹理性选择模型的有用性提出了质疑，认为需要对其假设进行严格的检验。西蒙著名的论断是，由于现实不断变化，经济学中使用的均衡概念在实证研究中可能毫无用处。均衡可能永远无法达到，我们或许也无法知道所观测的情形离均衡到底有多远。西蒙以其在有限理性方面的成果在 1978 年获得了诺贝尔经济学奖。

经典资料2：助推理论及其应用 [1]

著名的行为经济学家理查德·泰勒和哈佛大学法学院教授卡斯·R.桑斯坦于 2008 年出版著作《助推：改善健康、财富和快乐决策》，对助推理论进行了系统的阐述，泰勒也因此获得了 2017 年诺贝尔经济学奖。助推理论探究的是，在不采用禁止手段同时不改变经济激励的情况下，如何推动人们的行为向一个可预见的方向发展。无论是政府还是私人机构都对助推表现出相当大的兴趣。在现实生活中，大部分人并不符合经济人假设，需要政府机构站在使公民生活得更好的立场上，利用"助推"来引导人们改善生活。这种方式成本低、有效率，并且可以避免强制要求

---

〔1〕 ① Bothos E., Apostolou D., Mentzas G. (2016), "A recommender for persuasive messages in route planning applications", *Information, Intelligence, Systems & Applications (IISA), 2016 7th International Conference on. IEEE*: 1-5. ② Fasolo, B. (2009), "From describing to nudging: Choice of transportation after a terrorist attack in London". ③ Gaker, D., Zheng, Y. & Walker, J. (2010), "Experimental economics in transportation: focus on social influences and provision of information", *Transportation Research Record: Journal of the Transportation Research Board* (2156): 47-55. ④ Namazu, M., Zhao, J., & Dowlatabadi, H. (2018), "Nudging for responsible carsharing: using behavioral economics to change transportation behavior", *Transportation* 45(1): 105-119. ⑤ Riggs, W. (2017), "Painting the fence: Social norms as economic incentives to non-automotive travel behavior", *Travel Behaviour and Society* 7: 26-33. ⑥ Sherwin, H., Chatterjee, K., & Jain, J. (2014), "An exploration of the importance of social influence in the decision to start bicycling in England", *Transportation Research Part A: Policy and Practice* 68: 32-45. ⑦ Southern, C., Cheng, Y., & Zhang, C. (2017), "Understanding the Cost of Driving Trips", *Proceedings of the 2017 CHI Conference on Human Factors in Computing Systems ACM* 2017: 430-434. ⑧ Sunstein, C. R. (2014), "Nudging: a very short guide", *Journal of Consumer Policy* 37(4): 583-588. ⑨ Hoyt, & Mitchell, G. (2009), "Nudge: improving decisions about health, wealth, and happiness", *International Review of Economics Education* 8(1), 158-159.

带来的负面影响，已经在公共卫生等领域初见成效。目前，如何将"助推"应用到交通领域成为各国学者研究的重点。

桑斯坦于 2014 年发布了一篇"助推"应用指南，将较为有效的引导人们行为的方法归纳为 10 种助推工具，包括默认规则（除非主动选择，人们大概率执行默认规则）、简化（减少政策实施程序）、社会规范（大多数人的选择）、增加便利性（减少实施某些行为的障碍）、信息披露（提供相关影响信息）、警告 / 图形 / 其他（引起人们的注意）、预先承诺（人们承诺采取某种行动）、提醒（确保人们看到信息后立刻行动）、引出意图（提出关于未来行为的简单问题）、告知本质及后果（告知人们过去的选择及其产生的后果）。各国学者采用"助推"工具对交通问题进行干预，已经取得了不错的效果。

在各种交通实验中，社会规范、信息披露、提醒等工具作为变量被频繁使用。大多数研究者采用访谈或陈述性偏好实验，将社会规范信息（如同伴决策信息、家人 / 朋友出行方式等）加入访谈问题，结果显示，实验者会根据信息产生趋同行为，说明社会规范对出行行为有显著影响；信息披露，将温室气体排放等环境信息、安全性信息、出行成本信息等在大规模调查或小型实验中告知实验者，会使实验者产生有利于环境、避险、低成本等行为，信息的易于理解程度会影响信息披露对出行行为影响的程度；在实验中，研究者采用提醒（如在共享汽车上放置提醒用户检查车辆的提醒卡）的手段引导实验者，提高出行者某一行为出现的频率，对其行为有显著引导作用（盖克，2010；舍温，2014；里格斯，2017；索森，2017；法索洛，2009；纳马苏，2018）。

然而，也有一部分学者对"助推"工具的有效性及道德风险问题产生了质疑。在某一出行路线规划实验中，出行规划应用程序的建议信息对用户出行行为并没有显著影响（博托斯、阿波斯特罗和门茨，2016）。同时，政策制定者利用人们在无法做出判断时的惯性，将自己的判断强加到公众身上，这在实际上已经控制了人们选择的权利，存在道德风险的争议。因此，在如何提高"助推"的有效性及通过提高政策透明度减少道德风险问题等方面，值得研究者进行更加深入的探讨。

复习题

1. 假设由通勤者选择出行路径。告诉一组被实验者，他们有 55% 的可能性出行畅通（没有拥堵）；而告诉另一组被实验者，他们有 45% 的可能性遇到交通拥堵。哪个小组更愿意选择该路径出行？这种效应的名称是什么？

2. 假设你驾车出游，知道该路段一般情况下是行驶畅通的。但是，由于该道路突发交通事故，你遇到拥堵延迟了 10 分钟，你会有何感受？假设你平日高峰开车上班，你知道该路段一般会遭遇拥堵 20 分钟，但今天只拥堵了 10 分钟，你会有何感受？哪种效应可以用来解释这两种情况下心理感受的不同？

3. 设想校园中的共享单车停车行为，假设已有的单车都是规范停放的，你会如何停车？若已有的单车都是乱停放的，你又会怎么做？你的停车行为受到了什么的影响？

4. 在上一题的情况下，假设你马上就要迟到了。你知道规范停车可以方便后来的人停放车辆，而不规范停车可以减小迟到的概率，你会怎么做？若你仍然选择规范停车，这反映了哪种心理偏差？

拓展阅读文献

[1] Bamberg, S. (2006), "Is a Residential Relocation a Good Opportunity to Change People's Travel Behavior? Results From a Theory-Driven Intervention Study", *Environment & Behavior* 38(6): 820-840.

［2］ Verhoef, E.T., & Van Wee, B.(2000), "Car Ownership and Status", *Tinbergen Institute Discussion Paper* TI 2000–076/3.

［3］ Schwanen, T., & Ettema, D. (2009), "Coping with Unreliable Transportation when Collecting Children: Examining Parents' Behavior with Cumulative Prospect Theory", *Transportation Research Part A Policy and Practice* 43(5): 0-525.

［4］ Garcia-Sierra, M., Jeroen, C.J.M., van, D.B., & Miralles-Guasch, C. (2015), "Behavioural Economics, Travel Behaviour and Environmental-Transport Policy", *Transportation Research Part* D 41: 288-305.

后 记

　　本书各章通过详细研究一些交通运输中的市场失灵现象，从经济学角度探讨了市场和政府之间常见的复杂关系。我们列出了市场失灵的潜在根源，特别是由外部效应和市场势力导致的市场失灵，研究这些失灵如何影响个人和企业的经济行为，并且探究政府是否可能以及如何干预这些市场失灵。我们发现，政府在竞争中也会表现出低效的定价行为，我们也意识到为未定价物品确定经济价格时存在巨大的挑战，例如，考察出行时间或对其进行成本—效益分析的时候。

　　事实证明，通常不可能有万能的经济政策处方，可以既简单又普遍有效地处理一切市场失灵。不幸的是，也没有一种简单的经济措施组合，保证在实践中"盲目"应用也能成功。政府失败的风险往往并非空想。然而，本书试图指出，经济理论和分析能够加深我们对市场失灵原因和后果的认识，帮助我们评估用各种公共政策处理市场失灵时可能发生的影响。因此，这些章节旨在说明经济理论和方法如何有助于制定更有效果和更有效率的政策，哪怕问题变得更加复杂并且没有简单的经济答案可用。毕竟，学会没有简单的答案可供使用以及为什么会这样，同时，学会如何从经济学角度审视被提议的方案，这大有裨益，远比滥用那些看似简单却在效果及效率上可能适得其反的解决方案更为有用。

　　受篇幅限制，本书只考虑主要问题，经常只是简单地谈及（甚至完全忽略）在实践中可能非常重要的问题。我们也只涉及了运输经济学领域的一小部分，以及市场和政府之间的关系可能给经济学家带来诸多挑战的一小部分。希望我们对市场失灵和政府对交通运输的反应所做的经济分析，足以让读者相信，市场和政府的失灵不但是引起巨大社会兴趣的领域，而且是经济分析非常实用甚至不可或缺的领域，它非常具有挑战性，能不时带来智力上的收获。当然，其他许多市场也是如此，与交通运输一样，每个市场都有自己的复杂性。

参考文献

［1］科林·F．凯莫勒、乔治·罗文斯坦、马修·拉宾:《行为经济学新进展》，贺京同译，中国人民大学出版社，2010。

［2］〔美〕彼得·戴蒙德、〔美〕汉努·瓦蒂艾宁编著《行为经济学及其应用》，贺京同译，中国人民大学出版社，2011。

［3］大卫·R.贾斯特:《行为经济学》，贺京同、高林译，机械工业出版社，2017。

［4］韩国文:《金融市场学》，机械工业出版社，2009。

［5］张智勇、陈来荣:《交通拥堵收费研究》，人民交通出版社，2014。

［6］梁贺红、卢远新:《沉没成本效应研究述评》，《经营管理者》2009 年第 3 期，第 22~23 页。

［7］李开孟:《工程咨询业务知识讲座（续）——第十七讲 经济评价》，《中国工程咨询》2001 年第 12 期，第 31~41 页。

［8］彭聃龄:《普通心理学》，北京师范大学出版社，2012。

［9］荣朝和:《对运输化阶段划分进行必要调整的思考》，《北京交通大学学报》2016 年第 4 期，第 122~129 页。

［10］荣朝和:《关于运输经济研究基础性分析框架的思考》,《北京交通大学学报（社会科学版）》2009 年第 2 期，第 1~9 页。

［11］袁艺、茅宁:《从经济理性到有限理性:经济学研究理性假设的演变》,《经济学家》2007 年第 2 期，第 21~26 页。

［12］张波、隽志才、倪安宁:《前景理论在出行行为研究中的适用性》,《北京理工大学学报(社会科学版)》2013 年第 15 期，第 54~62 页。

［13］朱红梅：《城市轨道交通费用效益分析及应用研究》，《2015 年中国城市科学研究会数字城市专业委员会轨道交通学组年会论文集》2015 年。

［14］Akerlof, G.A. (1970), "The Market for 'Lemons': Quality Uncertainty and the Market Mechanism", *Quarterly Journal of Economics* 84: 488-500.

［15］Arnott, R., A. de Palma, & R. Lindsey (1998), "Recent Developments in the Bottleneck Model", In: K.J. Button & E.T. Verhoef (1998*), Road Pricing, Traffic Congestion and the Environment: Issues of Efficiency and Social Feasibility*, Edward Elgar, Cheltenham: 79-110.

［16］Arkes, H. R., & Blumer, C. (1985), "The Psychology of Sunk Cost", *Organizational Behavior and Human Decision Processes* 35(1): 124-140.

［17］Avineri, E., & Waygood, E.O.D. (2013), "Applying Valence Framing to Enhance the Effect of Information on Transport-related Carbon Dioxide Emissions", *Transportation Research Part A* 48: 31–38.

［18］Averch, H., & L.L. Johnson (1962), "Behavior of the Firm under Regulatory Constraint", *American Economic Review* 52: 1052-69.

［19］AVV (1998), *Advies inzake Reistijdwaardering van Personen*, Adviesdienst Verkeer en Vervoer, Directoraat-Generaal Rijkswaterstaat, Ministerie van Verkeer en Waterstaat, Rotterdam.

［20］AVV (2003), *Prestaties Nederlands Wegennet: De Ontwikkeling van het Wegverkeer, de Wegcapaciteit en Congestie in Verleden en Toekomst*, Adviesdienst Verkeer en Vervoer, Directoraat-Generaal Rijkswaterstaat, Ministerie van Verkeer en Waterstaat, Rotterdam.

［21］AVV (2006), *Filemonitor 2005*, Adviesdienst Verkeer en Vervoer, Directoraat-Generaal Rijkswaterstaat, Ministerie van Verkeer en Waterstaat, Rotterdam. (http://www.verkeerenwaterstaat.nl/kennisplein/uploaded/MIN/2006-

05/331128/Filemonitor_2005.pdf)

[22] Bamberg, S. (2006), "Is a Residential Relocation a Good Opportunity to Change People's Travel Behavior? Results From a Theory-Driven Intervention Study", *Environment & Behavior* 38(6): 820-840.

[23] Baumol, W.J., J.C. Panzar, & R.D. Willig (1982), "Contestable Markets and the Theory of Industry Structure", *Harbourt Brace Jovanovich*, San Diego CA.

[24] Batley, R., Bates, J., & Bliemer, M., et al. (2017), "New Appraisal Values of Travel Time Saving and Reliability in Great Britain", Transportation 2017: 1-39.

[25] Becker, G.S. (1965), "A Theory of the Allocation of Time", *The Economic Journal* 75(299): 493-517.

[26] Ben-Akiva, M. E., & S.R. Lerman (1985), "Discrete Choice Analysis: Theory and Application to Travel Demand ", *Journal of the Operational Research Society* 38(4):370-371.

[27] Ben-Elia, E., Erev, I., & Shiftan, Y. (2008), "The Combined Effect of Information and Experience on Drivers' Route-choice Behaviour", *Transportation* 35(2): 165–177.

[28] Ben-Elia, E., Ishaq, R., & Shiftan, Y. (2013), "If Only I had Taken the Other Road Ellipsis: Regret, Risk and Reinforced Learning in Informed Route-choice", *Transportation* 40(2): 269–293.

[29] Ben-Elia, E., & Shiftan, Y. (2010), "Which Road do I take? A Learning-based Model of Route-choice Behaviour with Real-time Information", *Transportation Research Part A: Policy and Practice* 44(4): 249–264.

[30] Berg, V. A. C. V. D., & Verhoef, E. T. (2014), "Congestion Pricing in a Road and Rail Network with Heterogeneous Values of Time and Schedule Delay",

Transportmetrica 10(5): 377-400.

[31] Borger, B. D., Proost, S. & Dender, K. V. (2011), "Congestion and Tax Competition in a Parallel Network", *European Economic Review* 49(8): 2013-2040.

[32] Borger, B. D., & Proost, S. (2012), "Transport Policy Competition Between Governments: a Selective Survey of the Literature ☆ ", *Economics of Transportation* 1(1-2): 35-48.

[33] Bothos E., Apostolou D., Mentzas G. (2016), "A Recommender for Persuasive Messages in Route Planning Applications", *Information, Intelligence, Systems & Applications (IISA), 2016 7th International Conference on. IEEE*: 1-5.

[34] Brownstone, D. & K.A. Small (2005),"Valuing Time and Reliability: Assessing the Evidence from Road Pricing Demonstrations", *Transportation Research Part A: Policy and Practice 39(4)*:279-293.

[35] Brueckner, J.K. & W.T. Whalen (2000) ,"The Price Effects of International Airline Alliances", *Journal of Law and Economics* 43:503-546.

[36] Button, K.J. (1992), *Transport Economics*, Edward Elgar, Aldershot.

[37] Button, K.J. & R. Stough (2000), *Air Transport Networks: Theory and Policy Implications*, Edward Elgar, Cheltenham.

[38] Button K.J. & E.T. Verhoef (1998) , *Road Pricing, Traffic Congestion and the Environment: Issues of Efficiency and Social Feasibility*, Edward Elgar, Cheltenham.

[39] Bwambale, A., Choudhury, Charisma F. & Hess S .(2018), "Stephane Modelling Long-distance Route Choice Using Mobile Phone Call Detail Record Data: A Case Study of Senegal".

[40] CE Delft/VU (2014), *Externe en Infrastructuurkosten van Verkeer*, CE, Delft.

[41] Cialdini, R.B. (2003) , "Crafting Normative Messages to Protect the Environment", *Current Directions in Psychological Science* 12(4):105-109.

[42] Cialdini, R.B. (2007) ,"Descriptive Social Norms as Underappreciated Sources of Social Control", *Psychometrika* 72 (2):263–268.

[43] Connors, R. D. & Sumalee, A. (2009) ,"A Network Equilibrium Model with Travelers' Perception of Stochastic Travel Times", *Transportation Research Part B* 43:614 – 624.

[44] Coase, R.H. (1960) ,"The Problem of Social Cost", *Journal of Law and Economics* 3:1-44.

[45] Chen, X. & Zhao, J. (2013) ,"Bidding to Drive: Car License Auction Policy in Shanghai and its Public Acceptance", *Transport Policy* 27(2):39-52.

[46] Dave P. (1991) ,"Community and Self-financing in Voluntary Health Programmes in India", *Health Policy & Planning* 6(1):20-31.

[47] Dargay J. (2008) ,"Personal Transport Choice", *Oecd Papers (*2): 59-93.

[48] De Borger, B. & S. Proost (2012) ,"Transport Policy Competition Between Governments: a Selective Survey of the Literature", *Economics of Transportation* 1:35-48.

[49] De Borger, B. & K. Van Dender (2003) ,"Transport Tax Reform, Commuting, and Endogenous Values of Time", *Journal of Urban Economics* 53 (3) :510-530.

[50] Driesen, D.M. (2003) ,"What's Property Got to Do With It?", *Ssrn Electronic Journal.*

[51] Dupuit, J. (1844) ,"On the Measurement of the Utility of Public Works", In: D. Murphy (ed.) (1968), *Transport Penguin*, London.

[52] D. Murphy (ed.) (1968), *Transport Penguin*, London.

[53] Eliasson, J. & Lundberg, M. (2012) ,"Do Cost–Benefit Analyses Influence Transport Investment Decisions? Experiences from the Swedish Transport Investment Plan 2010–21", *Transport Reviews* 32 (1) :29-48.

[54] Fasolo B. (2009) ,"From Describing to Nudging: Choice of Transportation After a Terrorist Attack in London".

[55] Feng, S., & Li, Q. (2018) ,"Car Ownership Control in Chinese Mega Cities: Shanghai, Beijing and Guangzhou", *Social Science Electronic Publishing* 8: 11-32.

[56] Flyvbjerg, B. (2007) ,*Truth and Lies About Megaprojects Inaugural speech*, TU Delft, Netherlands.

[57] Forsyth, P. J. (1980) ,"The Value of Time in an Economy with Taxation", *Journal of Transport Economics and Policy*:337-362.

[58] Fujii, S. & Kitamura, R. (2004) ,"Drivers' Mental Representation of Travel Time and Departure Time Choice in Uncertain Traffic Network Conditions", *Networks and Spatial Economics* 3:243-256.

[59] Gao, S., Frejinger, E., & Ben-Akiva, M. (2010) ,"Adaptive Route Choices in Risky Traffic Networks: A Prospect Theory Approach", *Transportation Research Part C* 18:727–740.

[60] Garcia-Sierra, M., Jeroen, C.J.M., van, D.B., & Miralles-Guasch, C. (2015), "Behavioural Economics, Travel Behaviour and Environmental-Transport Policy", *Transportation Research Part D* 41:288-305.

[61] Gärling T, Fujii S. & Boe O (2001), "Empirical Tests of a Model of Determinants of Script-based Driving Choice". *Transportation Research Part F Traffic Psychology & Behaviour* 4(2):89-102.

[62] Gaker D., Zheng Y. & Walker J. (2010), "Experimental Economics in

Transportation: Focus on Social Influences and Provision of Information", *Transportation Research Record: Journal of the Transportation Research Board* (2156): 47-55.

[63] Gaker, D. S. J. (2013), "The Value of Green in Transportation Decisions", *Dissertations & Theses – Gradworks* 71(10):15-35.

[64] Gsottbauer E. & Jeroen C. J. M. van den Bergh. (2011), "Environmental Policy Theory Given Bounded Rationality and Other-regarding Preferences", *Environmental and Resource Economics* 49 (2):263-304.

[65] Goetz, A.R. (2002), "Deregulation, Competition, and Antitrust Implications in the US Airline Industry", *Journal of Transport Geography* 10(1):0-19.

[66] Glazer, A. & E. Niskanen (1992), "Parking Fees and Congestion", *Regional Science and Urban Economics* 22(1):123-132.

[67] Gómez-Ibáñez, J.A. & J.R. Meyer (1993), *Going Private: The International Experience with Transport Privatization*, Brookings, Washington DC.

[68] Gómez-Ibáñez, W.B. Tye & C. Winston (1999), *Essays in Transportation Economics and Policies: A Handbook in Honour of John R. Meyer*, Brookings, Wahington D.C.: 469-492.

[69] Greene, W. H. & Hensher D.A. (2003), "A Latent Class Model for Discrete Choice Analysis: Contrasts with Mixed Logit", *Transportation Research Part B: Methodological* 37(8): 681-698.

[70] Han, Q. , Dellaert, B. , Van Raaij, W. & Timmermans, H. . (2005), "Integrating Prospect Theory and Stackelberg Games to Model Strategic Dyad Behavior of Information Providers and Travelers: Theory and Numerical Simulations", *Transportation Research Record: Journal of the Transportation Research Board* (1926):181-188.

[71] Howarth, R. B. (1996), "Status Effects and Environmental Externalities", *Ecological Economics* 16(1):0–34.

[72] Hoyt, & Mitchell, G. (2009), "Nudge: Improving Decisions about Health, Wealth, and Happiness", *International Review of Economics Education* 8 (1), 158-159.

[73] Hensher, D. A. (2010), "Hypothetical Bias, Choice Experiments and Willingness to pay", *Transportation Research Part B: Methodological* 44(6):735-752.

[74] Hensher, D. A., & Li, Z. (2013), "Referendum Voting in Road Pricing Reform: a Review of the Evidence", *Transport Policy* 25(1):186–197.

[75] Hysing, E., & Isaksson, K. (2015), "Building Acceptance for Congestion Charges – the Swedish Experiences Compared", *Journal of Transport Geography* 49:52-60.

[76] Jara-Díaz, S. R., M.A. Munizaga, P. Greeven, R. Guerra & K. Axhausen (2008), "Estimating the Value of Leisure from a Time Allocation Model", *Transportation Research Part B: Methodological* 42(10):946-957.

[77] Johnson, E.J., & Goldstein, D. (2003), "Do defaults save lives?", *Science* 302 (5649):1338–1339.

[78] Jou, R.C., Kitamura, R., Weng, M.C.& Chen, C.C. (2008), "Dynamic Commuter Departure Time Choice under Uncertainty", *Transportation Research Part A* 42(5):774–783.

[79] Kaufman, B.E. (1999), "Emotional Arousal as a Source of Bounded Rationality", *Journal of Economic Behavior & Organization* 38(2): 135-44

[80] Keynes, J.M. (1933), "Economic Possibilities for Our Grandchildren(1930)", *Essays in Persuasion*:358-73.

[81] KIM (2013), *De Maatschappelijke Waarde van Kortere en Betrouwbaardere Reistijden*,Kennisinstituut voor Mobiliteitsbeleid, Den Haag. (http://www.kimnet.nl/sites/kimnet.nl/files/de- maatschappelijke-waarde-van-betrouwbaarheid_herdruk.pdf)

[82] KIM (2016), *Mobiliteitsbeeld 2015*, Kennisinstituut voor Mobiliteitsbeleid, Den Haag.(http://kimnet.nl/publicatie/mobiliteitsbeeld-2015)

[83] Koopmans, C. (2010) ,"Kosten en Baten van Het Centraal Planbureau: Verleden, Heden en Toekomst" , *TPEdigitaal* 4(3):19-30.

[84] Karlström, A., & Franklin, J. P. (2009),"Behavioral Adjustments and Equity Effects of Congestion Pricing: Analysis of Morning Commutes during the Stockhol Trial", *Transportation Research Part A: Policy and Practice* 43(3):283-296.

[85] Li, H., Yu, K., & Kun., W. (2019) ,"Market Power and its Determinants in the Chinese Railway Industry ", *Transportation Research Part A: Policy and Practice* 120: 261-276.

[86] Lin, C.Y.C., Zhang, W., & Umanskaya, V. I. (2011),"The Effects of Driving Restrictions on Air Quality: São Paulo, Bogotá, Beijing, and Tianjin", *Agricultural and Applied Economics Association (AAEA)*, Pittsburgh, Pennsylvania.

[87] Lindsey, C.R. & E.T. Verhoef (2000),"Congestion Modelling", In: D.A. Hensher & K.J. Button (eds.) (2000), *Handbook of Transport Modelling*, *Handbooks in Transport 1*, Elsevier / Pergamon, Amsterdam:353-373.

[88] Lindsey, C.R. & E.T. Verhoef (2001), "Traffic Congestion and Congestion Pricing", In: D.A. Hensher & K.J. Button (eds.) (2000), *Handbook of Transport Systems and Traffic Control, Handbooks in Transport 3*, Elsevier / Pergamon,

Amsterdam:77-105.

[89] Lindsey, R. (2006), "Do Economists Reach A Conclusion on Road Pricing? The Intellectual History of an Idea", *Econ Journal Watch* 3(2): 292-379.

[90] Loeb, M. & W.A. Magat (1979), "A Decentralized Method for Utility Regulation", *Journal of Law and Economics* 22:399-404.

[91] Long, L. Y. (2017), "Temporary Incentives Change Daily Routines: Evidence from a Field Experiment on Singapore's Subways", *Management Science* 64(7):3365-3379.

[92] Mackie, P.J., S. Jara-Diaz & A.S. Fowkes (2001),"The Value of Travel Time Savings in Evaluation", *Transportation Research Part E: Logistics and Transportation Review* 37(2):91-106.

[93] McCarthy, P.S. (2001), *Transportation Economics: Theory and Practice – A Case Study Approach*, Blackwell, Malden MA.

[94] Mohring, H. (1972) ,"Optimization and Scale Economies in Urban Bus Transportation", *American Economic Review* 62(4):591-604.

[95] Mohring, H. & M. Harwitz (1962), *Highway Benefits: An Analytical Framework*, Northwestern University Press, Evanston Il.

[96] Morrison, S.A. & C. Winston (1986), *The Economic Effects of Airline Dergeluation Brookings*, Wahington D.C.

[97] Morrison, S.A. & C. Winston (1999), "Regulatory Reform of U.S. Intercity Transportation", In: J.A.Gómez-Ibáñez, W.B. Tye & C. Winston (1999), *Essays in Transportation Economics and Policies: A Handbook in Honour of John R. Meyer*,Brookings, Wahington D.C.: 469-492.

[98] Namazu, M., Zhao, J., & Dowlatabadi, H.(2018),"Nudging for Responsible Carsharing: Using Behavioral Economics to Change Transportation Behavior",

Transportation 45(1):105-119.

[99] Nash J. (2004),"Framing Effects and Regulatory Choice: the Case of Environmental Regulation", *American Law & Economics Association*:313-372.

[100] Nash, J.,(2006) ,"Framing Effects and Regulatory Choice: the Case of Environmental Regulation", *Notre Dame Law Rev* 82(313):355–369.

[101] Nellthorp, J. & Mackie, P.J. (2000), "The UK Roads Review – a Hedonic Model of Decision-making", *Transport Policy* 7(2): 127–138.

[102] Noland, R.B. (2001), "Relationships between Highway Capacity and Induced Vehicle Travel", *Transportation Research* 35A: 47-72.

[103] Oates, W. (1972), *Fiscal Federalism*, Harcourt Brace Jovanovich, New York.

[104] Odeck, J. (2010), "What Determines Decision - makers' Preferences for Road Investments? Evidence from the Norwegian Road Sector", *Transport Reviews* 30 (4): 473-494.

[105] O'Connor, R.E., Bord, R.J., Yarnal, B. & Wiefek, N. (2002), "Who Wants to Reduce Greenhouse Gas Emissions?", *Social Science Quarterly* 83: 1–17.

[106] Peer, S., Verhoef, E., Knockaert, J., Koster, P., & Tseng, Y.Y. (2015), "Long - run versus Short - run Perspectives on Consumer Scheduling: Evidence from a Revealed - Preference Experiment Among Peak - hour Road Commuters", *International Economic Review* 56(1): 303-323.

[107] Pels, E. (2003), "Network Developments in Aviation", *Encyclopaedia of Life and Social Sciences*, Unesco.

[108] Perloff, J.M. (2001), *Microeconomics (2nd ed.)*, Addison Wesley, Boston.

[109] Pigou, A.C. (1920), *Wealth and Welfare*, Macmillan, London.

[110] Riggs, W. (2017), "Painting the Fence: Social Norms as Economic Incentives to Non-automotive Travel Behavior", *Travel Behaviour and Society* 7: 26-33.

［111］Shepherd, W.G. (1985), *The economics of Industrial Organization (2nd ed.)*, Prentice-Hall, Englewood Cliffs NJ.

［112］Small, K.A. (1982), "The Scheduling of Consumer Activities: Work Trips", *American Economic Review* 72(3): 467-479.

［113］Small, K.A. (1992), *Urban Transportation Economics*, Harwood, Chur.

［114］Small, K.A. (1992), "Using the Revenues From Congestion Pricing", *Transportation* 19: 359-381.

［115］Small, K.A. (2012), "Valuation of Travel Time", *Economics of Transportation* 1(1-2): 2-14.

［116］Smith, A.S.J. (2012), "The Application of Stochastic Frontier Panel Models in Economic Regulation: Experience from the European Rail Sector", *Transportation Research Part E: Logistics and Transportation Review* 48(2): 503-515.

［117］Smith, A.S.J., V.Benedetto,& C.A. Nash (2018),"The Impact of Economic Regulation on the Efficiency of European Railway Systems", *Journal of Transport Economics and Policy* 52(2):113-136.

［118］Sun, C., Zheng, S. &Wang, R. (2014), "Restricting Driving for Better Traffic and Clearer Skies: did it Work in Beijing?", *Transport Policy* 32: 34-41.

［119］Sociaal Cultureel Planbureau (2016) , *Lekker vrij!?*, SCP Den Haag.

［120］Sherwin, H., Chatterjee, K., & Jain, J. (2014), "An Exploration of the Importance of Social Influence in the Decision to Start Bicycling in England", *Transportation Research Part A: Policy and Practice* 68: 32-45.

［130］Southern, C., Cheng, Y., & Zhang, C.(2017), "Understanding the Cost of Driving Trips", *Proceedings of the 2017 CHI Conference on Human Factors in Computing Systems ACM* 2017: 430-434.

[131] Sunstein, C.R. (2014), "Nudging: a Very Short Guide", *Journal of Consumer Policy* 37(4): 583-588.

[132] Schwanen, T. & Ettema, D. (2009), "Coping with Unreliable Transportation when Collecting Children: Examining Parents' Behavior with Cumulative Prospect Theory", *Transportation Research Part A Policy and Practice* 43(5): 0-525.

[133] Schaller, B. (2010), "New York City's Congestion Pricing Experience and Implications for Road Pricing Acceptance in the United States", *Transport Policy* 17(4): 0-273.

[134] Train, K.E. (2009), *Discrete Choice Methods with Simulation*, Cambridge University Press.

[135] Verhoef, E.T. (1996), *The Economics of Regulating Road Transport*, Edward Elgar, Cheltenham.

[136] Verhoef, E.T. (2000), "The Implementation of Marginal External Cost Pricing in Road Transport: Long Run vs Short Run and First-best vs Second-best", *Papers in Regional Science* 79: 307-332.

[137] Verhoef, E.T., & Van Wee, B. (2000), "Car Ownership and Status", *Tinbergen Institute Discussion Paper* TI 2000–076/3.

[138] Verhoef, E.T., P. Nijkamp & P. Rietveld (1996), "Second-best Congestion Pricing: the Case of an Untolled Alternative", *Journal of Urban Economics* 40: 279-302.

[139] Verhoef, E.T., P. Nijkamp & P. Rietveld (1997), "The Social Feasibility of Road Pricing: a Case Study for the Randstad Area", *Journal of Transport Economics and Policy* 31: 255-267.

[140] Vickrey, W.S. (1963), "Pricing in Urban and Suburban Transport", *American*

Economic Review 53: 452-465.

[141] Vickrey, W.S. (1969), "Congestion Theory and Transport Investment", *American Economic Review* 59: 251-260.

[142] Walters, A.A. (1961), "The Theory and Measurement of Private and Social Cost of Highway Congestion", *Econometrica* 29: 676-697.

[143] Wardrop, J. (1952), "Some Theoretical Aspects of Road Traffic Research", *Proceedings of the Institute of Civil Engineers* 1(II): 325-378.

[144] Wilson, J. (1999), "Theories of Tax Competition", *National Tax Journal* 52: 269-304.

[145] Wang, L., Xu, J., & Qin, P. (2014), "Will a Driving Restriction Policy Reduce Car Trips?—the Case Study of Beijing, China", *Transportation Research Part A: Policy and Practice* 67: 279-290.

[146] Wu, J. , Nash, C. , & Wang, D. (2014), "Is High Speed Rail an Appropriate Solution to China's Rail Capacity Problems?", *Journal of Transport Geography* 40: 100-111.

[147] Xu, H., Lou, Y., Yin, Y., & Zhou, J. (2011a), "A Prospect-based User Equilibrium Model with Endogenous Reference Points and Its Application in Congestion Pricing", *Transportation Research Part B*: *Methodological* 45(2): 311-328.

[148] Yang, J. , Lu, F. W. , & Qin, P. (2016), "How Does a Driving Restriction Affect Transportation Patterns? The Medium-Run Evidence from Beijing", *Journal of Cleaner Production* :S0959652618324053-.

[149] Yang, J. , Liu, Y. , Qin, P. , & Liu, A. A.(2014), "A Review of Beijing's Vehicle Registration Lottery: Short-term Effects on Vehicle Growth and Fuel Consumption", *Energy Policy* 75: 157-166.

［150］Yang, X. , Jin, W. , Jiang, H. , Xie, Q. , Shen, W. , & Han, W. (2017), "Car Ownership Policies in China: Preferences of Residents and Influence on the Choice of Electric Cars", *Transport Policy* 58: 62-71.

［151］Yang, H. & Huang, H. J. (1999), "Carpooling and Congestion Pricing in a Multilane Highway with High-occupancy-vehicle Lanes", *Transportation Research Part A Policy & Practice* 33(2): 139-155.

［152］Zhao, J. , Zhao, Y. , & Li, Y. (2015), "The Variation in the Value of Travel-time Savings and the Dilemma of High-speed Rail in China", *Transportation Research Part A: Policy and Practice* 82: 130-140.

各章地名表

各章人名表

De Borger Proost / 德博格

Proost / 普罗斯特

Ouville / 乌维尔

McDonald / 麦克唐纳

Henderson / 亨德森

Constrell / 科斯特雷尔

Leckie / 莱基

Tiebout / 蒂布

Hoyt / 霍伊特

Jensen / 延森

Walters / 沃尔特斯

Nash / 纳什

Vikrey / 维克瑞

第四章

Perloff / 佩罗夫

Loeb / 洛布

Magat / 马加特

Morrison / 莫里森

Winston / 温斯顿

Button / 巴顿

Stough / 斯特夫

Pels / 佩尔斯

Goetz / 戈茨

Smith / 史密斯

第五章

Becker / 贝克尔

McDonald / 麦克唐纳

Keynes / 凯恩斯

Franklin / 富兰克林

Jara-Díaz / 加拉 迪亚兹

Small / 斯莫尔

Noland / 诺兰

Forsyth / 福赛斯

Peer / 皮尔

Daniel McFadden / 丹尼尔·麦克法登

Roger Taylor / 罗杰·泰勒

Train / 特雷恩

Brownstone / 布朗斯通

Hensher / 汉修

Ben-Akiva / 本·阿基瓦

Lerman / 莱尔曼

Greene / 格林

Button / 巴顿

Beesly / 比斯利

Quarmby / 夸姆比

Stopher / 斯托弗

Oort / 奥尔特

Thomas / 托马斯

Lee / 李

Wabe / 韦伯

Talvitte / 泰尔维特

Kraft / 卡夫

Ghosh / 高希

Guttman / 格特曼

Nelson / 尼尔森

Hauer / 豪瑟

Edmonds / 埃德蒙兹

Deacon / 迪肯

Fowkes / 福克斯

Hau / 豪

Chui / 崔

Mohring / 莫林

Sherman / 谢尔曼

Teye / 特耶

第六章

Carl Koopmans / 卡尔·库普曼斯

Pareto / 帕累托

Kaldor-Hicks / 卡尔多 – 希克斯

Eijgenraam / 艾汉拉姆

Eliasson / 埃利亚松

Lundberg / 伦德贝里

Odeck / 欧戴克

Rienstra / 林斯特拉

Flyvbjerg / 弗利夫布耶赫

Button / 巴顿

Hicks / 希克斯

Little I. / 利特尔

Mirrlees J / 莫里斯

Roskil / 罗斯基

第七章

Simon / 西蒙

Adam Smith / 亚当·斯密

Keynes / 凯恩斯

MacLeod / 麦克里奥

Barrya / 巴利雅

Olivera / 奥利弗拉

Hanoch / 汉诺赫

David / 大卫

O'Connor / 奥康纳

Johnson / 约翰逊

Goldstein / 戈德斯坦

Arkes / 阿克斯

Varian / 范里安

Blumer / 布鲁默

Daniel Kahneman / 丹尼尔·卡尼曼

Amos Tversky / 阿莫斯·特韦尔斯基

Kaufman / 考夫曼

Garcia-Sierra / 加西亚 – 塞拉利昂

Driesen / 德里森

Gsottbauer / 哥斯特鲍尔

Eagly / 伊格雷

Chaiken / 柴肯

Gärling T / 耶林

Axhausen / 克斯霍森

Karlstrom / 卡斯特罗姆

Prashker / 普拉斯克

Jou / 周

Chen / 陈

Fujii / 藤井

Levy / 莱维

Charness / 查尼斯

Gneezy / 格尼茨

Cialdini / 恰尔迪尼

Gaker / 盖克儿

Howarth / 豪沃斯

Verhoef / 维尔赫夫

Van Wee / 范威

Richard Thaler / 理查德·萨勒

Avineri / 阿维内里

Waygood / 韦德古德

Nash / 纳什

Bamberg / 班贝格

Yang / 杨

Long / 朗

Schwanen / 施瓦恩

Ettema / 埃特玛

Pratt / 普拉特

Arrow / 阿罗

Han / 汉

Kitamura / 北村

Jacobson / 雅各布森

Namazu / 纳马苏

Coulter / 库尔特

Verplanken / 弗利普兰肯

Cass R. Sunstein / 卡斯·R·桑斯坦

Gaker / 盖克

Sherwin / 舍温

Riggs / 里格斯

Southern / 索森

Fasolo / 法索洛

Namazu / 纳马苏

Bothos / 博托斯

Apostolou / 阿波斯特罗

Mentzas / 门茨

各章术语表

第 1 章

annual licence fees / 年牌照费

average cost / 平均成本

business travellers / 商务旅客

capital costs / 资本成本

car ownership / 汽车拥有量

congestion toll / 拥堵收费

congestion pricing / 拥堵定价

consumer surplus / 消费者剩余

cordon charging / 警戒线收费

corrective taxation / 矫正税

direct reimbursement / 直接补偿

duration / 时段

economic optimum / 经济最优

excess consumption / 过度消费

external costs / 外部成本

free markets / 自由市场

freight transport / 货运

fuel taxes / 燃油税

generalized prices / 广义价格

government failures / 政府失灵

government surplus / 政府剩余

highway capacity / 公路容量

internalization of external costs / 外部成本
内部化

inverse demand function / 反需求函数

kilometre charging / 按行驶距离收费

marginal benefit / 边际效益（也译作边际
收益）

marginal costs / 边际成本

marginal external costs / 边际外部成本

marginal willingness to pay / 边际支付意愿

monetary equivalent / 货币等价

monetary expenses / 货币费用

network operators / 网络运营商

number plate / 车牌号

non-price policy measure / 非价格政策措施

number plate policy / 限号政策

ordinary demand curve / 普通需求函数

optimal congestion pricing / 最优拥堵定价

optimal congestion toll / 最优拥堵收费

optimal pricing / 最优定价

optimal tolls / 最优通行费

Pareto effcient outcome / 帕累托有效结果

peak-off differentials / 削峰差异化定价

peak hour permits / 高峰进入许可证

peak load / 高峰负荷

Pigouvian taxation / 庇古税

policy recipes / 政策处方

regulator / 监管者

revealed preference / 显示性偏好

road pricing / 道路定价（也译作道路收费）

second-best / 次优

self-selection / 自我选择

social surplus / 社会剩余

social acceptability / 社会接受度（也译作社会接受性）

stated preference / 陈述性偏好

stationary state / 静态

efficient equilibrium / 有效均衡

free-markert equilibrium / 自由市场均衡

perfect toll differentiation / 通过收费达到的最优

optimal road use / 最优道路使用

toll plazas / 区域通行费

total benefits / 总效益（也译作总收益）

total costs / 总成本

total generalized expenses / 总广义费用

total lane-kilometres / 总车道公里数

traffic congestion / 交通拥堵

traffic queue / 车辆排队长度

traffic speed / 行驶速度

travel time / 出行时间（也译作旅行时间）

trip / 行程

user / 使用者

value of time / 时间价值

vehicle-hours lost / 车辆—小时损失

vehicle-kilometres travelled / 车辆行驶公里

non-price instruments / 非价格工具

welfare gains / 福利受益，福利增益，福

利利得

capacity / 容量

constant returns to scale / 规模报酬不变

corrective tax / 矫正税

cross-border fuelling / 越境加油

demand function / 需求函数

distortion / 扭曲

efficiency loss / 效率损失

equilibrium / 均衡

full pricing / 完全定价

free market outcome / 自由市场结果

free-market surplus / 自由市场剩余

imperfect tolling / 非完美收费

long-run marginal total cost function / 长期边际总成本函数

long-run optimum / 长期最优

marginal social cost / 边际社会成本

naïve quasi first-best / 天真的拟最优

parking charges / 停车收费

pay-lanes / 付费通道

perfect toll differentiation / 完美区别收费

Pigouvian externality charge / 庇古外部性收费

quasi first-best / 拟最优

road traffic / 公路交通

second-best distortion / 次优扭曲

self-financing / 自我融资（也译作自融资）

spill-over / 溢出

through-traffic / 过境交通

welfare indicator / 福利指标

第3章

network operator / 网络经营者，网络运营商

tax competition / 税收竞争

tax bases / 税基

mobile agents / 移动主体

revenue maxing / 收益最大化

private pay-lane pricing / 私有收费车道定价

private full pricing / 私有完全定价

private pricing / 私有定价

public pricing / 公共定价

private operator / 仁慈的全局独裁者

road capacity / 道路通行能力；道路容量

public goods / 公共好产品

public bads / 公共坏产品

public good / 公共产品

non-rival / 非竞争性

non-excludable / 非排他性

private tolling / 私营收费

public tolling / 公共收费

'product rule' of differentiation / 差分的乘积法则

mec / Marginal External cost 的简写，即边际外部成本

monopolist / 垄断者

time loss / 时间损失

toll revenue / 通行费收益

the second-best optimal pay-lane toll / 次优收费车道通行费

the naïve quasi-first best pay-lane toll / 天真的拟最优收费车道通行费

welfare evaluation / 福利评价

global benevolent dictator / 仁慈的全局独裁者

global optimal / 全局最优解

mobile capital / 流动资本

fiscal externality / 财政外部性

expenditure externality / 支出外部性

environmental externality / 环境外部性

horizontal fiscal externality / 横向财政外部性

tax exporting / 税收出口

horizontal expenditure externality / 横向支出外部性

expenditure competition / 支出竞争

Corrective Policies / 矫正性政策

vertical externalities / 纵向外部性

'Pigouvian' externality charge / 庇古外部性收费

market failure / 市场失灵

第4章

Cournot oligopoly / 古诺寡头垄断

market power / 市场势力

qualitative welfare effect / 定性的福利效应

Lerner index / 勒纳指数

mark-up / 加成

inelastic point elasticity / 缺乏弹性的点弹性

Bertrand competition / 伯特兰竞争

price discrimination / 价格歧视

perfect price discrimination / 完全价格歧视

first-degree price discrimination / 一级价格歧视

second-degree price discrimination / 二级

价格歧视

third-degree price discrimination / 三级价
　　格歧视

the willingness to pay / 支付意愿

two-part tariffs / 两部收费制

monopoly rent / 垄断租

rent seeking / 寻租

rent sharing / 租金分享

X-inefficiency / X 非效率

capitalization / 资本化

marginal benefit / 边际效益

marginal revenue / 边际收益

market instability / 市场不稳定

wasteful competition / 浪费性竞争

price war / 价格战

destructive competition / 破坏性竞争

economies of network / 网络经济

economies of scale / 规模经济

economies of scope / 范围经济

frequency of services / 服务频率

hub-and-spoke operation / 轴辐式运营

deregulation / 放松管制

fully connected network / 完全连接式网络

hub-and-spoke network / 轴辐式网络

rate-of-return regulation / 回报率管制

winner's curse / 胜利者诅咒

sub-additivity of costs / 成本的次可加性

contestable market theory / 可竞争市场理论

fixed costs / 固定成本

sunk costs / 沉没成本

barriers of entry and exist / 进出壁垒

第 5 章

value of travel time saving / 出行时间节约
　　价值

travel time gains / 出行时间受益

monetized benefits of travel time gains /
　　出行时间受益的货币化效益

random utility theory / 随机效用理论

travel time gains / 出行时间受益

workhorse model / 基本框架模型（又译作
　　母机模型）

travel choice / 出行选择

discrete choice models / 离散选择模型

multinomial logit model / 多项 Logit 模型

traveller / 出行者

travel costs / 出行成本

alternative-specific prefernces / 出行方式
　　特定偏好（指特别偏好某种出行方式选
　　择）

alternative-specific constant / 出行方式特
　　定常数（也译作方案特定常数）

generalized costs / 广义成本

systematic utility / 系统效用

Gumbel distribution / 耿贝尔分布

binomial logit model / 二项 Logit 模型

independence of irrelevant alternatives,
　　IIA / 无关选项独立性

nested logit model / 嵌套 logit 模型

第 6 章

cost-benefit analysis / 成本 – 效益分析

"outward-shifting" demand / 外 移 需 求
　　（指需求增加，需求曲线整体向右上方

移动，即向外移动）

multicriteria analysis / 多准则分析

social benefits / 社会效益

gain in social benefits / 社会效益的收益，社会效益的增益

social costs / 社会成本

net present value (NPV) / 净现值

strict Pareto criterion / 严格的帕累托准则

Pareto optimum / 帕累托最优

potential Pareto criterion / 潜在的帕累托准则

Kaldor-Hicks criterion / 卡尔多 – 希克斯准则

aggregate surplus / 总剩余

social surplus / 社会剩余

ceteris paribus / 其他条件不变

sensitivity analysis / 敏感性分析

hedonic price method / 享乐价格法

contingent valuation method / 条件价值估值法

stated choice method / 陈述性选择法

discounting / 贴现

risk premium / 风险溢价

induced demand / 引致需求

gain / 受益，增益，利得，收益

effect / 影响，效应

additional benefits / 额外效益

suurogate market / 替代性市场

marginal cost before labour / 劳动前边际成本

第 7 章

behavioural economics / 行为经济学

nudge / 助推

stated choice approach / 陈述性选择调查

filed study / 现场研究

pro-environmental values / 亲环境价值

default option / 默认选项

default effect / 默认效应

sunk cost effect / 沉没成本效应

deliberation Intervention / 思维干预

representativeness / 代表性

availability / 易得性

anchoring and adjustment / 锚定和调整

framing effect / 框架效应

risk-aversion / 风险厌恶

risk-seeking / 风险追求

bounded rationality / 有限理性

affect heuristic / 情绪启发式

self-selection / 自我选择

default options / 默认选项

mental accounting / 心理账户

habits / 行为惯性

self-selection / 自我选择

prospect theory / 前景理论

framing / 框架

reference point / 参照点

value function / 价值函数

weighting function / 权重函数

risk aversion / 风险厌恶

loss aversion / 损失厌恶

status quo / 维持现状

reference dependence / 参照点依赖

fairness / 公平

altruism / 利他主义

social norms / 社会规范

peer effects / 同伴效应

图书在版编目(CIP)数据

市场和政府：运输经济理论与应用 / (荷) 伊瑞克
·维尔赫夫 (Erik Verhoef)，王雅璨，胡雅梅编著. --
北京：社会科学文献出版社, 2019.11
　ISBN 978-7-5201-5017-0

　Ⅰ.①市…　Ⅱ.①伊…②王…③胡…　Ⅲ.①运输经
济学 - 高等学校 - 教材　Ⅳ.①F50

中国版本图书馆CIP数据核字（2019）第115694号

市场和政府：运输经济理论与应用

编　　著 /　[荷] 伊瑞克·维尔赫夫（Erik Verhoef）　　王雅璨　胡雅梅

出 版 人 /　谢寿光
组稿编辑 /　恽　薇　陈　欣
责任编辑 /　颜林柯　陈　欣

出　　版　社会科学文献出版社·经济与管理分社（010）59367226
　　　　　　地址：北京市北三环中路甲29号院华龙大厦　邮编：100029
　　　　　　网址：www.ssap.com.cn
发　　行 /　市场营销中心（010）59367081　　59367083
印　　装 /　三河市尚艺印装有限公司

规　　格 /　开　本：787mm×1092mm　1/16
　　　　　　印　张：19　字　数：291千字
版　　次 /　2019年11月第1版　2019年11月第1次印刷
书　　号 /　ISBN 978-7-5201-5017-0
定　　价 /　98.00元

本书如有印装质量问题，请与读者服务中心（010-59367028）联系

🅐 版权所有　翻印必究